Gesundheit

T0161072

Forum Theologische Literaturzeitung

ThLZ.F 29 (2013)

Herausgegeben von Ingolf U. Dalferth
in Verbindung mit Albrecht Beutel, Beate Ego, Andreas
Feldtkeller, Christian Grethlein, Friedhelm Hartenstein,
Christoph Markschies, Karl-Wilhelm Niebuhr, Friederike
Nüssel und Martin Petzoldt

Hans-Martin Rieger

Gesundheit

Erkundungen zu
einem menschenangemessenen Konzept

EVANGELISCHE VERLAGSANSTALT
Leipzig

Hans-Martin Rieger, Dr. theol., Jahrgang 1966, ist seit 2006 Privatdozent für Systematische Theologie an der Friedrich-Schiller-Universität Jena. Er studierte Evangelische Theologie in Heidelberg, Jerusalem und Tübingen. Zu seinen fundamentaltheologischen, anthropologischen und religionsphilosophischen Schwerpunkten gehört auch die transdisziplinäre Arbeit im Bereich der Alters- und Gesundheitsethik. Er ist Mitglied mehrerer interdisziplinärer Arbeitsgruppen und Netzwerke.

Die Deutsche Nationalbibliothek verzeichnet diese Publikation in der Deutschen Nationalbibliografie; detaillierte bibliografische Daten sind im Internet über ‹http://dnb.dnb.de› abrufbar.

© 2013 by Evangelische Verlagsanstalt GmbH, Leipzig
Printed in Germany · H 7615

Das Werk einschließlich aller seiner Teile ist urheberrechtlich geschützt. Jede Verwertung außerhalb der Grenzen des Urheberrechtsgesetzes ist ohne Zustimmung des Verlags unzulässig und strafbar.

Gedruckt auf alterungsbeständigem Papier

Umschlag und Entwurf Innenlayout: Kai-Michael Gustmann, Leipzig
Coverfoto: © oliver-marc steffen - Fotolia.com
Satz: Druckerei Böhlau, Leipzig
Druck und Binden: Hubert & Co., Göttingen

ISBN 978-3-374-03172-6
www.eva-leipzig.de

Vorwort

Dieses Buch markiert die Etappe eines Weges, der gesundheitswissenschaftliche und medizinische Zugänge zu »Gesundheit« mit theologisch-ethischen verbindet. Angestoßen wurde er von Holger Gabriel (Lehrstuhl für Sportmedizin und Gesundheitsförderung). Aus der interdisziplinären Kooperation, zu der sich dann auch Karl Bär (Psychotherapie und Psychiatrie) gesellte, wurde eine Freundschaft, für die ich außerordentlich dankbar bin.

Gerade im Blick auf das Verständnis von Gesundheit hielten wir es für geboten, dass Fachwissenschaften ihre wissenschaftlich habitualisierten Grenzen zugunsten eines komplexen menschlichen Phänomens überschreiten, das zu seiner Erfassung praktische und theoretische Wissensperspektiven erforderlich macht. Schnittstellen sind dabei mühelos zu finden. Sie lassen sich im Grundsatz bündeln, dass um den Menschen und seine Gesundheit bzw. Krankheit zu verstehen beides aufeinander zu beziehen ist: das »Jemand«-Verstehen und das »Etwas«-Verstehen. Dieser Grundsatz bietet meines Erachtens eine gute Voraussetzung dafür, dass Zugänge nicht gegeneinander ausgespielt werden, sondern sich konstruktiv und durchaus auch kritisch in Beziehung setzen lassen.

Ein für die Verfasstheit moderner »Gesundheitsgesellschaft« bedeutsamer ethischer Grundsatz kommt in den Blick, wenn davon ausgegangen wird, dass die Diskussion darüber, was unter »Gesundheit« zu verstehen ist, nicht die Zieldiskussion über gelingendes Leben bzw. gelingendes Menschsein verdrängen oder gar ersetzen darf. Gegenüber solchen Kurzschlüssen sind die folgenden Erkundungen zu einem menschenangemessenen Verständnis von Gesundheit von der Absicht getragen, einerseits die Unterschiedenheit, andererseits eine differenzierte Zuordnung beider Fragestellungen darzulegen.

Den mit diesen beiden Grundsätzen bereits angezeigten Weg zu gehen, bedeutet für die folgenden Erörterungen eine Gratwanderung: Treffen philosophisch- und theologisch-ethisch Geschulte und medizinisch und gesundheitswissenschaftlich Geschulte aufeinander, so gehen in der Regel für beide Seiten die Reflexionen der jeweils anderen nicht weit genug. Sich im Spiegel der anderen wahrzunehmen bietet jedoch auch die Chance, dass sich eine produktive Bescheidenheit einstellt, welche für neue Einsichten offen ist.

Dezember 2012   Hans-Martin Rieger

Inhalt

1. Gesundheit – ein Zukunftsthema im ethischen Spannungsfeld

»Hauptsache gesund!« Was wir uns im Leben wünschen und welche Ziele wir haben, kann in einer von Individualität und Pluralität geprägten Gesellschaft weit auseinander liegen. Was uns aber fraglos miteinander verbindet, lässt jener Ausspruch schnell offenbar werden: »Hauptsache gesund!« Der damit ausgedrückten fundamentalen Wertigkeit der Gesundheit ist die kollektive Zustimmung sicher.

Das Gesundheitsthema ist auf diese Weise mittlerweile zu einem Zukunftsthema geworden. Es markiert einen »Megatrend« unserer Gesellschaft. Man hat vorgeschlagen, das 21. Jahrhundert im Zeichen des Übergangs zu einer »Gesundheitsgesellschaft« (»health society«) zu sehen. Diese sei dadurch gekennzeichnet, dass Gesundheit erstens als höchster Wert aufgefasst wird, dass Gesundheit zweitens zunehmend als machbar erscheint und dass die starke Nachfrage nach dem Gut »Gesundheit« drittens zu einem Wachstumsmotor neuer sozioökonomischer Strukturen gerade auch in alternden Gesellschaften wird. Die überaus starke Nachfrage nach dem Gut »Gesundheit« führt zu einem ständig zunehmenden Markt von Produkten und Dienstleistungen, die sich auf »Gesundheit« beziehen.[1]

Spätestens hier wird man fragen müssen, was sich hinter dem Begriff »Gesundheit« verbirgt. Die oft in großer Selbst-

---

[1] I. Kickbusch, Responding to the health society, in: Health Promotion International 22 (2007), 89–91; dies./L. Payne, Twentyfirst century health promotion: the public health revolution meets wellness revolution, in: Health

verständlichkeit implizierten Vorstellungen und Wertsetzungen lassen eine Standortbestimmung ratsam erscheinen. Blickt man im Sinne einer solchen Standortbestimmung nach vorne, so verbindet sich mit ihr die Reflexion der Frage, wie wir künftig leben wollen und sollen; blickt man zurück, so verbindet sich mit ihr die Reflexion eines bedeutsamen Vorstellungs- und Wertewandels. Der Diskurs über Gesundheit ist ein zutiefst kulturell-ethischer Diskurs.

Die ethische Aufgabe besteht zunächst darin, die häufig undurchschauten und unreflektierten Hintergrundannahmen zu explizieren und zu reflektieren. Das ist eine wichtige Voraussetzung dafür, eine diskursive Auseinandersetzung über die Zielgröße »Gesundheit« zu ermöglichen. Die naturwissenschaftliche Medizin ist dazu aus sich selbst heraus nicht in der Lage, so wenig die Geisteswissenschaften aus sich selbst heraus in der Lage sind, die theoretischen Beschreibungsmöglichkeiten der Medizin zu ersetzen. In wissenschaftlicher Hinsicht ist der Diskurs über Gesundheit ein Paradebeispiel für einen transdisziplinären Diskurs.[2]

Einige ethische Probleme und Fragestellungen sind indes kaum mehr zu verkennen und Gegenstand von Erörterungen

---

Promotion International 18 (2003), 275–278; auch dies., Die Gesundheitsgesellschaft zwischen Markt und Staat, in: E. Göpel (Hg.), Gesundheit bewegt. Wie aus einem Krankheitswesen ein Gesundheitswesen entstehen kann, Frankfurt a. M. 2004, 28–37. Vgl. E. Händeler, Gesundheit wird zum Wachstumsmotor – Die Ressourcen für Krankheitsreparatur werden immer knapper und der Innovationsdruck löst einen neuen Kondratieff-Strukturzyklus aus, in: F. Merz (Hg.), Wachstumsmotor Gesundheit. Die Zukunft unseres Gesundheitswesens, München 2008, 29–60.

2   Dieses wissenschaftsorganisatorisch fortschrittlich anmutende Etikett darf nicht vergessen machen, dass die Verbindung von naturwissenschaftlicher und geisteswissenschaftlicher Dimension der Humanmedizin in früheren Phasen ihrer Geschichte noch gewährleistet war. Vgl. D. von Engelhardt,

geworden: Steht die »Gesundheitsgesellschaft« nicht in Gefahr, ein krankes Verhältnis zur Gesundheit zu entwickeln? Lässt das Idealbild eines gesunden und vitalen Körpers noch zu, Gebrechlichkeit und Verletzlichkeit anzuerkennen? Droht nicht die berechtigte Sorge um die Gesundheit einem Gesundheitswahn oder gar einer Gesundheitsreligion zu weichen? Leistet die erhöhte Kontrollierbarkeit gesundheitsrelevanter Ereignisse – so wünschbar sie ist – nicht auch der problematischen Ansicht Vorschub, Gesundheit sei machbar? Und führt das nicht zu einer Leidens- und Liebesunfähigkeit von Menschen, die das Kontingente des Lebens aus dem Blick verloren haben? Ist es auf der anderen Seite nicht so, dass in der modernen Gesellschaft chronische und degenerative Erkrankungen bedeutend zugenommen haben und dass deshalb das Augenmerk auf das Gesundheitsverhalten, auf die selbstverantwortliche Prävention und auf die Gesundheitsförderung zu richten ist?[3]

Solche und ähnliche Fragen rufen geradezu danach, dem Kern des Problems nicht auszuweichen – der Grundfrage nämlich, was wir unter »Gesundheit« verstehen und welchen Wert wir ihr zumessen.

Mit Recht ist auch für die Frage eines zukunftsfähigen Gesundheitswesens festgehalten worden: »Die Reflexion des Ge-

---

Art. »Gesundheit«, in: W. Korff / L. Beck / P. Mikat (Hg.), Lexikon der Bioethik, Bd. 2, Gütersloh 1998, 108–114, hier: 109. Zu einem wissenschaftstheoretisch reflektierten Verständnis von Transdisziplinarität vgl. J. Mittelstraß, Transdisziplinarität – wissenschaftliche Zukunft und institutionelle Wirklichkeit, Konstanz 2003; ders., Methodische Transdisziplinarität, in: Technologiefolgenabschätzung – Theorie und Praxis 14 (2005), 18–23.

[3] Dazu stellvertretend F. Kamphaus, Zeige deine Wunde, in: F. A. Z. vom 18. Nov. 2005, 8; M. Lütz, Lebenslust. Wider die Diät-Sadisten, den Gesundheitswahn und den Fitness-Kult, vollst. überarb. Taschenbuchausgabe München 2007.

sundheits- bzw. Krankheitsbegriffs ist keine bloß akademische Aufgabe, sondern wahrscheinlich die Weichenstellung für die zukünftige Gestaltung des Gesundheitssystems.«[4] Denn diese Begriffe sind normative Konstrukte, die einen bedeutsamen Einfluss darauf haben, welche Mittel für die Wiederherstellung, für den Erhalt und für die Förderung von Gesundheit als angemessen beurteilt werden.[5]

Um dem Kern des Problems, der Frage, was wir unter »Gesundheit« verstehen und welchen Wert sie für uns hat, sachgerecht begegnen zu können, wird die fundamentale Frage nach den anthropologischen Leitvorstellungen die ihr gebührende Aufmerksamkeit finden müssen. *Der Diskurs über Gesundheit zehrt von Hintergrundannahmen und -vorstellungen darüber, was wir als dem Menschen zugehörig betrachten und was für uns das Ziel gelingenden Menschseins ausmacht.*

Wenn wir uns im Folgenden in das mit dem Leitwort »Gesundheit« verbundene ethische Spannungsfeld begeben, so wird im Sinne einer rekonstruktiven Ethik beides zu thematisieren sein, sowohl die unreflektierten Hintergrundannahmen als auch die offen artikulierten Ziel- und Wunschvorstellungen. Die medizin- und kulturgeschichtliche Frage nach der Genese, also der Entstehung solcher Spannungen wird dabei weitgehend zurückgestellt. Grundsätzlich gehe ich davon aus, dass medizinische und kulturelle Entwicklungen in ihrer Wechselwirkung zu ihnen beitragen. So führt beispielsweise die zunehmende Bedeutung der prädiktiven

---

4 J. Wallner, Ethik im Gesundheitssystem. Eine Einführung, Wien 2004, 70 (Hervorhebung im Orig.).

5 Vgl. J. Bengel/R. Strittmatter u. a. (Hg.), Was hält Menschen gesund? Antonovskys Modell der Salutogenese – Diskussionsstand und Stellenwert, eine Expertise, im Auftrag des BZgA (Forschung und Praxis der Gesundheitsförderung, Bd. 6), Köln [7]2002, 15.

Medizin (man denke an die genetische Diagnostik) zu einer »Futurisierung« von Krankheit und Gesundheit.[6] Diese trifft zugleich auf eine kulturell implementierte anthropologische Leitvorstellung, die den Menschen selbst einerseits als Subjekt seiner Geschichte, andererseits als genetisch determiniert betrachtet.

Nun mag man sich auf den Standpunkt stellen, für die naturwissenschaftliche Medizin sei eine Zieloffenheit charakteristisch. Die Bestimmung dessen, was »Gesundheit« bedeutet, sowie die damit verbundenen Wert- oder Zielvorstellungen seien deshalb dem Individuum oder – wo notwendig – entsprechenden Expertenkommissionen zu überlassen. Sollen in einer pluralistischen Gesellschaft nicht die Einzelnen selbst bestimmen können, was Glück oder gelingendes Menschsein für sie ist und welche Bedeutung sie dabei der »Gesundheit« zumessen?

Dieser Grundsatz ist gut gemeint. Er droht aber zu übersehen, dass sowohl das Individuum als auch die naturwissenschaftliche Medizin selbst dem Einfluss einer Vielzahl soziokultureller Bestimmungsgrößen ausgesetzt sind. Insofern erfordern gerade der erwähnte Selbstbestimmungsgrundsatz und das erwähnte Anliegen der Zieloffenheit eine ethische Reflexion im Blick auf den normativen Bezugsrahmen von Gesundheit und Krankheit. Auch und gerade für die Medizin gilt: Wer selbst zur ethisch reflektierten Bestimmung von Wert- und Zielvorstellungen nicht in die Lage versetzt wird, bleibt der Fremdbestimmung seitens anderer gesellschaftlicher und kultureller Bestimmungsgrößen nicht nur ausge-

---

[6] Vgl. H. Kress, Medizinische Ethik. Gesundheitsschutz – Selbstbestimmungsrechte – heutige Wertkonflikte, 2., vollst. überarb. Aufl., Stuttgart 2009, 67–79.

setzt, sondern ausgeliefert. Eine solche Situation hatte Viktor von Weizsäcker (gest. 1957) in der Form einer (nationalsozialistischen) Staatsmedizin vor Augen, wenn er schreibt:

>»Die physiologische, energetische, hygienische Auffassung des kranken Menschen hatte längst Gesundheit mit Leistung, Krankheit mit Nichtleistung identifiziert und konnte also gar keinen genuinen Einspruch erheben, wenn nun von anderer Seite erklärt wurde, daß diese Leistung nicht dem Individuum, sondern der solidarisch verstandenen Gemeinschaft gehöre. *Der Zweck der Therapie war ja längst die Gesundheit, der Zweck und Maßstab der Gesundheit aber als die Leistungsfähigkeit definiert. Welchen Gebrauch also der Patient von seiner Gesundheit machen würde, das blieb ungesagt, und eben diese Beliebigkeit öffnet weit das Tor, durch welches jede Art von Leistung eingeführt werden konnte* [...] Dies ist der Weg, auf dem der Staat dann die Medizin in seinen Dienst nahm, um sich leistungsfähige Menschen herzustellen, auszuwählen und festzulegen, was er als lebenswichtig und wen er als lebenswert ansah. Wer nun es etwa unternimmt, die Verwendung der Medizin im nationalsozialistischen Staat zu kritisieren, der wird jene Gleichsetzung von Gesundheit und Leistungsfähigkeit und jene Indifferenz gegenüber der Art der Leistung in der vornationalsozialistischen Medizin, die wir einmal die naturwissenschaftliche nennen können, mitkritisieren müssen.«[7]

Eine sublimere Form der Fremdbestimmung hat G. Schneider-Flume im Erfolgsdruck der gegenwärtigen Risikogesellschaft ausgemacht, wenn sie von einer »Tyrannei des gelingenden Lebens« spricht, welche das Verständnis von Gesundheit und Krankheit nachhaltig verändert habe.[8]

---

7 V. v. Weizsäcker, Der Begriff der Allgemeinen Medizin, in: ders., Allgemeine Medizin. Grundfragen medizinischer Anthropologie, GS 7, Frankfurt a. M. 1987, 148 f. (Hervorheb. v. H.-M. R.).

8 G. Schneider-Flume, Leben ist kostbar. Wider die Tyrannei des gelingenden Lebens, Göttingen ²2004.

1.1 ... ZWISCHEN HÖCHSTEM GUT UND KONSUMGUT

Das letzte Lebensziel und das höchste Gut scheint für viele Bürgerinnen und Bürger in Deutschland die Gesundheit zu sein. Betrachtet man diesen Sachverhalt in kulturgeschichtlicher Perspektive, wird man ihn als das Ergebnis einer Säkularisierung von religiösen Heilserwartungen deuten können: Der Mensch muss sein Glück in einem diesseitig gelingenden Leben selbst realisieren. Und dafür ist Gesundheit die unverzichtbare Voraussetzung. Im Alter nimmt die Bedeutung dieser unverzichtbaren Voraussetzung, bedingt dadurch, dass die körperliche Unversehrtheit ihre Selbstverständlichkeit verliert, noch einmal mehr zu. Im Sinne einer solchen hohen Einschätzung der Gesundheit wird vielfach der A. Schopenhauer zugeschriebene Aphorismus zitiert: »Gesundheit ist nicht alles, aber ohne Gesundheit ist alles nichts.«

Es lohnt sich, die Rede von der Gesundheit als dem höchsten Gut differenziert zu betrachten.[9] Zunächst ist Gesundheit sicher kein höchstes Gut im Sinne eines wirtschaftlichen, d. h. handelbaren Guts. Gesundheit ist vielmehr ein personales Gut.

---

[9] Vgl. zum Folgenden U. Diehl, Gesundheit – hohes oder höchstes Gut? Über den Wert und Stellenwert der Gesundheit, in: A. Kick/J. Taupitz (Hg.), Gesundheitswesen zwischen Wirtschaftlichkeit und Menschlichkeit, Münster 2005, 113–136; H. Keupp, Gesundheitsförderung als Ermutigung zum aufrechten Gang. Eine salutogenetische Perspektive, in: S. Sting/G. Zurhorst (Hg.), Gesundheit und soziale Arbeit. Gesundheit und Gesundheitsförderung in den Praxisfeldern sozialer Arbeit, Weinheim 2000, 15–40; B. Laux, Zwischen Würde und Preis. Ethische, moralische und religiöse Aspekte von Gesundheit, Krankheit und Medizin, in: Th. Kingreen/ders. (Hg.), Gesundheit und Medizin im interdisziplinären Diskurs, Berlin/Heidelberg 2008, 3–23; P. O. Oberender/A. Hebborn/J. Zerth, Wachstumsmarkt Gesundheit, Stuttgart 2010, v. a. 21 ff.

Mit einem wirtschaftlichen Gut hat sie aber gemeinsam, dass Menschen sie in unterschiedlichem Umfang besitzen, sie unterschiedlich bewahren oder konsumieren können. Entscheidend ist weiterhin, dass Gesundheit in der Regel nicht im absoluten Sinn als höchstes, d. h. als letztes und vielleicht als alleiniges Gut begriffen wird. Höchstes Gut in einem vorletzten Sinn ist die Gesundheit vielmehr als *fundamentales Ermöglichungsgut* weiterer anderer Lebensziele, Werte oder Güter. Diese können durchaus ebenso wichtig und wertvoll, im Blick auf sich selbst sogar weit wichtiger oder wertvoller sein als die Gesundheit. Man hat deshalb das Ermöglichungsgut auch transzendentales Gut genannt, insofern es als Bedingung der Möglichkeit anderer Lebensziele wie des Glücks oder des gelingenden Lebens angesehen wird.

Die Verabsolutierung der Gesundheit als höchstes Gut droht also zu ignorieren, dass es andere Lebensziele und -güter gibt, die wie das Glück oder die Selbstbestimmung durchaus hohe, wenn nicht sogar höhere Bedeutung haben können. Selbst das weit besonnenere Verständnis der Gesundheit als transzendentales Gut bzw. als Ermöglichungsgut darf nicht übersehen lassen, dass gesundheitliche Einschränkungen per se nicht den Verlust anderer – gar *aller* anderen – Güter mit sich bringen. Krankheit bedeutet keineswegs den Verlust weiterer Lebensmöglichkeiten und Ziele, geschweige denn den Verlust jedweden Glücks. Wer dies unterstellt, ist tatsächlich einem Gesundheitswahn erlegen.

Betrachtet man nun den Gegenpol, die Vernachlässigung der Gesundheit, so ist gerade im Horizont einer Güterperspektive zu differenzieren: Das persönliche Gut »Gesundheit« muss nicht gegenüber jedem Konsum als sakrosankt angesehen werden: Häufig sind Menschen bereit, einen kleinen oder auch größeren Teil ihrer Gesundheit einzutauschen oder aufs

Spiel zu setzen – für berufliche Ziele, für eine gefährliche, aber reizvolle Freizeitbeschäftigung oder für den Genuss von etwas, das gegenwärtige Lebensqualität erhöht. Es wäre ebenfalls eine unsachgemäße Unterstellung, solche Menschen pauschal als »Gesundheitsmuffel« darzustellen.

Genauer betrachtet haben sie sich entschieden, von ihrem Ermöglichungsgut anderen Gebrauch zu machen: Zur Erhöhung *gegenwärtiger* Lebensqualität (durch Zigaretten) oder zu Erreichung näherliegender Ziele (einer Karriere) zehren sie von ihrem Gesundheitsgut zu Lasten *zukünftiger* Möglichkeiten dieses Guts. Der aktuelle Wert der Gesundheit ist auch nach dieser Seite hin verzahnt mit den sonstigen Lebenszielen und -werten, die ein Individuum für sich selbst hat. Er ist außerdem abhängig von seinem subjektiven Konzept von Gesundheit (beispielsweise Gesundheit als Akku, der wieder aufgeladen werden kann) und von subjektiven Theorien von Gesundheit und Krankheit (beispielsweise Ressourcetheorien).

Gegenüber Vernachlässigung oder Gleichgültigkeit muss der Gesundheitsförderung daran gelegen sein, zu gesundheitsbewusstem Verhalten zu motivieren. Hierfür ist die Generierung von gesundheitsbezogenen Zielen notwendige Voraussetzung. In erster Linie werden diese allerdings erst dann generiert, wenn Gesundheit im Gesamtgefüge des persönlichen Wertsystems ein relativ hoher Wert zugemessen wird.[10]

Betrachtet man noch einmal die unterschiedlichen Pole des durch sie markierten Spannungsfelds, dann lässt sich sa-

---

[10] Zum Zusammenhang vgl. B. Renner/H. Weber, Gesundheitsbezogene Ziele und Erwartungen, in: M. Jerusalem/dies. (Hg.), Psychologische Gesundheitsförderung. Diagnostik und Prävention, Göttingen/Bern 2003, 17–37

gen: Die einen nehmen die moderne Medizin in Anspruch für die innerweltliche Heilserwartung eines »höchsten Guts«. Sie sehen sich bestärkt durch die weitreichenden Versprechungen, die der Chor der Anbieter von Gesundheitsleistungen in allen Tonlagen vorträgt. Die anderen nehmen dieselbe Medizin in Anspruch für die Erwartung, sie würde es später schon richten, wenn man zu sehr auf gegenwartsorientierten Konsum statt auf vorsorglichen und bewahrenden Umgang mit der eigenen Gesundheit gesetzt habe. Im säkularen Gewand kehrt auch hier ein Grundzug von Religion wieder: Sie wird für nützlich erachtet, um Absolution und Hilfe insbesondere dann zu bieten, wenn Lebensentwürfe gescheitert oder Lebenswege missraten sind.

1.2 ... ZWISCHEN SCHICKSAL UND MACHSAL

Das Verhältnis des modernen Menschen zu Gesundheit und Krankheit ist Teil einer Geschichte, deren Formel lautet: Depotenzierung des Schicksals, Potenzierung der Machbarkeit.[11] Die Machbarkeit ist denn auch zu einem Grundzug der Gesundheitsgesellschaft geworden: »Die gesellschaftliche Sicht auf Gesundheit verändert sich. Das Gesundheitsmotiv durchdringt einen zunehmend größeren Teil unserer Lebenswelt. [...] Auf neue Weise überlagern sich Diskurse aus

---

[11] Dazu O. Marquard, Ende des Schicksals? Einige Bemerkungen über die Unvermeidlichkeit des Unverfügbaren, in: ders., Abschied vom Prinzipiellen. Philosophische Studien, Stuttgart 2005, 67–90. Marquard beschreibt die Säkularisierung als gravierende Umbesetzung: Nach dem Ende Gottes obliegt nun dem Menschen das, was vormals Gottes Sache war: alles selbst zu machen. Der Mensch steht unter »Gottwerdungsdruck«, damit aber zugleich in der Gefahr, seine Menschlichkeit zu verlieren.

sehr unterschiedlichen Gesundheitsbereichen von der Gesundheitsförderung, über Aids-Prävention, Verhaltensmodifikation, Wellness, Schönheit, Biotechnologie und Genetik. *Ihnen gemein ist, dass Gesundheit immer weniger als Schicksal, sondern als ›gemacht‹ gefasst wird.* Das bedeutet, dass sowohl gesellschaftlich-politisches wie soziales und individuelles Handeln gefordert und eingeklagt werden können.«[12]

Zu dieser veränderten Sichtweise trug die Entwicklung der Medizin selbst bei: Bereits die naturwissenschaftliche Entwicklung an sich musste, wenn sie mit I. Kants »kopernikanischer Wende« Ernst machen wollte, die Kontingenz der Welt dem Erkenntnissubjekt unterwerfen und den Zufall ebenso wie das unverständliche Schicksal aus der Naturerkenntnis verbannen.[13] Der naturwissenschaftliche Einfluss auf die Medizin wiederum führte dazu, dass das, was vormals als Schicksal oder Widerfahrnis lediglich hingenommen werden konnte, nunmehr »behandelbar« wurde. Die Erfolgsgeschichte der Medizin ist dann zum großen Teil eine Geschichte ihrer Technisierung.[14] Ihre Erfolge sind Erfolge medizinisch-technischer Machbarkeit. Diese Machbarkeit nährt jenen Erwartungshorizont, der für die Gesundheitsgesellschaft als charakteristisch angesehen werden kann. Die Frage, wie die Widerfahrnisse und die Kontingenzen des Lebens anerkannt und bewältigt werden können, weicht der Frage, wie man sie reduzieren oder vermeiden könne. Dem Arzt kommt immer weniger die Rolle eines Beistands in Krankheitsnöten

---

[12] I. Kickbusch, Die Gesundheitsgesellschaft zwischen Markt und Staat, a. a. O., 28 (Hervorhebung von H.-M. R.).

[13] Vgl. I. Kant, KrV B 280 f.

[14] Vgl. D. Lanzerath, Krankheit und ärztliches Handeln. Zur Funktion des Krankheitsbegriffs in der medizinischen Ethik, Freiburg/München 2000, v. a. 82–85.

zu; er findet sich unversehens in der Rolle des »Machers« von Gesundheit.

Die Kehrseite der Zunahme von »Machbarkeit« ist ihr in Pflicht nehmender Charakter. Auf der ersten Stufe lautet es meist: Was machbar ist, soll auch gemacht werden können! Auf der zweiten Stufe heißt es dann: Was machbar ist, soll auch gemacht werden! Auf der dritten schließlich: Was machbar ist, muss auch gemacht werden! Die Vorstellung von einer Zieloffenheit der naturwissenschaftlich orientierten Medizin käme einer Illusion gleich, würde sie missachten wollen, dass zwischen Tun und Lassen immer schon ein großes Ungleichgewicht besteht.

Medizinische Forschung erweitert nicht einfach bloß den Raum des Machbaren, sie führt auch dazu, dass auf der individuellen Entscheidung, Kontingenz anzuerkennen und etwas sein zu lassen – sprich: die Ergebnisse jener Forschung *nicht* anzuwenden – eine enormer moralischer Rechtfertigungsdruck lastet. Wer auf die Möglichkeiten pränataler Diagnostik verzichtet und die Geburt eines Kindes mit Down-Syndrom zulässt, weiß, was dies bedeutet. Um mit O. Marquard zu reden: Aus Schicksal ist nicht nur Machbarkeit, sondern »Machsal« geworden. Der Mensch steht unter Machzwang – vor einem Tribunal, das eine von Machbarkeit durchdrungene Gesellschaft selbst stellt (Übertribunalisierung).[15]

Angesichts dieser Tendenzen ist von Vertretern philosophischer Anthropologie zu Recht gefordert worden, die Kontingenz des menschlichen Lebens und dessen Widerfahrnischarakter nicht zu verdrängen, sondern sie wiederzuent-

---

[15] Vgl. O. Marquard, Der angeklagte und entlastete Mensch in der Philosophie des 18. Jahrhunderts, in: ders., Abschied vom Prinzipiellen, a. a. O., 39–66, hier: 49.

decken und ihnen wieder Geltung zu verschaffen.[16] Dabei
handelt es sich nicht einfach um eine Wiederermächtigung
des Schicksals. Es geht vielmehr darum, der Verschränkung
von Aktivität und Passivität, der Verschränkung von Handlung und Widerfahrnis gewahr zu werden. Gesundheit und
Krankheit sind so gesehen Widerfahrnisse, in die menschliches Handeln schon eingegangen ist; sie vollziehen sich wiederum in Handlungen, denen Gegebenes und Widerfahrenes
immer schon vorausliegt. Eine Asymmetrie besteht darin,
dass wir ein beglückendes Widerfahrnis wie die Gesundheit
oder die Ressourcenzunahme in jungen Jahren nicht *als* Widerfahrnis vernehmen, wohl aber Ereignisse oder Prozesse
wie das Altern oder eine Krankheit.

Auf dem Hintergrund des Erfordernisses, Kontingenzen
und Widerfahrnisse als der *conditio humana* zugehörig zu betrachten, fand in den letzten Jahrzehnten ein erweitertes Gesundheitsverständnis vermehrt Zuspruch: Gesundheit ist
diesem zufolge nicht lediglich die Abwesenheit von psychophysischen Funktionsstörungen, sondern die Fähigkeit und
die Kraft, mit ihnen zu leben. Bewältigungs- oder Coping-
modelle heben dementsprechend darauf ab, dass Menschen
Kompetenzen erwerben, die es ihnen ermöglichen, mit ihren
Krankheiten so umzugehen, dass von gelingendem Leben gesprochen werden kann.[17]

Eine solche Entwicklung ist erfreulich, auch wenn sie noch
lange nicht die gebührende Beachtung in der medial-öffent-

---

[16] Grundlegend: W. Kamlah, Philosophische Anthropologie. Sprachkritische
Grundlegung und Ethik, Mannheim/Wien/Zürich 1972, v. a. 34–40.

[17] Vgl. im Sinne eines philosophisch reflektierten Ratgebers F. A. Akashe-
Böhme/G. Böhme, Mit Krankheit leben. Von der Kunst, mit Schmerzen
und Leid umzugehen, München 2005.

lichen Präsentation von »Gesundheit« gefunden hat. Dem Diktat des Machen-Müssens von Gesundheit wird letztlich ein Können nicht voraus-, sondern gewissermaßen gegenübergestellt: die Fähigkeit, mit Krankheit zu leben. Allerdings würde auch ein solches erweitertes Gesundheitsverständnis sich dem Gefälle zur Machbarkeit kaum entziehen können, wenn an dieser Stelle nicht ebenfalls die Verschränkung von Widerfahrnis und Handlungspotenzial bedacht würde: Unser Können, das unsere Fähigkeiten ausmacht, lebt von (Vor-)Gegebenem; es kann uns auch abgehen. Das heißt: Auch das bewältigende Handeln bzw. Handelnkönnen, welches mit Widerfahrnissen umzugehen erlaubt, ist auf vorgegebene Bedingungen und somit auf Widerfahrenes angewiesen. Man kann diese passiven Komponenten des menschlichen Handlungsvermögens zusammenfassend als den »pathischen Untergrund« des Lebens bezeichnen.[18]

Angesichts der Allmachtszumutung menschlichen Machens dürfte die passiven Bedingungen bzw. Komponenten menschlicher Lebenswirklichkeit ins Bewusstsein zu rufen notwendig sein, um des Menschen Menschlichkeit zu wahren. Im Kern geht es hier um eine wichtige anthropologische Leitvorstellung, nämlich des Menschen Angewiesenheit auf unverfügbar Gegebenes. Und es geht um die ethische Herausforderung, im Zeitalter der Machbarkeit dem *Sein-Lassen* das ihm zustehende Recht zu gewähren.[19]

---

[18] Vgl. B. Waldenfels, Grundmotive einer Phänomenologie des Fremden, Frankfurt a. M. 2006, 72 f.

[19] Die Frage, inwiefern der Mensch die Naturkontingenz respektieren solle oder sie im Sinne einer Verbesserung oder Steigerung verändern dürfe, berührt eine bioethische Grundsatzdebatte, wie sie im Zusammenhang des Leitbegriffs »Enhancement« intensiv diskutiert wird. Dazu zwei unterschiedliche Stimmen: D. Birnbacher, »Natürlichkeit«, Berlin/New York

1.3 ... Zwischen Objektivierung und Subjektivierung

Es ist an die Selbstbetroffenheit und Selbsterfahrung gebunden, dass einem etwas widerfährt. Ein Widerfahrnis ist ein subjektives Phänomen, das das Selbstverhältnis des Menschen betrifft und sich in einer Vollzugsperspektive explizieren lässt (»Ich habe Schmerzen«). Dasselbe Phänomen lässt sich ebenso in einer objektivierenden Außen- oder Berichtsperspektive beschreiben (»Er hat Schmerzen«), allerdings geht dabei der primäre Widerfahrnischarakter verloren. Beide Perspektiven unterscheiden sich grundlegend, wie man sich etwa auch an der Selbsterfahrung von Liebe klarmachen kann.[20]

Diese grundlegende Differenz ist von weitreichender Bedeutung für das Verständnis von Gesundheit und Krankheit. Was eine Krankheit als Widerfahrnis ist, weiß allein der

---

2006; M. J. Sandel, Plädoyer gegen die Perfektion. Ethik im Zeitalter der genetischen Technik, aus dem Amerik. v. R. Teuwsen, mit einem Vorw. v. J. Habermas, Berlin 2008. Sandel argumentiert, die Ausweitung der Machbarkeit bringe eine »Explosion der Verantwortung« mit sich, die menschliche Solidarität untergrabe und deren moralische Kosten für menschliches Zusammenleben (zu) hoch seien. Zur Aufwertung des Sein-Lassens in einer »Ethik der Gelassenheit« in der Medizin vgl. Th. Rehbock, Personsein in Grenzsituationen. Zur Kritik der Ethik medizinischen Handelns, Paderborn 2005, 78–103. Dazu auch unten, 6.4 (v. a. Anm. 248).

[20] Vgl. zum Folgenden: W. Kamlah, Philosophische Anthropologie, a. a. O., 41; C. F. Gethmann, Zur Amphibolie des Krankheitsbegriffs, in: A. Gethmann-Siefert/K. Gahl/U. Henckel (Hg.), Wissen und Verantwortung, FS J. P. Beckmann, Bd. 2: Studien zur medizinischen Ethik, Freiburg/München 2005, 105–114; C. F. Gethmann/W. Gerok u. a., Gesundheit nach Maß? Eine transdisziplinäre Studie zu den Grundlagen eines dauerhaften Gesundheitssystems, Berlin 2004, 24–28. 215–218.

kranke Mensch; der Arzt kann allenfalls versuchen, sich in die subjektive Vollzugsperspektive dieses Menschen »hineinzuversetzen«. Die objektivierende Berichtsperspektive des Arztes ist indessen keineswegs sekundär: Jemand kann sich gesund fühlen und seine Funktionsfähigkeit positiv einschätzen, dem objektiven Befund nach aber (bereits) krank sein. Das spricht dafür, dass für den Arzt nicht das subjektive Befinden, sondern der objektive Befund im Vordergrund seiner Beurteilung steht. Dies korrespondiert durchaus mit den Erwartungen seitens der Patienten: Häufig ist es eine in der Selbsterfahrung bzw. im subjektiven Befinden sich einstellende Störung, die beunruhigt und dem »gesunden« Vollzug oder Gebrauch leiblicher Funktionen seine Selbstverständlichkeit nimmt. Von der Arztbegegnung wird erwartet, diese Störung zu verobjektivieren, d. h. in ein verallgemeinerbares Raster einzuordnen und behandelbar zu machen.

Dass der Widerfahrnischarakter von Gesundheit und Krankheit zunehmend aus dem Blick gerät, liegt daher zwar zum erheblichen Teil an der naturwissenschaftlich-technischen Entwicklung der Medizin, an ihrer Entwicklung zu einer »evidence based medicine«. Zu einem erheblichen Teil trägt dazu aber auch die subjektive Erwartungshaltung seitens der Patienten bei: Sie wünschen, dass aus dem Widerfahrnis einer leiblichen Störung ein beherrschbarer bzw. behebbarer Körperdefekt wird. Eine solche Überführung in eine verobjektivierende Perspektive vermag einerseits den positiven Effekt zu haben, dass den Patienten geholfen werden kann, nun gleichsam mit einer beherrschbaren Störung oder einer Störanfälligkeit umzugehen. Das fängt schon damit an, dass sie mit Fachwissen und mit präventiven Verhaltensweisen vertraut gemacht werden. Der positive Effekt bestünde dann in einem Kontrollgewinn. Dieselbe Überführung kann aber auch einen negativen Effekt haben, insofern sich ein technomorphes Selbstverhältnis einstellt: Aus dem Paradies des selbstverständlichen Wohnens im Leib und des selbstverständlichen Gebrauchs seiner Funktionen vertrieben, bekommt der Mensch angesichts der erfahrenen Unverfügbarkeit des Leibes Angst. Es ist daher naheliegend, dass sich sein Verlangen darauf richtet, über den Leib als über einen verobjektivierbaren Körper verfügen zu können.[21] Die Sehnsucht nach Gesundheit kann in diesem Fall zu einem kranken Selbstverhältnis führen.

Das Selbstverhältnis des Menschen und seine subjektive Vollzugsperspektive auf der einen Seite und die objektivierende Berichtsperspektive auf der anderen Seite markieren keineswegs voneinander unabhängige Bezugspunkte. Sie beeinflussen sich gegenseitig. So gehen beispielsweise in die subjektive Vollzugsperspektive kulturell-weltanschauliche und (populär-)medizinische Vorstellungen ebenso ein wie mediale Inszenierungen von Gesundheit und Krankheit oder Zuschreibungen des Gesundheitswesens. Das ethische Spannungsfeld ist daher unübersichtlicher, als es die Polarität von subjektiver und objektiver Perspektive vermuten lässt. Das berechtigte Anliegen, dem Menschen als Subjekt in der Medizin Geltung zu verschaffen, ist dementsprechend mit erheblichen Herausforderungen konfrontiert. Auch die philosophisch-ethische Bearbeitung des Spannungsfelds mithilfe der Differenz von Leib (der ich in Selbsterfahrung bin) und Körper (den ich in objektiv-instrumenteller Hinsicht habe) kann hier schnell vereinfachend wirken.

---

[21] Und viel weniger darauf, mit seinen Unverfügbarkeiten umgehen zu können. Vgl. dazu G. Pöltner, Sorge um den Leib-Verfügen über den Körper, Zeitschrift für medizinische Ethik 54 (2008), 3–11.

Unbeschadet dieses erhöhten Differenzierungsbedarfs bleibt es eine Grundfrage, ob und inwiefern für das Verständnis von Gesundheit und Krankheit beiden Perspektiven Rechnung getragen ist. Wer bestimmt, was Gesundheit und Krankheit ist? Das betroffene Subjekt, der Arzt, das Gesundheitswesen, die Krankenkasse ... ? Sicherlich wird man abgrenzend sagen können, dass eine allein objektive Bestimmung von Gesundheit bzw. Krankheit als messbare Funktionsfähigkeit bzw. als messbare Funktionsunfähigkeit ebenso zu kurz greift wie eine allein subjektive Bestimmung als individuelles Wohlbefinden bzw. als Minderung dieses Wohlbefindens.

Gefordert ist allerdings mehr, wenn als Mindestbedingung gelten soll, dass Arzt und Patient miteinander kommunizieren können. Denn die unterschiedlichen Perspektiven beschreiben letztlich unterschiedliche Wirklichkeitsauffassungen, die in einem Arzt-Patienten-Gespräch aufeinandertreffen. Diesem Problem hat sich insbesondere das bio-psycho-soziale Modell der psychosomatischen Medizin nach Th. von Uexküll und W. Wesiak gestellt. Das gilt ganz unabhängig davon, wie man dann seine konkrete Entfaltung beurteilt.[22] In der hier vorgeschlagenen Konzeption wird die Vermittlung zwischen subjektiver Vollzugs- und objektivierender Berichtsperspektive, zwischen subjektiver und objektiver Gesundheitsbestimmung dort gesucht, wo ein Mensch

---

[22] Zum Anlass der Modellbildung wird die Ausgangsforderung, dass ein Arzt, bevor er seine Patienten behandle, diese auch verstehen müsse. Ihre Selbsterfahrung wird im Sinne der eigenständigen Kodierung einer nichttrivialen Zeichenmaschine aufgefasst, die selbst Wirklichkeit konstituiert. Th. von Uexküll/W. Wesiak, Integrierte Medizin als Gesamtkonzept der Heilkunde: ein bio-psycho-soziales Modell, in: R. H. Adler/J. M. Herrmann u. a.,

zu einem Ereignis bzw. einem Phänomen Stellung nimmt und mit ihm umgeht. Denn »was ein Gegenstand ist, hängt davon ab, wie man mit ihm umgeht.«[23] Dieser Umgang bezieht sich sehr wohl auf einen verobjektivierbaren Sachverhalt, der jedoch nicht in einem »an sich«, sondern nur in der Wechselseitigkeit von Subjekt und Objekt, eben im Umgang gegeben ist. Er geht darum ebenso wenig in der subjektiven Vollzugsperspektive auf: Wenn es Gesundheit bzw. Krankheit nur »in Bezug auf« eine subjektive und praktische Umgangsweise gibt, bedeutet das nicht, dass Gesundheit bzw. Krankheit »durch« diese Umgangsweisen erst erzeugt würden.

Zuletzt muss auf eine wichtige Asymmetrie hingewiesen werden, die hinsichtlich der subjektiven Selbsterfahrung zwischen Gesundheit und Krankheit besteht: Das präskriptive Element im Krankheitsbegriff (Krankheit als Nicht-Sein-Sollendes) ergibt sich in der Regel auf der Grundlage konkreter Zustände in der subjektiven Vollzugsperspektive, die als Krankheiten erlebt werden. Beim Gesundheitsbegriff ist das weit weniger der Fall. Der subjektiv-affektive Gehalt der Gesundheit als Wohlbefinden ist recht vage und lässt überdies kaum Rückschlüsse auf die Gesundheit zu. Für den Gesundheitsbegriff ist das präskriptive Element selbst grundlegend: »Gesundheit« bezeichnet ein (Sollens-)Ziel, eine teleologische Idee. Indirekt bleibt sie allerdings an subjektive Erfahrungen zurückgebunden, insofern Krankheit als Nicht-Sein-Sol-

---

Psychosomatische Medizin. Modelle ärztlichen Denkens und Handelns, 6., neu bearb. Aufl., München/Jena 2010, 3–42. Der kritischen Erörterung bedarf dabei die Grundfrage, ob die Selbsterfahrung des Subjekts in der Theoretisierungsperspektive der Systemtheorie angemessen erfasst werden kann.

[23] V. von Weizsäcker, Medizin und Logik, in: ders., Allgemeine Medizin, GS 7, a. a. O., 362.

lendes erfahren wird. Fehlt diese Rückbindung an subjektive Krankheitserfahrung, besteht die Gefahr, dass das Gesundheitsziel durch andere Ideale zunehmend überlagert wird, etwa durch Schönheits- und Fitnessideale.

1.4 … zwischen Sollen, Müssen, Wollen, Können und Dürfen

Medizinische Erkenntnisse vermögen – wie wissenschaftliche Erkenntnisse überhaupt – zu vermitteln, was wir *können*, nicht aber, was wir *sollen* und *dürfen*. An dieser Stelle treten in der Moderne sowohl offene als auch verdeckte ethische Konflikte auf. Der Raum des Machbaren wird ständig erweitert; anders als früher braucht das Faktische nicht mehr einfach hingenommen zu werden. Die Frage ist: Soll und darf man tun, was möglich ist bzw. gemacht werden kann? Verschärft wird die Lage dadurch, dass dieses Können häufig in mehrere Möglichkeiten zerfällt und ein Abwägen von relativen Vorzügen und relativen Nachteilen erforderlich macht.[24]

Zu bedenken sind außerdem gegenläufige Entwicklungen: Auf der einen Seite wurde in der Moderne, wie gesagt, der Raum des Könnens zunehmend erweitert – und zwar im Sinne einer (medizinisch-)technischen Machbarkeit. Auf der anderen Seite wurde die persönliche Umgangsfähigkeit des Menschen mit Nicht-Machbarem weitgehend vernachlässigt und verkümmerte. Der moderne Mensch ist zunehmend weniger in der Lage, mit Sachverhalten bzw. Ereignissen umzugehen, die durch die technische Weltbeherrschung nicht ab-

---

[24] Vgl. grundsätzlich D. Mieth, Was wollen wir können? Ethik im Zeitalter der Bioethik, Freiburg i. Br. 2002.

gedeckt werden. Er verliert dabei eine wichtige Fähigkeit, eine wichtige Form menschlichen Könnens. Je mehr in einer Gesellschaft offensichtlich gilt: »Krankheit kann vermieden oder behoben werden« und »Gesundheit soll sein!« – desto mehr fällt es den Menschen in dieser Gesellschaft schwer, mit unheilbaren Störungen oder Krankheiten zu leben. Es fällt ihnen schwer, krank sein zu *dürfen*.

Nun gehört es zur Konstitution der Begriffe von Gesundheit und Krankheit, dass sich Seinsaussagen und Wertaussagen verschränken. Dem angezeigten ethischen Spannungsfeld ist daher nicht zu entkommen. In der Medizin wird zwar weithin versucht, sich auf wissenschaftlich validierbare Seinsaussagen zu beschränken, wenn man sich mit Gesundheit und Krankheit beschäftigt. Gesundheit erscheint dann etwa als statistische Normalität oder als biologische Funktionsfähigkeit – Krankheit als Abweichung oder defizitäre Form derselben. Gleichwohl geben der positive Wert von Gesundheit und der Unwert von Krankheit die Maximen des Handelns vor. Medizin ist darin eine praktische Handlungswissenschaft. Das entspricht auch den Beobachtungen: Ärzte und auch Psychologen oder Gerontologen wenden sich den Phänomenen von Gesundheit und Krankheit nicht lediglich beschreibend zu, sie wollen wiederherstellen, verbessern, optimieren, gestalten. Ihre Arbeit ist daher nicht zu trennen von der Frage, wie wir als Menschen leben *wollen* und *sollen*.

Es ist insbesondere ein sich in den letzten Jahrzehnten entwickelndes neues Gesundheitsbewusstsein, das als »Sollgeber« von Gesundheit wirkt. In den öffentlichen Gesundheitsdiskursen finden Themen wie Risikovermeidung (Rauchen, Übergewicht) oder Fragen wie diejenige nach einem gesunden Lebensstil (Ernährung, körperliche Aktivität) hohe Aufmerksamkeit. Indirekt wird dabei Gesundheit als soziale

Norm etabliert. Wir haben persönliche Verantwortung für unsere Gesundheit zu übernehmen.

Eine solche Verantwortungsübernahme gehört zunächst auch zu den Strukturmerkmalen eines Sozialstaats, dessen Gesundheitswesen dem Recht auf Gesundheit im Sinne eines sozialen Anspruchsrecht Rechnung tragen soll. Aufgrund der begrenzten ökonomischen Ressourcen wird ein solcher Sozialstaat nicht sämtliche Gesundheits- und Behandlungskosten übernehmen können; er wird von seinen Bürgern im Rahmen der Zumutbarkeit und Verhältnismäßigkeit fordern, selbst an ihrer Gesunderhaltung mitzuwirken. In § 1 des SGB V heißt es dementsprechend:

> Die Versicherten sind für ihre Gesundheit mitverantwortlich; sie sollen durch eine gesundheitsbewusste Lebensführung, durch frühzeitige Beteiligung an gesundheitlichen Vorsorgemaßnahmen sowie durch aktive Mitwirkung an Krankenbehandlung und Rehabilitation dazu beitragen, den Eintritt von Krankheit und Behinderung zu vermeiden oder ihre Folgen zu überwinden. Die Krankenkassen haben den Versicherten dabei durch Aufklärung, Beratung und Leistungen zu helfen und auf gesunde Lebensverhältnisse hinzuwirken.

Von hier aus scheint es kein großer Schritt mehr zu sein, eine aktive Gesunderhaltung bzw. eine gesunderhaltende Lebensführung zur Pflicht zu erheben. Im Rahmen eines rechtlich geregelten Gesundheitswesens würde eine solche Gesundheitspflicht den Bürgern als Rechtspflicht von außen, vom Staat, auferlegt. Bei einer solchen Rechtspflicht würde es sich dann nicht lediglich um eine moralische Pflicht handeln, die auf einem Akt der Selbstbestimmung des einzelnen Menschen beruht. Anders gesagt: Aus dem selbstbestimmten »Sollen« würde ein fremdbestimmtes »Müssen«.[25]

Eine zunehmende Verantwortungsdelegation geht nun keineswegs erst von einem öffentlichen Gesundheitswesen aus; sie ist schon im Gesundheitsbewusstsein selbst angelegt: Je mehr Gesundheit und Krankheit als Schicksal aufgefasst werden, desto mehr wird die Solidargemeinschaft als zuständig betrachtet. Je mehr Gesundheit und Krankheit als durch eigene Aktivität Gemachtes bzw. Machbares aufgefasst werden, desto mehr steht die Eigenverantwortung im Vordergrund.

Es fällt nun auf, dass in den Diskursen über Gesundheit und Krankheit das »Wollen« und vor allem das »Dürfen« weit weniger eine Rolle spielen. Dieser Sachverhalt ist misslich.

In der Gesundheitsförderung weiß man darum, dass dem Wollen ein bedeutender Stellenwert zuzumessen ist.[26] Denn sein Können, also die Fähigkeiten und Ressourcen eines Menschen stellen zwar eine notwendige, aber noch keine hinreichende Bedingung für gesundheitsrelevantes Verhalten dar. Ein Mensch muss auch gesund sein *wollen*. Dieses Wollen hängt wiederum von den Lebenszielen und vom Wertgefüge eines Menschen sowie von dessen Bedürfnissen ab. Handlungswirksam wird es, wenn in der Übereinstimmung mit ihnen konkrete Ziele gebildet werden, deren Realisierung auch erwartet werden kann. Scheint eine Situation bzw. eine vorgegebene Wirklichkeit unveränderbar, wird der Antrieb zum Handeln häufig erstickt. Bei einer Auffassung von Gesundheit und Krankheit als schicksalshafter Ereignisse ist solches in besonderer Weise der Fall.

---

[25] Vgl. dazu H. Kress, Medizinische Ethik, a. a. O., 86–96.

[26] Zum Folgenden: B. Renner/H. Weber, Gesundheitsbezogene Ziele und Erwartungen, in: M. Jerusalem/H. Weber (Hg.), Psychologische Gesundheitsförderung. Diagnostik und Prävention, Göttingen/Bern u. a. 2003, 17–37.

Das Dürfen zeichnet sich demgegenüber durch Freiheit und Offenheit aus, dass viele Wege zum Ziel führen und dass neue Wirklichkeiten sich gerade auch dann einstellen können, wenn ein erweiterter Möglichkeitssinn es erlaubt, Möglichkeiten nicht ergreifen zu müssen, sondern auch sein lassen zu dürfen. Insofern ist zu fragen, ob weniger die Pflicht zur Gesundheit als vielmehr die Anerkenntnis dessen, dass Menschen gesund und krank sein *dürfen,* für die Gesundheit einer Gesellschaft von grundlegenderer Bedeutung ist.

1.5 ... Zwischen individuellem und sozialem Gut

Eine für den Gesundheitsbegriff maßgebliche Ausrichtung ist mit der Frage angesprochen, inwiefern Gesundheit als individuelles und inwiefern sie als sozial-öffentliches Gut verstanden wird. Die begriffliche Fassung der Gesundheit steht an dieser Stelle in unmittelbarem Zusammenhang mit Strukturmerkmalen und Strukturproblemen des Gesundheitswesens.[27] Die komplexe Problemsituation des (deutschen) Gesundheitswesens ist zwar nicht Gegenstand des vorliegenden Entwurfs; gleichwohl gilt es verallgemeinerbare Zusammenhänge wahrzunehmen.

Als individuelles Gut entspricht Gesundheit einem individuellen Bedürfnis und hängt mit individuellen Lebenszielen zusammen. Ihr Nutzen ist zunächst ebenfalls individuell.

---

[27] Zum Überblick vgl. A. Labisch / N. Paul, Art. »Gesundheitswesen«, in: W. Korff / L. Beck / P. Mikat (Hg.), Lexikon der Bioethik, Bd. 2, a. a. O., 122–135; J. Wallner, Ethik im Gesundheitssystem, a. a. O., A. P. F. Ehlers / H. Bitter / S. v. Hardenberg, Das Gesundheitssystem im Wandel: Vom Patienten zum Kunden?, in: F. Merz (Hg.), Wachstumsmotor Gesundheit, a. a. O., 61–82.

Insofern Gesundheit aber, wie bereits gesagt, auch ein Ermöglichungsgut weiterer Lebensvollzüge und Lebensgüter ist, hat sie immer gesellschaftliche Bedeutung. Als soziales Gut ist sie von allgemeinem Interesse der Solidargemeinschaft. Sie unterliegt dann jedoch Betrachtungslogiken, die von der Betrachtung etwa eines Arzt-Patienten-Verhältnisses abweichen. Sie wird zum Gegenstand politischer, rechtlicher und ökonomischer Bestimmungen.

Es ist offensichtlich, dass das Vorherrschen der jeweiligen Auffassung sowohl Auswirkungen auf das Verständnis des individuellen Gesundheitsverhaltens als auch auf das Verständnis der Aufgaben eines kollektiven Gesundheitswesens hat. Wird Gesundheit überwiegend als individuell-privates Gut betrachtet, liegt es nahe, dass für den Zugang zu den Leistungen eines öffentlichen Gesundheitswesens auch private Mittel als grundlegend betrachtet werden. Wird Gesundheit überwiegend als soziales Gut betrachtet, liegt es zu fordern nahe, dass alle Bürger einen offenen Zugang zu den Leistungen eines öffentlichen Gesundheitswesens haben sollen. Dem entspricht, dass Gesundheitsleistungen als Rechtsgüter auch eingeklagt werden können.

Ein besonderes Merkmal (und eine besondere Problematik) des deutschen Gesundheitswesens besteht darin, dass für die Ordnung des sozialstaatlichen Gesundheitswesens die Gesundheitspolitik zuständig ist, dass sich jedoch die einzelnen Vollzugsfelder des Gesundheitswesens relativ frei im Kräftespiel der individuellen Bedürfnisse der Bürger, der Interessen der Ärzteschaft und der Interessen der Pharmaindustrie entwickeln konnten.

Gesundheitspolitische Eingriffe sind daher mit einer unübersichtlichen Interessenlage konfrontiert; in Zeiten expandierender Kosten und knapper werdenden ökonomischen

Ressourcen sind sie jedoch unumgänglich. Die vielfältigen Versuche einer Kostendämpfungspolitik betreffen auch das Verhältnis des Bürgers zum Sozialstaat: Nachdem seit den 1950er Jahren das Bild eines Sozialstaats vermittelt wurde, der selbst die Verantwortung für das Wohlergehen seiner Bürger zu tragen imstande ist, schiebt sich nunmehr die Rückbesinnung auf die Eigenverantwortung in den Vordergrund. Der Gesetzgeber erkennt die kollektive Bedeutung der Gesundheit, fordert für die Finanzierung des Gesundheitssystems aber vermehrt individuelle Verantwortung oder (und) Eigenbeteiligung ein.

Zwar gehören, recht besehen, das Sozialstaatsprinzip und das Prinzip der Eigenverantwortung zusammen, zugleich ist die Tendenz unübersehbar, dass um der Sicherung der Gesundheit als soziales Gut willen die Gesundheit als individuelles Gut aufgewertet wird.

Ethisch ist dies vor allem deshalb von Bedeutung, weil die Verantwortung für die Gesundheit als Eigenverantwortung zu individualisieren in der Regel auch einschließt, die Verantwortung für die Gesundheitsrisiken zu individualisieren. Entsprechend gerät unter Rechtfertigungsdruck, wer trotz aller Appelle zu Prävention und zu gesundheitsbewusster Lebensweise es »sich leistet«, krank zu werden. Zusammen mit der verbreiteten Vorstellung, Gesundheit sei machbar, kann dies schnell zu einer Stigmatisierung von kranken Menschen führen, deren Krankheit bei entsprechendem Verhalten (vermutlich) vermeidbar gewesen wäre.

Der Sozialstaat steht hier vor einem komplexen Problemfeld: Er betreibt zwar zunehmend selbst eine Aufwertung der Gesundheit, indem er sie seinen Bürgern als erstrebenswertes individuelles Ziel empfiehlt. Er kann dabei aber weder die individuelle Bestimmung dessen, was diese Gesundheit ausmacht, selbst vorwegnehmen, noch kann er zulassen, dass allein die Bedürfnisse des Individuums bestimmen, was Gesundheit ist. Er würde ansonsten sein Gesundheitswesen rechtlich kaum regeln können. Gegenwärtig ist dies insbesondere angesichts dessen von Bedeutung, dass das Verständnis von Gesundheit und das Verständnis von Wohlfühlen, Wellness, Fitness und Schönheit sich einander annähern. Je mehr die Grenzen verwischen, desto höher scheint der rechtliche Regelungsbedarf.

Ausgangspunkt dafür, dass Bürger das Gesundheitswesen eines Sozialstaats in Anspruch nehmen, ist zunächst die in der subjektiven Vollzugsperspektive empfundene Bedürftigkeit nach Krankheitsbehandlung bzw. nach Gesundheitsleistungen. Es handelt sich dabei jedoch um eine notwendige, nicht aber schon um eine hinreichende Bedingung für die intersubjektive Anerkennung dieses Anspruchs und insbesondere für die Kostenerstattung durch das Kollektiv. Dieser Sachverhalt führt noch einmal den Grund vor Augen, weshalb ein Gesundheitssystem Standards bedarf, welche selbst wiederum eine verallgemeinerbare begriffliche Fassung von Gesundheit und Krankheit voraussetzen.[28]

Eine Gesundheitsgesellschaft gerät schnell in einen Teufelskreis: Das Streben nach dem hohen Gut Gesundheit und das zunehmende Gesundheitsbewusstsein führen dazu, dass auch gesunde Menschen sich weniger gesund fühlen (wohlfühlen, fit und schön fühlen) und dass daher der Bedarf nach Krankheitsbehandlung bzw. nach Gesundheitsleistungen unaufhörlich wächst. Das ist im Interesse der Gesundheitsdienstleister, nicht aber im Interesse eines Sozialstaats – und

---

[28] Detaillierter C. F. Gethmann / W. Gerok u. a., Gesundheit nach Maß?, a. a. O., 27 f. 39 ff.

es kann auch nicht im Interesse der Gesundheit des Einzelnen sein. K. Dörner hat die skizzierte Entwicklung provokativ als »Gesundheitsfalle« gedeutet:

> »Das ist die ›Gesundheitsfalle‹ in ihrer allgemeinsten Form, die man – im Unterschied zur Gesundheit selbst – sehr wohl definieren kann: Eine Gesellschaft, die Gesundheit zu ihrem höchsten Wert erklärt, treibt als Gesundheitsgesellschaft mit Hilfe ihres Gesundheitssystems sich selbst die Gesundheit aus. Anders ausgedrückt: Ein Krankheitsbewältigungssystem, das als Gesundheitssystem sich immer nur grenzenlos steigern will, wird zur Gesundheitsvernichtungsmaschine.«[29]

1.6 … ZWISCHEN DEM ANSPRUCH DER GANZHEITLICHKEIT UND DER GLORIFIZIERUNG DER GEBROCHENHEIT

Auf den ersten Blick wird die ethische Reflexion an dieser Stelle über die begriffliche Fassung von Gesundheit und Krankheit im engeren Sinn hinausgeführt. Es geht um das Verhältnis bzw. das Verhalten des Menschen zu Gesundheit und Krankheit, seinen Umgang mit ihnen. Gerade dies steht jedoch häufig im Zusammenhang mit entsprechenden handlungsleitenden Vorstellungen und Leitbildern.

Das Verhältnis bzw. das Verhalten des Menschen zu Gesundheit und Krankheit bewegt sich, philosophisch gesprochen, zwischen den Polen Freiheit und Schicksal, zwischen Aktivität und Passivität. Es bewegt sich, psychologisch ge-

---

[29] K. Dörner, Die Gesundheitsfalle. Woran unsere Medizin krankt. Zwölf Thesen zu ihrer Heilung, München 2003, 14; zum differenzierten Befund vgl. M. Myrtek, Gesunde Kranke – kranke Gesunde. Psychophysiologie des Krankheitsverhaltens, Bern/Göttingen u. a. 1998.

sprochen, zwischen den Polen des »Nicht-Aufgebens« und des »Sich-Abfindens«, oder, bereits theologisch gesprochen, zwischen Widerstand und Ergebung. Vor simplifizierenden Zuordnungen wird man sich dabei wohl zu hüten haben: Ein »Sich-Abfinden« bzw. eine Ergebung ist per se keinesfalls der Passivität zuzuordnen; solche Verhaltensmuster können sogar eine höhere Form der Aktivität verlangen als ein vordergründig aktives Bemühen oder Kämpfen.

Dennoch lassen sich anhand der skizzierten Polaritäten Zusammenhänge verdeutlichen: Leitbilder, bei denen das Unverfügbare oder das Schicksalshafte des menschlichen Lebens im Vordergrund steht, und religiöse Leitbilder, bei denen die Vorsehung Gottes im Vordergrund steht, begünstigen Verhaltensmuster des »Sich-Abfindens« und der Ergebung. Leitbilder hingegen, bei denen ein aktives Verfügenkönnen über den menschlichen Körper im Vordergrund steht, und religiöse Leitbilder, bei denen der Kampf (Gottes) gegen das Schöpfungswidrige im Vordergrund steht, begünstigen Verhaltensmuster des »Nicht-Aufgebens« und des Widerstands gegen die Krankheit.[30]

In theoretischen Konstrukten der Gesundheitspsychologie werden die zuletzt genannten aktiven Verhaltensmuster im Sinne einer »Selbstwirksamkeitserwartung« erfasst und in der Regel dann positiv bewertet. Etwas schwieriger ist die ge-

---

[30] Vgl. G. Thomas, Krankheit als Manifestation menschlicher Endlichkeit. Theologische Optionen zwischen Widerstand und Ergebung, in: M. Höfner/S. Schaede/ders. (Hg.), Endliches Leben. Interdisziplinäre Zugänge zum Phänomen der Krankheit, Tübingen 2009, 161–192; U. Eibach, Umgang mit schwerer Krankheit. Widerstand, Ergebung, Annahme, in: G. Thomas/I. Karle (Hg.), Krankheitsdeutung in postsäkularer Gesellschaft. Theologische Ansätze im interdisziplinären Gespräch, Stuttgart 2009, 339–353.

sundheitspsychologische Betrachtung des zuerst genannten Verhaltens eines Sein-Lassens. Insofern es das Zutrauen ausdrückt, es werde schon alles gutgehen, entspricht es dem Konstrukt eines »dispositionalen Optimismus«. Ein solcher Optimismus wird gesundheitsfördernd eingestuft, muss aber sogleich von einer zu optimistischen Fehleinschätzung abgegrenzt werden: Man kann das Gegebensein von Gesundheit überschätzen und die Verletzlichkeit gegenüber Krankheiten unterschätzen, wo eigenes verantwortliches Bemühen angesagt wäre. Man kann aber auch die Möglichkeit eigenen Handelns bzw. Bemühens überschätzen. Gesundheitspsychologisch legt sich also eine differenzierte Betrachtung nahe – vor allem, wenn man auch noch beachten will, dass nicht nur realistische Einschätzungen des eigenen Gesundheitszustands, sondern auch »positive Illusionen« unter bestimmten Bedingungen protektiv bzw. gesundheitsfördernd sein können.[31]

In der philosophischen Betrachtung des skizzierten Spannungsfelds hat sich in den letzten Jahrzehnten insbesondere die Leibphänomenologie hervorgetan und weiterführende Impulse auch für das interdisziplinäre Gespräch gegeben (vgl. 3.6). Gegenüber einem Medizinparadigma, das auf technische Machbarkeit abhebt, wurde die Unverfügbarkeit des Leibes verfochten; gegenüber dem Ganzheitsanspruch von Gesundheit wurde die Unvollkommenheit menschlichen Lebens betont. Denn anders als der Körper ist mein Leib etwas, das ich nicht nur (zur Verfügung) *habe*, sondern das ich selbst auch

---

31 Vgl. den Überblick in: R. Schwarzer, Psychologie des Gesundheitsverhaltens. Einführung in die Gesundheitspsychologie, 3. überarb. Aufl., Göttingen/Bern u. a. 2004, 5-37; S. E. Taylor/M. Kemeny u. a., Psychological Resources, Positive Illusions, and Health, in: American Psychologist 55 (2000), 99-109.

bin. Er kann daher nie vollständig vergegenständlicht und instrumentell beherrscht werden. – Dieser Weckruf ist richtig. Er darf allerdings nicht vergessen machen, dass, sofern der Mensch seinen Leib bzw. seinen Körper auch *hat*, er durchaus ein vergegenständlichtes Verhältnis zu ihm einnehmen kann. Er sieht sich zu einem aktiven Umgang, zu einer aktiven Sorge für ihn herausgefordert. Die Kritik am Verfügenwollen des modernen Menschen über seinen Körper ist überzogen, wenn sie missachtet, dass in der Leiblichkeit des Menschen zwei Momente zusammenkommen: (Vor-)Gegebenes und Gestaltbares.[32]

In der theologisch-ethischen Betrachtung wurde im Bezug auf die Gesundheitsvorstellung vor allem das Streben nach Ganzheitlichkeit und nach Vollkommenheit als dem Menschen unangemessen kritisiert. Von dieser Kritik betroffen sind auch Gesundheitsmodelle, die von einer Fähigkeit des menschlichen Subjekts zur Selbstintegration oder seiner Fähigkeit zur Sinngebung ausgehen. Diese Kritik ist zustimmungsfähig. Und doch können sich auch hier Einseitigkeiten ergeben. Denn Gesundheit als Lebensfülle zu verstehen, welche die Integration unterschiedlicher Bereiche des menschlichen Daseins einschließt, führt nur dann zu einer übersteigerten Erwartung und grenzt aus, wenn sie die bleibende Unvollkommenheit und Verletzlichkeit des menschlichen Lebens verdrängt. Das muss aber nicht so sein.[33] Die oftmals

---

32 Vgl. G. Pöltner, Sorge um den Leib – Verfügen über den Körper, a. a. O.; U. H. J. Körtner, Leib und Leben. Bioethische Erkundungen zur Leiblichkeit des Menschen (Arbeiten zur Pastoraltheologie, Liturgik und Hymnologie, Bd. 61), Göttingen 2010, 32–43.

33 Zur differenzierten Betrachtung vgl. R. Fischer, Gesundheit zwischen Größenwahn der Ganzheitlichkeit und Glorifizierung der Gebrochenheit, in: M. Roth/J. Schmidt (Hg.), Gesundheit. Humanwissenschaftliche, histo-

als christliche Alternative vorgeschlagene Position, Gesundheit von der Gebrochenheit und Fragmentarität des menschlichen Lebens her zu verstehen, steht auf der anderen Seite selbst in der Gefahr, einer »Glorifizierung des Leidens« das Wort zu reden und Resignation als bevorzugte christliche Haltung darzustellen.[34] Die hierfür mitunter aufgebotene Berufung auf eine *theologia crucis* wird kaum verschleiern können, dass man in diesem Fall einer äußerst fatalen Verzerrung derjenigen theologischen Konzeption erliegt, die mit Recht *theologia crucis* genannt zu werden verdient.

Die Herausforderung besteht theologisch darin, Kreuz *und* Auferstehung, Fragmentarität *und* Ganzheitlichkeit, Selbsttranszendenz *und* Selbstintegration zusammenzuhalten: Insofern im Glauben der Mensch von sich selbst loskommt und seine Vollendung bzw. seine Ganzheit in Christus und seiner Geschichte findet, ist er befreit davon, seine Vollendung in sich selbst suchen bzw. seine Ganzheit innerweltlich selbst realisieren zu müssen. Das Heterogene, das Inkongruente, das Bruchstückhafte, auch das Scheitern im Leben werden dadurch nicht verklärt – sie bleiben das, woran Menschen leiden. Die Orientierung des Glaubens am gekreuzigten *und* auferstandenen Christus zeigt jedoch, dass es Gottes Gegenwart nicht im Weg steht und als zum Leben gehörend anerkannt werden kann. Psychologisch gesprochen zielt deshalb der Glaube durchaus auf ein integrales Selbstkon-

---

rische und theologische Aspekte (Theologie – Kultur – Hermeneutik, Bd. 10), Leipzig 2008, 179–194, hier: 184.

34 Ebd., 193, in Bezug auf: U. Eibach, Heilung für den ganzen Menschen? Ganzheitliches Denken als Herausforderung von Theologie und Kirche (Theologie in Seelsorge, Beratung und Diakonie, Bd. 1), Neukirchen-Vluyn 1991, 46.

zept, nicht auf ein affirmatives Lob des Inkongruenten und Fragmentarischen. Es handelt sich um ein Selbstkonzept, so müsste man sagen, das mit Inkohärentem und Fragmentarischem zu leben vermag und für die Würde des Unvollendeten offen ist.

Letztlich legt dies einen paradoxen Gebrauch des Fragment-Begriffs nahe, wie er bei D. Bonhoeffer und H. Luther tatsächlich vorliegt und von F. Steffensky als Ganzheit im Fragment beschrieben worden ist.[35] Die neuere Gesundheitstheorie ist solche Einsichten zu berücksichtigen fähig. Kontinuumsmodellen zufolge stellt die völlige Gesundheit ohne kranke Anteile lediglich einen theoretischen Grenzwert dar; Gesundheit vermag es in gewisser Hinsicht auch in der Krankheit zu geben. Die Gesunde ist nie völlig gesund; er ist mehr oder weniger gesund – und das ist nicht wenig.

---

[35] Vgl. dazu ausführlicher H.-M. Rieger, Altern anerkennen und gestalten. Ein Beitrag zu einer gerontologischen Ethik, ThLZ.F 22, Leipzig 2008, 124–128; F. Steffensky, Ganzheit im Fragment. Heil und Heilung in unserer Zeit, in: H. Egner (Hg.), Heilung und Heil. Begegnung – Verantwortung – Interkultureller Dialog, Düsseldorf/Zürich 2003, 40–59.

2. Gesundheit – Erkundungen in transdisziplinärer Absicht

2.1 DIE FRAGE: WAS IST GESUNDHEIT?

Wie eingangs erwähnt, ist der Diskurs über Gesundheit verwoben mit Vorstellungen darüber, was als dem Menschen zugehörig und was als Ziel gelungenen Menschseins angesehen wird. Diese Vorstellungen sind wiederum abhängig von kulturgeschichtlichen und gesellschaftlichen Rahmenbedingungen.

Insofern der Gesundheitsbegriff nicht nur Bestimmungen über die organische Funktionsfähigkeit, sondern Bestimmungen über erstrebenswerte Ziele des Menschen enthält, ist er kein allein deskriptiv-beschreibender, sondern vor allem ein normativ-praktischer Begriff. Er enthält Bestimmungen, die das Handeln und das Selbstverständnis von Menschen leiten. Er enthält Bestimmungen darüber, was sein *soll*. Gesundheit soll sein, Krankheit soll nicht sein. Was als das Sein-Sollende der Gesundheit aufgefasst wird, erscheint dabei häufig im konkreten Nicht-Sein-Sollenden einer Krankheit.[36]

Philosophisch-ethisch handelt es sich bei der Zielvorstellung »Gesundheit« um eine regulativ-teleologische Idee. An

---

[36] Vgl. auch zum Folgenden W. Wieland, Strukturwandel der Medizin und ärztliche Ethik. Philosophische Überlegungen zu Grundfragen einer praktischen Wissenschaft, Heidelberg 1986, 38–41; E. Schockenhoff, Ethik des Lebens. Ein theologischer Grundriß, Mainz 1993, 214; D. Lanzerath, Krankheit und ärztliches Handeln. Zur Funktion des Krankheitsbegriffs in der medizinischen Ethik, Freiburg/München 2000, 53.

der inhaltlichen Bestimmung dieser Idee sind mehrere beteiligt: In einer konkreten Situation ist es das menschliche Subjekt des Patienten, der im Gespräch mit dem Arzt das Nicht-Sein-Sollende und indirekt damit auch das (noch abwesende) Sein-Sollende artikuliert. Zum Konstitutionsgefüge von »Gesundheit« gehört in diesem Fall aber auch der Arzt. Er ist nun zwar einerseits Vertreter einer deskriptiv-naturwissenschaftlichen Perspektive, steht aber andererseits wie der Patient unter dem Einfluss von soziokulturellen, institutionellen und ökonomischen Bestimmungsgrößen, samt den damit verbundenen normativen und rechtlichen Vorgaben.

Die konkrete Fassung des Gesundheitsbegriffs ist also von mehreren Bestimmungsgrößen abhängig, sie ist kontextuell-situativ bedingt. Zugleich stellt sich – das ist kein Widerspruch – »Gesundheit« als kontextübergreifender Allgemeinbegriff dar. Solches ist nicht im Sinne einer abschließenden (deskriptiven) Definition von Gesundheit zu verstehen, wie sie zu Recht immer wieder kritisiert wird.[37] Sondern im Sinne eines praktisch-kommunikativen Erfordernisses: Würde man die Bestimmung des Gesundheitsbegriffs den vielfältigen soziokulturellen Bestimmungsgrößen jeweils ausschließlich selbst überlassen, wäre sowohl dem politischen Regeldiskurs als auch dem wissenschaftlichen Diskurs die Grundlage entzogen. So sind es die soziokulturell bedingte Kommunikationspraxis und die sich darauf beziehenden Regeldiskurse selber, welche ein Interesse an verallgemeinerbaren Begriffen und in diesem Sinne an Allgemeinbegriffen haben. Auch die Einzelexistenz bedarf übergreifender und generalisierender

---

[37] Vgl. K. Jaspers, Allgemeine Psychopathologie, Berlin/Heidelberg ⁵1948, 658; A. Franke, Modelle von Gesundheit und Krankheit, 2. überarb. und erw. Aufl., Bern 2010, 31 f.

Orientierungsbegriffe. Die Gültigkeit dieser Begriffe wird zwar immer von einer bestimmten soziokulturell bedingten Kommunikationspraxis abhängig sein. Als generalisierende und partikulare Diskursfelder überschreitende Ordnungs- und Orientierungsbegriffe sind sie für diese Kommunikationspraxis aber zugleich unabdingbar, um Fragen, wie diejenige, woran man sich in seinem Handeln zu orientieren gedenkt, thematisieren zu können. Darauf kommt es nämlich an: Dass sie deskriptiv unscharf sind, ist in Kauf zu nehmen, entscheidend ist ihre praktische Leistungsfähigkeit als handlungsleitende Orientierungsbegriffe. »Gesundheit wie Alter sind Orientierungsbegriffe in Ordnungsdiskursen, die sich aus gutem Grund als Natur und Objektivität präsentieren.«[38]

Im Sinn einer elementaren Verallgemeinerungsebene, auf deren Hintergrund Krankheit und Gesundheit als Nicht-Sein-Sollendes und Sein-Sollendes erscheinen, und im Sinn einer Verallgemeinerungsebene, welche anthropologische, medizinische, ethische und theologische Thematisierungen erlaubt, werden im Folgenden Krankheit und Gesundheit als »Weisen des Menschseins« aufgefasst.[39] Die Wahl einer solchen Herangehensweise ist nicht zufällig: Mit ihr bewegt man sich bereits in einem Horizont, der sich eignet, transdisziplinär ein menschenangemessenes Verständnis von Gesundheit zu erkunden. Würde man hingegen die gängigen Vorstellungen von Gesundheit und Krankheit als Norm bzw. Normabweichung oder als Funktionsfähigkeit bzw. Funktionsstörung zugrunde legen, müsste die kritische Auseinan-

---

38 G. Göckenjan, Das Alter würdigen. Altersbilder und Bedeutungswandel des Alters, Frankfurt a. M. 2000, 16.

39 Vgl. V. von Weizsäcker, »Euthanasie« und Menschenversuche, in: ders., Allgemeine Medizin, GS 7, a. a. O., 122.

dersetzung ein stärkeres Gewicht erhalten. Für die vorliegende Abhandlung steht das positive Erkundungsinteresse im Vordergrund.

2.2 DAS ANLIEGEN:
EIN MENSCHENANGEMESSENES KONZEPT

Wenn das Gesundheitsverständnis abhängig ist von Vorstellungen darüber, was als dem Menschen zugehörig und was als Ziel gelingenden Menschseins angesehen wird, dann muss die Diskussion darüber, was Gesundheit ist, auch auf eine Reflexion anthropologischer Grundannahmen zurückführen. Diese Grundannahmen lassen sich daraufhin befragen, inwiefern sie den Erfahrungen gelebten Menschseins entsprechen. Bei aller Variabilität der soziokulturellen Deutehorizonte wird sich dann unschwer erweisen lassen, dass Wesenszüge der *conditio humana* weit weniger in einem störungsfrei funktionierenden Körper als vielmehr in dessen Verletzlichkeit, Störanfälligkeit und Begrenztheit zu suchen sind. Grundlegend wird dann die Bejahung der Kontingenz und der Angewiesenheit des menschlichen Wesens.

Werden die Verletzlichkeit, Störanfälligkeit und Begrenztheit des menschlichen Wesens anerkannt, dann müssen gesundheitliche Störungen und Begrenzungen nicht ausschließlich negative Bedeutung haben. Es wird möglich, in ihnen auch eine positive oder gar heilende Funktion zu erblicken. Solches ermöglicht es wiederum, dem Trend zur Medikalisierung und Pathologisierung zu widerstehen. Denn dieser Trend lebt davon, dass nicht nur gesundheitliche Störungen und Einschränkungen an sich, sondern letztlich die Verletzlichkeit, Störanfälligkeit und Begrenztheit des Menschen selbst als pathologisch und dementsprechend als medizinische Probleme betrachtet werden. Gegen diesen Trend zur Medikalisierung und Pathologisierung zum Menschen gehörender Wesenszüge – dazu zählen auch die zahlreichen Alterserscheinungen! – wird ein menschenangemessenes Gesundheitsverständnis darum festhalten: Zur Gesundheit gehört es auch, mit abnehmenden Ressourcen, mit Krankheit und mit Leiden leben zu können – nämlich ein Leben führen zu können, das in seiner Weise als gelingendes Leben anzusprechen ist. Grundsätzlicher gesagt: Zur Gesundheit gehört die Fähigkeit, mit Widerfahrnissen leben zu können. Solches korrespondiert mit der Einsicht in die passiven Bedingungen der Lebenswirklichkeit des Menschen, seiner Angewiesenheit auf unverfügbar Gegebenes (vgl. 1.2).

Ein anthropologischer Rückgang erlaubt daher, wichtige Differenzen nicht zu verwischen: Wie hoch man das Gut der psychophysischen Gesundheit auch einschätzt, es ist von gelingendem Leben noch einmal zu unterscheiden. Zugleich: Wer zugesteht, dass als Weisen des Menschseins sowohl Gesundheit als auch Krankheit zum menschlichen Leben gehören, wird auch zugestehen können, dass dann nicht nur für das Verständnis gelingenden Lebens, sondern schon für die begriffliche Fassung von Gesundheit und Krankheit selbst dem *Umgang* mit psychophysischen Störungen bzw. Funktionseinschränkungen ein zentraler Stellenwert zukommt.

Dieser Umgang bezieht sich, wie gesagt, auf einen objektivierbaren Sachverhalt, der jedoch nicht in einem »an sich« gegeben ist (etwa der Hautkrebs), sondern in der Wechselseitigkeit von Subjekt und Objekt (das Hautkrebsleiden eines bestimmten Menschen). Gesundheit und Krankheit gibt es nur »in Bezug« auf einen damit umgehenden Menschen (vgl. 1.3).

Der anthropologische Rückgang führt so die gesundheits-theoretische Betrachtung dazu, eine konstitutive Duplizität zu Gesicht zu bekommen. Klassisch wurde diese Duplizität als Körper und Geist gefasst, in der Leibphänomenologie als Körper und Leib. In der ethischen Betrachtung des Personen-verständnisses wird sie im Rahmen einer Duplizität von ›et-was‹ und ›jemand‹ diskutiert.[40] Für die wissenschaftliche An-lage einer Humanwissenschaft bzw. einer Humanmedizin legt die Beachtung jener Duplizität auch die konstitutive Zu-sammengehörigkeit von naturwissenschaftlichen und geis-teswissenschaftlichen Perspektiven nahe.

Nicht dadurch also, dass er selbst inhaltliche Festsetzun-gen mit sich führt, sondern dadurch, dass er wichtige Dif-ferenzsetzungen und Zuordnungen ermöglicht, erfüllt der anthropologische Rückgang bereits eine grundlegende Funk-tion für die Reflexion darüber, an welchen Grundsätzen oder Wertvorstellungen sich menschliches Handeln orientiert. Um auf die erwähnte Frage nach dem höchsten Gut zurück-zukommen: Wenn nicht Gesundheit als höchstes Gut einge-schätzt wird, sondern ein gelingendes Menschsein, dann ist der Diskurs über das, was dieses gelingende Menschsein aus-macht, zuallererst eröffnet. Für eine »Gesundheitsgesellschaft« wäre damit schon viel gewonnen. Und zwar gerade auch dann, wenn sich in einem solchen Diskurs eine Pluralität an-thropologisch-ethischer Perspektiven bemerkbar macht.

---

[40] Die nähere Explikation der Duplizität mag mitunter höchst unterschied-lich erfolgen: im Sinne einer dualistischen Theoriebildung, im Sinne einer Emergenztheorie oder im Sinne pluraler Beschreibungsperspektiven. Be-zugspunkt der Debatte um das Personenverständnis ist R. Spaemann, Per-sonen. Versuche über den Unterschied zwischen ›etwas‹ und ›jemand‹, Stuttgart 1996.

Eine theologische Perspektive wird dieses höchste Gut des gelingenden Menschseins im *Zusammensein des Menschen mit Gott* erblicken und schon von daher den Höchstrang einer psychophysisch verstandenen Gesundheit relativieren.[41] Zugleich wird sie sowohl im Blick auf das Verständnis des Menschen im Allgemeinen als auch im Blick auf die Frage eines dem Menschen angemessenen Verständnisses von Gesundheit im Besonderen darauf insistieren, dass dort, wo Gott Gott bleibt, auch der Mensch Mensch bleiben kann und darf. Unter dieser Voraussetzung bekommt nicht nur der Begriff des gelingenden Lebens, sondern auch der Begriff einer menschenangemessenen Gesundheit eine eigene Fassung. Wir kommen darauf zurück (vgl. 6.4).

Für die vorliegenden Erkundungen eines menschenangemessenen Verständnisses von Gesundheit ist es zunächst zentral, Gesundheit nicht lediglich unter der *Leitvorstellung einer Funktionsfähigkeit* des menschlichen Körpers, sondern auch und vor allem unter der *Leitvorstellung einer Umgangsfähigkeit* des Menschen mit dieser Funktionsfähigkeit (mit eingeschränkter oder gestörter Funktionsfähigkeit) zu betrachten. In die Richtung einer solchen Betrachtung bewegen sich in der Gesundheitspsychologie beispielsweise sogenannte orthogonale Konzepte, welche Gesundheit und Krankheit als voneinander unabhängig darzustellen versuchen. Auf diese Weise gedenken sie einem gesunden Umgang mit Krank-

---

41 Vgl. E. Jüngel, Das Evangelium von der Rechtfertigung des Gottlosen als Zentrum des christlichen Glaubens. Eine theologische Studie in ökumenischer Absicht, Tübingen 1998, 88 u. 118. Schon Ignatius von Antiochien formulierte es als Ziel menschlichen Lebens, »ganz Gott zu gehören« (M. Dörnemann, Krankheit und Heilung in der Theologie der frühen Kirchenväter, Tübingen 2003, 301).

heit und einem kranken Umgang mit Gesundheit Rechnung
tragen zu können.[42]

2.3 DIE VORGEHENSWEISE: VON ANTHROPOLOGISCHEN ERKUNDUNGEN ZUM MODELLVERSUCH

Die folgenden Erkundungen stellen einen Dreischritt dar:
Zunächst richten sie sich auf das Verständnis des Menschseins, wie es einigen ausgewählten medizingeschichtlich und
gesundheitstheoretisch bedeutsamen Rahmenkonzeptionen
zugrunde liegt (vgl. 3). Diese Rahmenkonzeptionen können
aus der Medizin oder Psychologie, aber auch aus Philosophie
und Theologie stammen. Anstöße aus einem solchen erweiterten Blickwinkel aufnehmend werden daraufhin einige
für die ethische Orientierung eines menschenangemessenen Gesundheitsbegriffs wichtige Grundkonstituenten und
Mindestbedingungen in Thesen vorgestellt und entfaltet
(vgl. 4). Daran schließt sich die Entfaltung eines Modell-
vorschlags an, der den erarbeiteten anthropologischen und
ethischen Grundsätzen Rechnung tragen kann (vgl. 5). Vieles
erfolgt in Form von Skizzen, die weitere Diskussionen und
Analysen erfordern. Sie sollen daher auch als richtungge-
bende Impulse verstanden werden. Im wissenschaftlichen
Diskurs sind die Fragestellung und die theoretische Grundorientierung häufig wichtiger als die Antwort bzw. als die
dann folgende empirische Überprüfung.

Zu allen drei Schritten sei jeweils eine wichtige methodische Bemerkung vorausgeschickt:

---

[42] Vgl. R. Lutz/N. Mark (Hg.), Wie gesund sind Kranke? Zur seelischen Gesundheit psychisch Kranker, Göttingen 1995.

Ethik hat, wie erwähnt, zunächst und vor allem eine re-konstruktive Aufgabe. Sie expliziert die häufig undurch-schauten und unreflektierten Hintergrundannahmen, die bestimmte Handlungsauffassungen und -praxen leiten. In-sofern dazu insbesondere anthropologische Auffassungen zählen, gilt: Keine Ethik ohne Anthropologie.[43] Diese Fest-stellung gilt auch für den Fall, dass Ethik eine konstruktive Rolle übernimmt und zum Zweck einer kritischen Stellung-nahme zu Handlungsgrundsätzen auf anthropologische Re-flexionen zurückgeht. Es ist dann lediglich zu bedenken, dass diese anthropologischen Reflexionen kein begründendes Fundament darstellen, das deduktiv Folgerungen zu ziehen erlaubt. Begreift man Anthropologie als von verschiedenen Disziplinen vollziehbare, konstruktiv-kritische Reflexion über das menschliche Selbstverständnis, dann ist eher von einem wechselseitigen Verhältnis von Anthropologie und Ethik auszugehen.[44] Konkret heißt das: Die ethischen Spann-ungsfelder, die das Zukunftsthema Gesundheit mit sich führt, enthalten selbst Anstöße für kritische Reflexionen an-thropologischer Voraussetzungen. Diese können tradierte

---

43 Vgl. L. Siep, Ethik und Anthropologie, in: A. Backhaus/M. Mayer u. a. (Hg.), Identität, Leiblichkeit, Normativität. Neue Horizonte anthropologischen Denkens, Frankfurt a. M. 1996, 274–298, hier: 274.

44 Vgl. R. Wimmer, Zum Verhältnis von Anthropologie und Ethik, in: A. Hol-deregger/J.-P. Wils (Hg.), Interdisziplinäre Ethik, Grundlagen, Methoden, Bereiche, FS D. Mieth, Freiburg/Wien u. a. 2001, 32–52; auch J.-P. Wils, Anmerkungen zur Wiederkehr der Anthropologie, in: ders., Anthropologie und Ethik. Biologische, sozialwissenschaftliche und philosophische Über-legungen, Tübingen/Basel 1997, 9–40. Es wäre ein Missverständnis, das Ver-hältnis von Anthropologie und Ethik als rein deduktives - von der deskrip-tiven Feststellung zur normativen Folgerung - zu denken. Dann und nur dann träfe die Kritik eines naturalistischen Fehlschlusses vom Sein auf das Sollen zu. Auch für das unter Kap. 5 vorgeschlagene Gesundheitsmodell ist

Auffassungen mitunter auch infrage stellen. Für die Auffassung von der Autonomie des Menschen kann es beispielsweise nicht belanglos sein, wenn sie im Kontext eines fragilen Körpers, einer fragilen Psyche oder gar im Kontext einer Demenzerkrankung formuliert wird.

Was die ethische Orientierung selbst betrifft: Wie jede Anthropologie, so besitzt auch die Formulierung ethischer Grundlinien ihren positionalen Ausgangspunkt. Im Falle der vorliegenden Studie sind sie von einem Theologen formuliert. Da Positionalität unhintergehbar ist, kommt es insbesondere bei wissenschaftlicher Kommunikation auf Plausibilisierungsfähigkeit und Zustimmungsfähigkeit an. Nur in diesem Sinne ist dann auch von einer Verallgemeinerungsfähigkeit zu reden. Methodisch bedeutet dies, die Denk- und Reflexionsfiguren des eigenen Diskurses so zu reformulieren und damit zu transformieren, dass sie für Problem- und Fragestellungen, wie sie auch von Teilnehmern anderer Diskurse gesehen und bearbeitet werden, aufgenommen werden können.[45] Die skizzierten, für die ethische Orientierung bedeutsamen Grundkonstituenten setzen spezifisch theologische Positionen noch nicht voraus, sie ergeben sich zum großen Teil bereits aus einem philosophisch-hermeneutischen Zugang zum Menschsein.

---

zu beachten, dass es im praktisch-pragmatischen Zusammenhang anthropologischer Reflexionen steht und so eine elementare Orientierungs- und Bezugsperspektive bereitstellt, in der empirische Erkenntnisse erschlossen und normfähig werden.

45 Vgl. auch P. Dabrock, »Leibliche Vernunft«. Zu einer Grundkategorie fundamentaltheologischer Bioethik und ihrer Auswirkung auf die Speziesismus-Debatte, in: ders./R. Denkhaus/S. Schaede (Hg.), Gattung Mensch. Interdisziplinäre Perspektiven, Tübingen 2010, 227–262, hier: 230. Zur Partikularität und Universalität theologischer Begriffe außerdem unten, vgl. 6.1.

Schließlich ist offensichtlich, dass sich auf der skizzierten Grundlage prinzipiell mehrere Modelle vorstellen lassen. Die Frage nach dem »richtigen« Modell für ein menschenangemessenes Verständnis von Gesundheit ist daher zu relativieren. Von vornherein jedenfalls tritt das vorgeschlagene Modell nicht in Konkurrenz zu anderen Modellen von Gesundheit und Krankheit. Grundsätzlich ist nämlich zu beachten, dass Modelle abhängig sind von einer bestimmten Fragerichtung. So gehört eine Vielzahl der Modelle zur Gruppe der *genetisch-erklärenden* Modelle: Ihre Fragerichtung ist die Entstehung von Krankheit bzw. Gesundheit (Stichworte: Pathogenese und Salutogenese). In dieser Gruppe gibt es biomedizinische, verhaltenstheoretische, soziokulturelle, psychosomatische Modelle, es gibt Risikofaktoren- und Stressmodelle.[46] Ganz anders die Gruppe der *deskriptiv-konstruktivistischen* Modelle, die auf das Arzt-Patienten-Verhältnis fokussiert sind und nach der Kommunikation unterschiedlicher Wirklichkeitsauffassungen von Gesundheit bzw. Krankheit fragen. Das erwähnte bio-psycho-soziale Modell der psychosomatischen Medizin nach Th. v. Uexküll und W. Wesiak ist dafür ein Beispiel.

Der von mir skizzierte Modellvorschlag gehört demgegenüber zur Gruppe *anthropologisch-ethischer* Modelle. Sie gehen von Gesundheit und Krankheit als Weisen des Menschseins aus und sind erstens auf die Frage ausgerichtet, was unter Gesundheit bzw. Krankheit überhaupt zu verstehen ist bzw. welche Dimensionen ihnen zugehören. Und sie sind zweitens auf die Frage ausgerichtet, wie Menschen als ganze Menschen davon betroffen sind und welcher Ort und welche Bedeutung dabei ihren handelnden Stellungnahmen zukom-

---

46 Zum Überblick: A. Franke, Modelle von Gesundheit und Krankheit, a. a. O.

men. Dabei gibt es Schnittstellen oder auch Konfliktstellen zu Modellen anderer Gruppen. Im Blick auf die genetische Frage gibt es beispielsweise Konvergenzen und Berührungen mit Kompetenz- oder Bewältigungsmodellen, etwa auch mit dem Salutogenese-Modell. Ein Berührungspunkt besteht darin, dass sie Gesundheit in erster Linie als Fähigkeit und in zweiter Linie als Zustand ansehen – sie ist die Fähigkeit, Anforderungen oder Belastungen des Gesundheitsgleichgewichts zu bewältigen. Gesundheit ist die Kraft und Fähigkeit zum Menschsein.

3. Gesundheit – im Horizont anthropologischer Rahmenkonzepte

Bei aller Kritik an ihren Einseitigkeiten und Defiziten: Die naturwissenschaftlich-technische Medizin, wie sie sich im 19. Jahrhundert vollends durchgesetzt hatte, brachte Fortschritte und Erfolge mit sich, auf die heute niemand mehr verzichten möchte. Dazu trugen auch und gerade die vielfach kritisierte Objektivierung, Mechanisierung und Mathematisierung der medizinischen Forschung bei. Mit ihnen ging einher die Emanzipation der Medizin von Philosophie und Theologie.

Das naturwissenschaftlich-technische Medizinverständnis überwand so beispielsweise die naturphilosophischen Spekulationen über Gesundheit und Krankheit im Idealismus, es überwand insbesondere die althergebrachte Humoralpathologie. Es führte damit allerdings auch zum Verlust eines anthropologisch-kosmologischen Reflexionsrahmens. Nicht wenige Stimmen beziehen diesen Verlust auf die »Menschlichkeit« der Medizin überhaupt.

Zur Rückgewinnung des Verlorenen mahnte bereits der Mitbegründer der sogenannten »Heidelberger Schule«, R. Siebeck (1883–1965), eine »neue Verbundenheit der Fakultäten« an. Im Blick auf die ärztliche Ausbildung schrieb er:

»Das Zergliedernde, Mechanistische, Schematisierende, Spezialisierende – so unerläßlich es gewiß im Unterricht ist – spielt noch eine zu einseitige Rolle. Vielfach fehlt das Gegengewicht des ›Menschlichen‹ in jeder Hinsicht, in der theoretischen und mehr noch in der praktischen Arbeit am Krankenbett. Übermut, Enge und Beschränktheit in der ›Lehre‹ müssen überwunden werden. Die ›universitas litterarum‹ sollte uns heute als ein Ziel vor Augen schweben. Und wenn die klassische ›humanistische‹ Universität viel von ihrem alten Glanze verloren hat, sollte nicht aus einem neuen, vielleicht aus einem viel älteren Grunde eine neue Verbundenheit der Fakultäten möglich sein?«[47]

Im Vorwort der dritten Auflage zu ihrer Theorie der Humanmedizin fordern Th. v. Uexküll und W. Wesiak:

> »Humanmedizin braucht ein anthropologisches Konzept – einfach ausgedrückt ein Menschenbild – um die Deutungs- und Handlungsweisen, das heißt die diagnostischen und therapeutischen Hinweise, zu finden, die ärztliches Handeln ermöglichen.«[48]

Im Folgenden sollen schlaglichtartig einige Positionen der Philosophie-, Theologie- und Medizingeschichte betrachtet werden, die alle auf ihre Weise die Reflexion über Gesundheit bzw. Krankheit mit anthropologischen Reflexionen verbinden. Inwiefern ein Rückgriff auf solche Positionen der Erkundung eines menschenangemessenen Verständnisses von Gesundheit unserer Fragestellung förderlich ist, wird von der Beurteilung ihres Problemlösungspotenzials abhängig sein. Denn ein menschenangemessenes Verständnis darf sich nicht in verklärenden Rückkehrversuchen – etwa zu einer »Hildegard-Medizin« (Hildegard von Bingen 1098–1179) – erschöpfen. Es muss vielmehr insofern »modern« sein, als es auf den Forschungs- und Wissensstand und auf die ethischen Problem- und Spannungsfelder der Gegenwart bezogen bleibt.

---

47 R. Siebeck, Medizin in Bewegung. Klinische Erkenntnisse und ärztliche Aufgabe, Stuttgart ²1953, 478 (Hervorhebung im Orig.).
48 Th. v. Uexküll/W. Wesiak, Theorie der Humanmedizin. Grundlagen ärztlichen Denken und Handelns, 3., völlig überarb. Aufl., München u. a. 1998, V.

3.1 Menschenverständnis und Gesundheit in Antike und Mittelalter

Auf der Grundlage der hippokratischen Natur- und Medizin-philosophie formulierte und systematisierte der Mediziner *Galen (Galenos) von Pergamon* (129–ca. 200) eine Theorie bzw. ein Lehrgebäude, das bis ins 19. Jahrhundert hinein das wichtigste Gesundheits- und Krankheitskonzept lieferte: die Humoralpathologie, auch Vier-Säfte-Lehre genannt.[49]

Dieser Lehre zufolge werden den vier Elementen, aus denen der Kosmos besteht, vier Säfte im Menschen zugeordnet, die dessen Lebenszustand bestimmen: Blut, gelbe Galle, schwarze Galle und Schleim. Gesundheit wird als Harmonie bzw. Gleichgewicht von Elementen, Qualitäten und Säften aufgefasst, als gleichmäßige Mischung bzw. Ausgewogenheit der Säfte *(eukrasia)*. Krankheit wird dementsprechend als Zustand der Disharmonie bzw. der gestörten Ausgewogenheit der Säfte *(dyskrasia)* betrachtet. Dem Menschen ist aufgetragen, sich um die Erhaltung seines Gleichgewichts zu bemühen, der Arzt ist dazu zunächst lediglich Beistand. Man war sich dabei allerdings stets bewusst, dass sich der Mensch kaum in einem Zustand vollkommener Gesundheit oder vollkommener Krankheit befindet. Weit häufiger bewegt er sich in einem Bereich, in dem er lediglich mehr oder weniger gesund oder krank ist, er bewegt sich im weiten Bereich eines Zustands, der *neutralitas* genannt wurde.

---

49 Zum Folgenden insbesondere: H. Schott (Hg.), Meilensteine der Medizin, Dortmund 1996; H. Schipperges, Die Welt der Hildegard von Bingen, Freiburg u. a. 1997; K. Bergdolt, Leib und Seele. Eine Kulturgeschichte des gesunden Lebens, München 1999; H. Schipperges, Hildegard von Bingen, München [5]2004; W. Bruchhausen / H. Schott, Geschichte, Theorie und Ethik der Medizin, Göttingen 2008; W. U. Eckart, Geschichte der Medizin, Heidelberg [6]2009.

Eine Krankheit zu behandeln, dies hieß für den Arzt, das Ungleichgewicht der Säfte zu behandeln. Entsprechend der Vier-Säfte-Lehre galt es, überflüssige oder schädliche Säfte aus dem Körper abzuleiten, etwa durch Aderlass oder Schröpfen. Ein solcher chirurgischer Eingriff war allerdings nicht seine erste Aufgabe. Die medikamentöse Behandlung zielte darauf, das verlorene Gleichgewicht entsprechend dem Prinzip *contraria contrariis* wiederherzustellen: Was zu viel ist, soll durch das Gegenteil reduziert werden; was zu wenig ist, soll hingegen angereichert werden. Ist eine Krankheit durch eine Abweichung zum Kalten bedingt, so muss sie durch ein Medikament zum Warmen oder Feurigen hin behandelt werden. Dieses Prinzip bestimmte in grundsätzlicher Weise auch die Ernährungslehre.

Mit ihr kommt eine entscheidende Grundüberzeugung der antiken Medizin- und Gesundheitskonzeption in den Blick: Sowohl der medikamentösen Therapie als auch dem chirurgischen Eingriff wird die Anleitung zur gesunden Lebensführung des Menschen vorgeordnet. Vor aller Krankheitsbehandlung steht die Gesundheitsvorsorge. Medizin war nicht nur für die Überwindung von Krankheiten, sondern auch für die Bewahrung der Gesundheit zuständig. Bestandteil der Medizin war deshalb auch die Lebenskunde (Diätetik).

Die Regelung der Lebensweise orientierte sich am antiken Grundsatz des Maßhaltens und an der Bewahrung des für die Gesundheit ausschlaggebenden Gleichgewichts. Gegenstand dieser Regelung sind die »nicht natürlichen Dinge« (*res non naturales*), die zwar zur menschlichen Natur gehören, zugleich aber dem verantwortlichen Umgang und der verantwortlichen Regelung bzw. Kultivierung offenstehen. Demgegenüber sind die Gegenstände der Naturkunde bzw. der Phy-

siologie festgelegt (res naturales). Die Lebenskunde (Diätetik)
richtet sich auf den Schutz und die Bewahrung der Gesundheit, die krank machenden Dinge (res contra naturam) gehören hingegen zur eigentlichen Krankheitslehre bzw. Pathologie.

Der konzeptionelle Sachverhalt, dass neben der Naturkunde (Physiologie) und der Krankheitslehre (Pathologie) die
Lebenskunde (Diätetik) eine zentrale Säule der Medizin darstellt, ist für das abendländische Mittelalter weitgehend be-
stimmend geblieben. Sie erlebte bei Chr. W. Hufeland in dessen »Makrobiotik« (1796) und bei dem auf sie reagierenden I.
Kant eine Renaissance. Spätestens im 19. Jahrhundert wurde
sie aber im Zuge der naturwissenschaftlich-technischen Fokussierung auf die Krankheitsentstehung (Pathogenese) abgedrängt. Sie lebte fort etwa in Naturheilbewegungen. Erst in
der modernen Präventivmedizin und Gesundheitsförderung
wird der gesunden Lebensführung wieder der ihr gebührende Stellenwert zugemessen. Es verdient in diesem Zusammenhang allerdings der Beachtung, dass der Bereich der antik-mittelalterlichen Diätetik umfassend war: Er schloss im
Allgemeinen den Umgang des Menschen mit Gesundheit,
Krankheit und Sterben ein, die Kunst des Lebens (ars vivendi)
ebenso wie die Kunst des Sterbens (ars moriendi), im Einzelnen dann den Umgang mit Essen und Trinken, mit Licht und
Luft, mit Bewegung und Ruhe, mit Schlafen und Wachen und
schließlich auch mit seinen Gemütsregungen.

Während die inhaltlichen Vorstellungen der Humoralmedizin als überholt gelten müssen, lassen sich also durchaus weiterführende Einsichten ausmachen: Dazu gehört
nicht nur das Gesundheitsverständnis im engeren Sinn, wonach Gesundheit ein harmonisches und zugleich gefährdetes
Gleichgewicht darstellt. Gesundheit schließt vielmehr auch

die Fähigkeit zu einem Gesundheitsverhalten ein, welches darauf gerichtet ist, dieses Gleichgewicht zu bewahren bzw. wiederherzustellen. Zu den weiterführenden Einsichten ist ebenfalls zu rechnen, dass ein Mensch nicht entweder nur gesund noch nur krank ist, sondern es, wie erwähnt, einen weiteren Bereich der *neutralitas* gibt, in dem er keines von beiden vollkommen ist. Diese Einsicht findet man heute in der Vorstellung eines Gesundheits-Krankheits-Kontinuums wieder.

Beachtenswert ist nun außerdem, dass das antike Verständnis von Gesundheit und Krankheit mit einem Menschenverständnis verzahnt war, wonach der Mensch als zweckrationales Gebilde in einem Zusammenhang steht mit einer zweckhaft eingerichteten Natur. Das zweckvolle Gebilde Mensch lässt sich dabei nicht allein aus den natürlichen Elementen, Qualitäten und Säften erklären. Der Mensch ist zugleich und vor allem ein abhängiges Gebilde, insofern er auf ein belebendes, göttliches Lebenspneuma angewiesen ist.

Hildegard von Bingen (1098–1179) wies diesem anthropologischen Gedanken der Angewiesenheit eine zentrale Stellung zu. Aufs Ganze gesehen lässt sich die Konzeption ihrer vielfach rezipierten »Heilkunde« als eine in den christlich-mittelalterlichen Horizont überführte Humoralmedizin verstehen. In ihr werden Heilung und Heil in einem tiefen Zusammenhang gesehen.[50] Im Folgenden seien einige anthropologische Kerngedanken herausgestellt.

---

[50] Vgl. dazu neben den erwähnten Werken von H. Schipperges auch G. Gresser, Medizinische Ethik bei Hildegard von Bingen, in: Ethik in der Medizin 10 (1998), 92–103; I. Müller, Gesundheit in der Deutung Hildegards von Bingen (1098–1179), in: D. Grönemeyer/Th. Kobusch/H. Schott (Hg.), Gesundheit im Spiegel der Disziplinen, Epochen, Kulturen, Tübingen 2008, 369–386.

Ausgangspunkt ist die Lage des Menschen: Er ist als leibliches Wesen *opus Dei*, er ist als kreatürlich abhängiges Wesen in eine auf ihn hin geordnete und eine ihm anvertraute Schöpfung gesetzt. Er befindet sich nunmehr allerdings nicht mehr in seiner ursprünglichen Verfassung (*constitutio prima*); durch Stolz und Ungehorsam ausgebrochen aus der göttlichen Ordnung hat er auch die Ordnung der Schöpfung hinabgezogen. Sein Vergehen hat eine ökologische und kosmische Dimension, es entstellte die heilsame göttliche Ordnung der Schöpfung, der der Mensch selbst angehört.[51]

Der Mensch befindet sich im Stand der Destitution (*destitutio*), dessen signifikantes Merkmal die Krankheit ist. Zur Erklärung benutzt Hildegard von Bingen die Vier-Säfte-Lehre: Die richtige Mischung und Ordnung der Säfte ist durch ein Phlegma gestört, welches nach dem Fall im Überfluss vorhanden ist.[52] Gleichwohl bleibt Gottes Gnade in der Welt wirksam, sie ist auf des Menschen Wiederherstellung (*restitutio*) aus, sie ist auf sein Heil und seine Heilung aus. Den störenden Kräften und Säften, die ihn zur Krankheit hinziehen, wirkt eine heilende Lebenskraft entgegen – die Grünkraft (*viriditas*).

Diese Grünkraft ist für die Gesundheitskonzeption Hildegards von großer Bedeutung. Ohne sie und ohne die ihr zugehörenden Tugenden (*virtutes*) sind nämlich medizinische

---

51 Verwandte Gedanken finden sich systematisch konzipiert etwa bei Anselm von Canterbury, insbesondere in dessen Schriften »De veritate« und »Cur Deus homo«. Vgl. B. Goebel, Rectitudo, Wahrheit und Freiheit bei Anselm von Canterbury. Eine philosophische Untersuchung seines Denkansatzes (BGPhMA NF 56), Münster 2001, 250 ff.

52 Beispielhaft im Werk »Causae et Curae«, vgl. in der Übersetzung: Hildegard von Bingen, Heilwissen. Von den Ursachen und der Behandlung von Krankheiten, übers. u. hg. v. M. Pawlik, Freiburg u. a. ³1994, 62.78 f.

Heilmittel nutzlos. Die Grünkraft ist weder naturalistisch noch vitalistisch aufzufassen; sie schließt den willentlich-tugendhaften Vollzug des Menschen ein. Zu diesem wiederum gehören etwa Barmherzigkeit und Buße bzw. Reue. Die Tugenden zielen auf die Bildung und Reifung des Menschen, auf seine Heilung und sein Heil; die Laster (vitia) stellen sich ihnen entgegen. Damit wird erkennbar: Die Verantwortung für die Gesundheit betrifft für Hildegard nicht eine lediglich äußerlich bleibende gesunde Lebensführung, sie vollzieht sich in einem inneren Kultivierungs- und Bildungsprozess, den sie als Kampf der Tugenden gegen die risikobeladenen Laster beschreibt. Dahinter steht ein teleologischer Grundgedanke: Der Mensch ist als ganzer auf dem Weg, auf dem Heilsweg zu seiner ursprünglichen Bestimmung.

Auf diese Weise war es Hildegard auch möglich, eine Mehrdimensionalität im Gesundheitsbegriff festzuhalten, wie sie im Mittelalter häufiger anzutreffen war: Ein Mensch kann äußerlich (körperlich) krank, zugleich innerlich (geistlich) gesund sein. In einer bestimmten Weise ist er dann ein gesunder Kranker, dessen Krankheit im Blick auf sein geistliches Heil eine positive, heilsame Funktion erhält. Umgekehrt kann äußerliche Gesundheit den Menschen auf seinem Weg zum Heil innerlich auch verderben, wenn sie ihn zu Hochmut und Ungehorsam führt. Man findet dieses heute fast vergessene Wertungsparadox ausgeführt etwa im Lorscher Arzneibuch oder im Versroman »Der arme Heinrich«.[53]

---

53 Vgl. U. Stoll, Das ›Lorscher Arzneibuch‹. Ein medizinisches Kompendium des 8. Jahrhunderts (Codex Bambergensis medicinalis 1). Text, Übers. und Fachglossar, Stuttgart 1992, 55: »Sehr heilsam [salubris] ist ja eine Krankheit, die den Geist in der Härte erschüttert, hingegen sehr verderblich eine Gesundheit [perniciosa sanitas], die den Menschen zum Ungehorsam

Theoprast von Hohenheim (1493–1541), genannt Paracelsus, gilt als herausragende Persönlichkeit der Medizin in der Renaissance.[54] Er kritisierte einerseits die autoritative Kraft der antiken Autoritäten, er versuchte andererseits der tradierten Humoralpathologie ein alchimistisches und astrologisches Konzept entgegenzusetzen. Dieses Konzept verband eine eigenwillige Naturphilosophie, die sich aus Gedanken des christlichen Mittelalters und des Humanismus speiste, mit Denkanstößen einer neuen Medizinauffassung, die später »Iatrochemie« genannt wurde. Der »Iatrochemie« (griech. *iatros* = der Arzt) zufolge können alle Lebensphänomene, Gesundheit und Krankheit als gesetzmäßig ablaufende körperchemische Vorgänge erklärt werden. Zusammen mit der auf R. Descartes (1596–1650) Menschenbild zurückgehenden »Iatrophysik« und der »Iatromechanik«, welche alle Lebensphänomene physikalisch bzw. mechanistisch deuteten (Modell des Körpers als Maschine), und zusammen mit W. Harveys (1578–1657) bahnbrechender Entdeckung des Blutkreislaufs bildete diese Medizinauffassung den Übergang zur modernen naturwissenschaftlich-empirischen Medizin.

Paracelsus selbst verstand Erfahrung (*experientia*) allerdings noch nicht empiristisch, sondern als Deutung des Wahrgenommenen im »Licht der Natur«. Erfahrung ist naturphilosophisch entschlüsselte Erfahrung. Um die Ge-

---

führt.« D. Engelhardt, Krankheit, Schmerz und Lebenskunst. Eine Kulturgeschichte der Körpererfahrung, München 1999, 42–46.

54 Vgl. hierzu besonders U. Benzenhöfer (Hg.), Paracelsus, Darmstadt 1993; P. Dilg/H. Rudolph (Hg.), Resultate und Desiderate der Paracelsus-Forschung, Stuttgart 1993; A. Classen (Hg.), Paracelsus im Kontext der Wissenschaften seiner Zeit. Kultur- und mentalitätsgeschichtliche Annäherungen, Berlin u. a. 2010.

heimnisse der Natur zu lüften, hat sich der Arzt nämlich von der äußeren Natur zur inneren zu wenden (Signaturenlehre) und von der oberen Sphäre zur unteren (Astrologie).

Entscheidend ist nun für unseren Zusammenhang, dass Krankheiten als durch »Krankheitssamen« verursacht gedacht werden. Diese Samen stören das geistige Lebens- und Kraftzentrum (*archeus*) des Menschen, so dass Krankheiten entstehen. Der Blick richtet sich nicht mehr auf ein (Säfte-) Gleichgewicht eines individuellen Menschen, sondern auf den verursachenden Krankheitssamen und den diesem entgegenzusetzenden wirksamen Substanzen bzw. Heilmittel. Mit der Fokussierung auf die Korrelation von spezifischem Krankheitsverursacher bzw. von spezifischer erkrankter Körperstelle einerseits und spezifischem Heilmittel andererseits kündigt sich eine Entwicklung an, die in der Iatrochemie von J. B. von Helmont (1579–1644) konzeptionell ausgeführt und letztlich auch in der Bakteriologie und Chemotherapie des 19. und 20. Jahrhunderts weitergeführt wird.

Paracelsus selbst wiederum fasste die Wirkkräfte der natürlichen Substanzen als verborgene himmlische Wirkkräfte (*arcana*), welche durch einen alchimistischen Reinigungsprozess erst freigesetzt bzw. gewonnen werden müssen. Sie sind für ihn Kräfte und Tugenden zugleich.[55] Dementsprechend sieht er deren Wirksamkeit gebunden nicht nur an die Tugenden des Kranken, sondern auch an die Tugenden des Arztes. Der Arzt ist für Paracelsus der Begleiter des Menschen auf seinem Lebensweg. Er ist Begleiter auf einem Lebensweg, welcher selbstverständlich als auf das transzendent-jenseitige Ziel der Ewigkeit bezogen zu denken ist.

---

[55] Skizziert in seinem Buch Paragranum, vgl. Paracelsus. Werke, hg. v. W.-E. Peuckert, Bd. 1: Medizinische Schriften I, Basel 1965 (Nachdruck 2010), 549.

Zusammenfassend heißt es im Blick auf die Voraussetzungen des Arzt-Patienten-Verhältnisses:

> »Weil nun das alles [die umfassende Heil- und Heilskunde] im Arzt vorhanden ist, und nun am Kranken so viel liegt, soll er zu empfangen geschickt sein, – ohne welche Geschicklichkeit nichts erfolgen kann. Drum wißt, was im Kranken sein muß: eine natürliche Krankheit, ein natürlicher Wille, eine natürliche Kraft, in diesen dreien steht das Vollenden des Arztes. Wenn nun etwas anderes im Kranken ist als dieses, so wird er vom Arzt keine Heilung erwarten können.«[56]

Im kranken Menschen werden hier eine Kraft und ein Lebenswille zur Gesundheit vorausgesetzt, auf die sich der Arzt beziehen kann. In der Arzt-Patienten-Beziehung bleiben bei diesem Konzept daher auf beiden Seiten die menschlichen Subjekte von großer Bedeutung. Diese Einsicht ist in einer technomorphen Medizin vielfach verloren gegangen.[57]

3.2 UMSTELLUNGEN AUF DEM WEG ZUR MODERNEN MEDIZIN

Die Entwicklungen der Medizin auf ihrem Weg in die Moderne verlaufen nicht einlinig. Sie im Einzelnen zu verfolgen ist Thema der Medizingeschichte.[58] Für den vorliegenden Zusammenhang sind lediglich einige strukturelle Umstellungen hervorzuheben und zu bedenken.

---

56 Ebd., 580.

57 Vgl. H. Schott, Blinder Fleck oder Projektionsfigur? Paracelsus und der medizinische Pluralismus heute, in: A. Classen (Hg.), Paracelsus im Kontext der Wissenschaften seiner Zeit, a. a. O., 217–228.

58 An dieser Stelle sei nochmals auf W. U. Eckart, Geschichte der Medizin, a. a. O., verwiesen.

Für die wissenschaftliche Weltsicht auf ihrem Weg in die Moderne ist zunächst die Umstellung von einer nach *Zweckursachen* betrachteten Welt hin zu einer nach *Wirkursachen* betrachteten Welt von grundlegender Bedeutung. R. Descartes hatte diese Umstellung mit der Umstellung auf eine autonome Vernunft begründet, die sich selbst des Lichtes zur Wahrheit (*lumen naturale*) bedienen müsse.[59] Für ihn war das keine triumphale Selbstanmaßung der Vernunft, im Gegenteil: Als Anmaßung enthüllte die naturwissenschaftliche Weltsicht vielmehr die vormalige Überzeugung einer nach göttlichen *causae finales* geordneten Welt. Denn sosehr die Gewissheit einer solchermaßen geordneten Welt Trost und Geborgenheit vermittelte, um zu ihr zu gelangen müsste der Mensch sich zum Gottesstandpunkt aufschwingen.[60]

Die anthropologisch bedeutsamen Folgen dieser Umstellung: Der Mensch sah sich nicht mehr in einen teleologisch deutbaren kosmischen Welt- und Naturzusammenhang eingeordnet und external bestimmt. Um Wirkursachen wissend tritt er vielmehr seiner ihm wahrnehmbaren Welt selbst handelnd und zwecksetzend gegenüber.

Diese wissenschaftsphilosophische Auffassung entsprach der medizinischen Auffassung vom Menschen: Wie sein Ver-

---

59 Vgl. den (langen!) Titel des Dialogfragments: »Die Suche nach Wahrheit durch das natürliche Licht, welches ganz rein und ohne Zuhilfenahme der Religion oder der Philosophie die geistige Weltsicht des kultivierten Menschen [honnête homme] bestimmt, alle Dinge berührt, welche sein Denken einnehmen können und bis zu den Geheimnissen der bemerkenswertesten Wissenschaften vordringt.« (La recherche de la vérité par la lumière naturelle, AT X, *496* (Ch. Adam/P. Tannery, Œuvres de Descartes, Neuausg. Paris 1964 ff.); Übersetzung: R. Descartes, La recherche de la vérité par la lumière naturelle, hg. in der franz. und lat. Fassung, ins Deutsche übers. und eingel. v. G. Schmidt, Würzburg 1989)

60 Vgl. R. Descartes, Principia philosophiae I,28 (AT VIII/1, 18–20).

nunftprinzip, so trägt er auch sein Lebensprinzip zunehmend in sich selbst. Paracelsus sprach zunächst vom »archeus« als einem Lebens- und Kraftzentrum im Menschen; für die experimentelle Physiologie des 18. Jahrhunderts wurde daraus schlicht das menschliche Herz. Beim Entdecker des Blutkreislaufs, W. Harvey (1578–1657), finden sich dabei sogar Anklänge an die kopernikanische Wende.[61] Damit war dann auch für das mechanistische Körpermodell F. Hoffmanns (1660–1742) das universale Erklärungsprinzip gegeben: Das Herz ist der Bewegungsmotor eines Körpers, der in Analogie zu einer durch Flüssigkeitsströme getriebenen hydraulischen Maschine funktioniert. Krankheit ist dementsprechend eine Funktionsstörung. Sie erfordert eine auf Ursachen gerichtete Behandlung, welche ihrerseits auf die Wiederherstellung der normalen Strömungsbewegungen und Funktionsfähigkeiten zielt.[62]

In der Medizin des 18. und des beginnenden 19. Jahrhunderts wurden allerdings auch bewusste Gegenkonzepte zu einem mechanistischen Körpermodell vertreten. Sie konnten sich jedoch auf Dauer nicht durchsetzen: Schon Hoffmanns Hallenser Kollege G. E. Stahl (1659–1734) entwarf ein Lebenskonzept, das den Körper nicht als Maschine, sondern als von einer dynamisch-vitalen Seele angetriebenen Organismus verstehen heißt. Ähnlich einem solchen Psychodynamismus

---

[61] W. Harvey, Exercitatio anatomica de motu cordis es sanguinis in animalibus (1628), engl. Übersetzung: Movement of the heart and blood in animals. An anatomical essay (1628), hg. v. K. J. Franklin, Oxford 1957, 3; vgl. W. Bruchhausen/H. Schott, Geschichte, Theorie und Ethik der Medizin, a. a. O., 68 f.

[62] Vgl. I. W. Müller, Das mechanistische Körpermodell in der Praxis. Die »Fundamenta« des F. Hoffmann, in: H. Schott (Hg.), Meilensteine der Medizin, a. a. O., 227–233.

bzw. Animismus wurden in Frankreich verschiedene vitalistische Konzepte entwickelt. In Deutschland wurde eines der populär wirksamen Konzepte des Vitalismus dann insbesondere durch den Thüringer Arzt Chr. W. Hufeland (1762–1836) entfaltet. Er postulierte eine »Lebenskraft«, die sich zwar weitgehend den empirischen Gesetzmäßigkeiten entziehe, gleichwohl aber jedem Menschen in einem bestimmten Quantum zur Verfügung stehe. Sie könne durch ungesunden Lebenswandel in erhöhtem Maße verbraucht werden (Konsumtion), während ihre Stärkung (Regeneration) Grundlage eines langen Lebens sei. Gesundheit wäre dementsprechend als Gleichgewicht von Konsumtion und Regeneration aufzufassen. Krankheit tritt dann ein, wenn die erhaltenden und regenerierenden Kräfte gestört werden. Auf ihre Stärkung und Unterstützung zielt daher ärztliches Handeln. Hufeland wollte analog zu antik-mittelalterlichen Modellen die Lebenskraft nicht nur physisch, sondern auch moralisch verstehen. Im Kontext der Zusammengehörigkeit von Natur und Sittlichkeit in der Aufklärungsphilosophie hieß dies: Es gelte den Menschen nicht nur »gesünder und länger lebend, sondern auch durch das Bestreben dazu, besser und sittlicher zu machen! Wenigstens kann ich versichern, daß man eins ohne das andere vergebens suchen wird, und daß physische und moralische Gesundheit so genau verwandt sind, wie Leib und Seele.«[63] Krankheit wird als Störung dieser erhaltenden und regenerierenden Kraft angesehen. Eine Therapie hat sich dementsprechend auf ihre Stärkung und Unterstützung zu konzentrieren.

---

63 Ch. W. Hufeland, Makrobiotik oder die Kunst das menschliche Leben zu verlängern, 6., verbesserte Aufl., Stuttgart 1826, VIII.

Gegen solche letztlich naturphilosophische Konzeptionen setzte sich im 19. Jahrhundert dann doch die naturwissenschaftlich orientierte und empirisch grundierte Physiologie durch. Von großer Bedeutung war hier J. Müller (1801–1858), aus dessen Schülerkreis insbesondere H. von Helmholtz (1821– 1894) und R. Virchow (1821–1902) hervorragen.

R. Virchow entwickelte ein zellularpathologisches Konzept, wonach Krankheitszustände des Körpers auf krankhaften Deformationen der Körperzellen beruhen, so dass deren Funktionsfähigkeit und mit ihr die Funktionsfähigkeit des physiologischen Apparates gestört sind. Ärztliches Handeln zielt dementsprechend auf die Wiederherstellung der Normalität dieser Funktionen bzw. Funktionsfähigkeit.

Schon 1847 schrieb er in bewusster Abgrenzung zu humoralpathologischen und vitalistischen Auffassungen:

> »Seitdem wir erkannt haben, dass Krankheiten [...] nur den Ablauf der Lebenserscheinungen unter veränderten Bedingungen darstellen, – seit dieser Zeit muss natürlich Heilen den Begriff haben, die normalen Bedingungen des Lebens zu erhalten oder wiederherzustellen.«[64]

Die naturwissenschaftlich-objektive Auffassung von Krankheit als Störung der normalen Funktionsfähigkeit des physischen Organismus ist Grundlage der modernen Medizin geworden. Sie ist eine Medizin, die sich konsequent am Leitbild der Naturwissenschaften orientiert.[65] Für sie besteht Therapie in der Wiederherstellung der normalen Funktionsfähigkeit.

---

[64] R. Virchow, Ueber die Standpunkte in der wissenschaftlichen Medicin, in: ders./B. Reinhardt (Hg.), Archiv für pathologische Anatomie und Physiologie und für klinische Medicin 1 (1847), 3–19, hier: 3.

Virchow selbst hatte seine naturwissenschaftlich-mechanistische Auffassung des Lebens immer wieder gegen Angriffe verteidigt und wissenschaftsmethodisch reflektiert: Die mechanistisch-kausale Betrachtung des Menschen beziehe sich lediglich auf die dem Forscher zugängliche Erscheinungswelt; sie habe mit einer materialistischen Weltanschauung nichts gemein. Im Gegenteil, sie vertrage sich gut mit der doch auch in der Bibel mechanistisch geschilderten Schöpfung des Menschen im zweiten Schöpfungsbericht der alttestamentlichen Genesis![66]

3.3 Neuaufbrüche zu einer medizinischen Anthropologie

Nach dem ersten Weltkrieg etablierte sich um Ludolf Krehl (1861–1937) und um seine Schüler Richard Siebeck (1883–1965) und Viktor von Weizsäcker (1886–1957) aus der Inneren Medizin heraus die sogenannte »Heidelberger Schule«. Ausgangspunkt war die Einsicht, dass das naturwissenschaftlich orientierte pathophysiologische Denken zwar einen unver-

---

[65] Vgl. V. Becker, Der Einbruch der Naturwissenschaft in die Medizin. Gedanken um, mit, über, zu Rudolf Virchow, Schriften der mathematisch-naturwissenschaftlichen Klasse der Heidelberger Akademie der Wissenschaften 20, Berlin 2008; G. Dhom, Rudolf Virchows Spuren in der Medizin nach 100 Jahren, in: Der Pathologe 24 (2003), 1–8.

[66] Virchow hatte mit einem ersten Vortrag 1845 bereits großes Aufsehen erregt: Rudolf Virchow, Die Nothwendigkeit einer Bearbeitung der Medizin vom mechanischen Standpunkt, erläutert durch das Beispiel der Venenentzündung. Vortrag zur Erinnerung an die Stiftung vor 50 Jahren am 2. August 1845, Nachdr. Berlin 1986. Die angegebenen Reflexionen finden sich dann in: ders., Ueber die mechanische Auffassung des Lebens, Vortrag in Karlsruhe (1858), in: Vier Reden über Leben und Kranksein, Berlin 1862.

zichtbaren Bestandteil ärztlicher Technik und Kunst darstellt, sich damit aber die Person des kranken Menschen und
die Wirklichkeit seines Krankseins nicht erfassen lässt. Die interdisziplinäre Suchbewegung führte bereits Krehl zur Psychoanalyse Freuds, Siebeck pflegte vor allem die Beziehung
zur Theologie, von Weizsäcker die Beziehung zur Philosophie.
Das Ziel sollte dabei eine eigenständige medizinische Anthropologie sein. Viktor von Weizsäcker ist diesen Weg am weitesten vorangeschritten. Seine Konzeption wird im Folgenden
skizziert.[67]

Die wissenschafts- und medizingeschichtliche Standortbestimmung bildet bereits die Problemlage ab:

>»Die moderne Medizin ist dahin gelangt, ein fester Bestandteil der
Wissenschaft und Technik zu werden, ohne welche die Kulturvölker
nicht mehr glauben auskommen zu können. Aber nicht mit der gleichen Sicherheit steht diese Medizin der Aufgabe gegenüber, dem
Menschen *als Menschen* zu dienen. Seit mehreren Jahrhunderten
haben sich in demselben Maße, als die Medizin ihre Verbindung mit
den Naturwissenschaften gefestigt hat, ihre Beziehungen zur Philosophie und Theologie gelockert und gelöst. Dies ist eine Formulierung in Begriffen akademischer Fakultät. Aber auch wenn man vom
praktischen Arzttum, von den sozialen und den staatlichen Bedingungen des Gesundheitsdienstes ausgeht, begegnet man einer Unsicherheit, welche die Naturwissenschaft so nicht kennt.«[68]

---

67 Zur Einführung: W. Jacob, Medizinische Anthropologie. Krehl, Siebeck
und von Weizsäcker, in: W. Doerr (Hg.), Semper Apertus. Sechshundert Jahre Ruprecht-Karls-Universität Heidelberg 1386–1986, Festschrift in sechs
Bänden, Bd. IV: Übergreifende Beiträge, Berlin/Heidelberg u.a. 1985, 126–
164. Zum Folgenden auch: H.-M. Rieger, Der ewig unfertige Mensch. Medizinische und theologische Anthropologie im Gespräch, in: BThZ 24 (2007),
319–342.
68 V. v. Weizsäcker, Der Begriff der Allgemeinen Medizin, in: ders., Gesammelte Schriften Bd. 7: Allgemeine Medizin. Grundfragen medizinischer

Diese Standortbestimmung entspricht einer Krisendiskussion, wie sie in den 1920er Jahren in Bezug auf die naturwissenschaftliche Medizin verbreitet geführt wurde.[69] In den Mittelpunkt gerückt wird zunächst ihr gravierendes Defizit. Für Viktor von Weizsäcker besteht es in der fehlenden Bestimmung des Menschlichen im Menschen. Schon 1926 sieht er es als ein Problem der naturwissenschaftlichen Medizin an, dass sie sich im Verstehenwollen einer Krankheit – deren Ursachen, Folgen und Heilmittel – auf das Verstehen von ›etwas‹ ausrichtet, nicht aber auf das Verstehenwollen von ›jemandem‹, nämlich auf das Verstehenwollen des kranken Menschen. Die kurzgefasste Kritik lautet daher, »daß die gegenwärtige Medizin eine eigene Lehre vom kranken Menschen nicht besitzt«.[70]

Weizsäckers prägnante Antwort darauf heißt: »Einführung des Subjekts in die Pathologie und Medizin«.[71] Wird sich die Medizin bewusst, dass es um das Menschliche im Menschen, nicht um ein Ding geht, dann muss sie zwar der objektiv-naturwissenschaftlichen Zugangsweise nicht generell die Anerkennung versagen, es verschiebt sich aber deren

---

Anthropologie, Frankfurt a. M. 1987, 135–196, hier: 135 (Hervorhebung von H.-M. Rieger). Im Folgenden werden die Werke Viktor von Weizsäckers nur mit der Angabe des Kurztitels und dem Ort in der zehnbändigen Ausgabe der Gesammelten Schriften (GS 1–10) zitiert.

[69] Vgl. J. N. Neumann, Viktor von Weizsäcker im Kontext medizinischer Theorieansätze zur Zeit der Weimarer Republik, in: K. Gahl/P. Achilles/R. M. E. Jacobi (Hg.), Gegenseitigkeit. Grundfragen medizinischer Ethik (Beiträge zur medizinischen Anthropologie 5), Würzburg 2008, 87–102.

[70] Der Arzt und der Kranke, GS 5, 12. 20.

[71] Vgl. Pathosophie, GS 10, 13. 207. 410; auch schon: Zum Begriffswandel der Biologie, GS 4, 63. Der Kontext dieser Losung Weizsäckers ist in der Biologie bei J. v. Uexküll und in der Quantentheorie von Niels Bohr zu suchen.

Funktion.[72] Entscheidend ist nämlich: Zugang zum Kranksein des Menschen erhält die Medizin erst dann, wenn sie sich an das unhintergehbare Urphänomen hält, in welcher ein Mensch seine Not äußert und den Wunsch artikuliert, gesund werden zu wollen. Die Wirklichkeit des Menschen und seines Krankseins wird erst hier – in der Begegnung und Kommunikation mit ihm – fassbar.

Für von Weizsäcker ist es daher grundlegend, dass eine medizinische Anthropologie ihren Ausgangspunkt in der Begegnung mit konkreten Menschen hat. Auf diese Weise lässt sich auch dem Konstruktionsproblem jeder Anthropologie Rechnung tragen, dass das Subjekt und das Objekt des Erkennens miteinander verschränkt sind. Das *ontologische Problem* einer lediglich auf Objektivität der Erkenntnis ausgerichteten naturwissenschaftlichen Zugangsweise besteht darin, dass sie – in Begriffen der Erkenntnistheorie Kants gesprochen – eine Erscheinung von Krankheit konstituiert, die weit entfernt ist von dem, was das Kranksein des Menschen seinem Wesen nach ausmacht. Die Wirklichkeit von Krankheit und Gesundheit gibt es nämlich nicht ohne das In-der-Welt-Sein eines spezifischen Menschen, seines Befindens und seiner subjektiv-praktischen Umgangs- und Verhaltensweisen.[73]

Für die Medizin und die Gesundheitstheorie sieht Viktor von Weizsäcker also zunächst so etwas wie einen inneren (systemimmanenten) Bedarf nach anthropologischen Klärungen. Es gibt jedoch auch einen äußeren (systemübergreifen-

---

72 Der Arzt und der Kranke, GS 5, 17 f. Vgl. Der Begriff der Allgemeinen Medizin, GS 7, 163; Meines Lebens hauptsächliches Bemühen, GS 7, 385.

73 Gegen die technisch ausgerichtete Medizin ist damit nicht Stellung genommen; sie ist selbst eine bestimmte Art des Umgangs mit der Natur. Vgl. Der Begriff der Allgemeinen Medizin, GS 7,143–147.

den) Bedarf. Denn zum ontologischen Problem kommt das *Problem der Fremdbestimmung*: Wenn es die Medizin nicht selbst unternimmt, zur Bestimmung des Menschlichen vorzudringen, kann sie sich einer Fremdbestimmung seitens anderer gesellschaftlicher Bestimmungsagenten kaum erwehren. Auf dieses Grundproblem führt von Weizsäcker die fehlende Auseinandersetzungsfähigkeit sowohl mit der Bismarckschen Sozialpolitik als auch mit dem Nationalsozialismus zurück.

Er stellt fest, dass »die naturwissenschaftlich-biologische Medizin *in sich selbst kein* ausreichendes Korrektiv einer unmenschlichen Anwendung enthält. Um ein solches Korrektiv zu erlangen, ist sie auf ein außerhalb ihrer Art von der Wissenschaft vorhandenes Sittengesetz oder religiöses Gebot oder eine Staatsidee oder eine menschliche Autorität angewiesen.«[74] Damit ist aber nicht die Lösung, sondern erst das Problem benannt: Anstatt bei der eigentlichen Not des kranken Menschen anzusetzen, wendet man sich notfremden Ordnungen, Werten und Begriffen zu.[75] Von daher ist auch erklärlich, dass von Weizsäcker meint, »irgendwelche Anleihen bei einer extraterritorialen Metaphysik oder Theologie« können das Bedürfnis der Medizin nach einem eigenen normativen Bezugsrahmen nicht stillen.[76] Hat die Medizin aber keine eigene normative Auffassung von der Bestimmung des Menschen, dann wird das Tor für andere gesellschaftliche Bestimmungsgrößen, insbesondere für die Gesundheits- oder Arbeitspolitik geöffnet (Politisierung der Medizin):

---

[74] »Euthanasie« und Menschenversuche, GS 7, 117 f. (Hervorheb. im Orig.).
[75] Krankengeschichte, GS 5, 63.
[76] Vgl. Meines Lebens hauptsächliches Bemühen, GS 7, 382.

»Die physiologische, energetische, hygienische Auffassung des kranken Menschen hatte längst Gesundheit mit Leistung, Krankheit mit Nichtleistung identifiziert und konnte also gar keinen genuinen Einspruch erheben, wenn nun von anderer Seite erklärt wurde, daß diese Leistung nicht dem Individuum, sondern der solidarisch verstandenen Gemeinschaft gehöre. Der Zweck der Therapie war ja längst die Gesundheit, der Zweck und Maßstab der Gesundheit aber als die Leistungsfähigkeit definiert. Welchen Gebrauch also der Patient von seiner Gesundheit machen würde, das blieb ungesagt, und eben diese Beliebigkeit öffnet weit das Tor, durch welches jede Art von Leistung eingeführt werden konnte [...].«[77]

Weizsäcker sieht vor allem die Fremdbestimmung in der Form einer Staatsmedizin gegeben. Der Kontext macht dabei deutlich, dass er den Einschnitt der Bismarckschen Sozialversicherungsgesetzgebung vor Augen hat, welche selbst wiederum ein binär-dualistisches Verständnis von Gesundheit (als Arbeitsfähigkeit) und Krankheit (als Arbeitsunfähigkeit) voraussetzt, damit aber das große Feld zwischen den Polen Gesundheit und Krankheit ausblendet.

Die Beantwortung der Frage, wie Gesundheit und Krankheit bestimmt werden, hat also weitreichende kulturelle und gesellschaftliche Bedeutung. Bestimmt man sie dem naturwissenschaftlichen Zugang entsprechend von der Leitvorstellung einer organisch-körperlichen Funktionsfähigkeit her, verfehlt man nicht nur ihre eigentümliche Wirklichkeit, sondern liefert sie einer ethischen Indifferenz, einer Verwertbarkeit für beliebige Zwecke aus. Für Viktor von Weizsäcker wird es grundlegend, diese Begriffe dem anthropologischen Zugang entsprechend unter der Leitvorstellung der Umgangsfähigkeit zu konzeptualisieren: *Krankheit und Gesundheit sind*

---

77 Der Begriff der Allgemeinen Medizin, GS 7, 148 f.

Weisen des Menschseins.[78] Einer solchen Konzeption zufolge kommt der Medizin die ethisch-reflektierte Aufgabe zu, »den Menschen zu einem richtigen Menschsein hinzuführen; hier ist Gesundheit nicht Verfügbarkeit für Beliebiges, sondern Gesundheit ist selbst eine Art der Menschlichkeit.«[79]

Wie im Einzelnen man sich Krankheit und Gesundheit als Weisen des Menschseins vorzustellen hat, dass der Individualität des menschlichen Subjekts Rechnung getragen ist, soll dann die medizinische Anthropologie erhellen. Diese ergibt sich wiederum aus dem, was sich aus der konkreten Begegnung mit den kranken Menschen »ablauschen« lässt.[80] Für von Weizsäcker geht es dabei darum, sich in dienender Wissenschaftlichkeit von der Natur belehren zu lassen – in diesem Fall: von den »Widerwärtigkeiten aus dem Leibe« belehren zu lassen.[81]

In der Begegnung mit dem Patienten zeigt sich so zuerst und vor allem, dass der Mensch nicht in einem lediglich sachlichen Verhältnis zu seiner Krankheit steht, sondern in einem *leidenschaftlich-kämpferischen:* Er erfährt den Körper als Feind, er erfährt den Schmerz als nicht-sein-sollend. Das leidenschaftliche Verhältnis betrifft auch die Gesundheit als Gegenstand des Wünschens.[82] Darin kommt nichts weniger als die grundsätzliche Existenzweise des Menschen zum Vorschein: »Als Lebender [...] sage ich nicht ›ich bin‹, sondern: ich

---

[78] Vgl. »Euthanasie« und Menschenversuche, GS 7, 122.

[79] Ebd., 122; vgl. Über das Wesen der Arzttums, GS 7, 216.

[80] Der Begriff der Allgemeinen Medizin, GS 7, 189. 194.

[81] Pathosophie, GS 10, 16 f.

[82] Allerdings gilt für die belehrende Funktion eine Abstufung. Sie besteht darin, »daß die schmerzenden und quälenden Formen des Leidens über die Wahrheit weniger zu täuschen vermögen als die freundlicheren und friedlicheren Zustände« (Pathosophie, GS 10, 18).

möchte, oder ich *will,* oder ich *kann, muß, darf, soll;* oder ich *will, darf* usw. das alles dieses *nicht.*«[83] Im Unterschied zur ontischen nennt Weizsäcker diese leidenschaftliche Existenzweise *pathisch.* Sie lässt sich durch die fünf Kategorien »Dürfen«, »Müssen«, »Wollen«, »Sollen« und »Können« bestimmen. In der Durchführung seiner medizinischen Anthropologie zeigt sich die Krankheit also als gegen bestimmte Vektoren bzw. gegen eine bestimmte Konfiguration der pathisch-leidenschaftlichen Existenzweise gerichtet.

Weiterführend ist dabei von Weizsäckers Beobachtung, dass Krankheit nicht nur gegen ein Sollen gerichtet, somit gegenüber der Gesundheit ein Nicht-sein-Sollendes ist. Sie kann auch gegen andere pathische Vektoren gerichtet sein.

---

[83] Anonyma, GS 7, 48 (Hervorheb. im Orig.); vgl. Der Begriff der Allgemeinen Medizin, GS 7, 189 f.; Die Schmerzen, GS 5, 45; auch die prägnante Zusammenfassung in seiner Einführungsvorlesung in die Medizinische Anthropologie, GS 9, 554 (Hervorhebungen im Orig.): »Wenn gefragt wird, was etwas ist, dann nennen wir Frage und Antwort *ontisch;* und wenn gefragt wird, was jemand *möchte,* dann nennen wir Frage und Antwort *pathisch.* [...] Sobald wir aber nun in die pathische Landschaft kommen, in der also Stimmungen, Passionen, Affekte die Farbe ausmachen, verschwindet ein Verbum: es ist das Verbum *sein.* Der Kranke sagt es schon durch sein Erscheinen, oder sogar ausdrücklich mit Worten: ›Ich möchte gesund werden.‹ Er ist also das nicht, was er werden möchte. Das ist die pathische Situation unseres Daseins, die hier der Kranke als Wunsch, Hoffnung, Absicht erfährt: er möchte nicht sein, was er ist, sofern er krank ist. Aber eine pathische Situation ist auch sonst in unserem Leben immer wieder gegeben: wenn ich etwas will, so ist es etwas, was nicht ist, sonst würde ich es nicht wollen (gar nicht wollen können); wenn ich etwas kann, so ist es wiederum etwas, was zwar möglich, aber nicht wirklich ist; ebenso, wenn ich darf, ist es nur erlaubt; wenn ich es soll, ist es geboten; wenn ich muß, ist es unausweichlich – in jedem ist aber dies Gewollte, Gekonnte, Gedurfte, Gesollte und Gemußte *nicht.* Diese gemeinsame Stellung zum Sein, nämlich daß das Sein selbst fehlt und gemeint ist, ohne zu sein, bezeichnen wir als eine pathische.«

Das zeigt sich etwa dann, wenn jemand Gesundheit als Gabe oder Gnade erfährt, oder dann, wenn jemand Krankheit als Notwendigkeit oder Schuld erfährt.[84] Im ersten Fall steht nicht die pathische Kategorie des Sollens, sondern des Dürfens, im zuletzt genannten Fall die Kategorie des Müssens im Vordergrund. Grundsätzlich zeigt sich die pathische Eigenart darin, dass der Mensch mit etwas umgeht, was (noch) nicht ist.

Viktor von Weizsäcker vertritt damit eine Konzeptualisierung von Gesundheit und Krankheit, die ihrem Ausgangspunkt nach deutliche Parallelen zur Heterostasevorstellung des Salutogenesemodells A. Antonovskys aufweist (vgl. 3.7):

>»Man versteht das kranke Wesen am besten, wenn man sich das ganze Leben als einen unablässigen Krieg mit der Krankheit vorstellt. Gesunde Zeiten sind Fortsetzungen dieses Krieges mit anderen Mitteln. Wer ein Sinnesorgan besäße, welches eigens fürs Krankhafte da wäre und welches so stets bereit und hell wie das Auge wäre, der begriffe diese beständige Entstehung des Gesunden aus der Abwehr des Kranken am leichtesten. Wer sich für völlig gesund hält, der ist nur blind für das Pathologische. Und man kann das Kranke nicht aus dem Gesunden ableiten, sondern muß versuchen, die Entstehung des Gesunden aus dem Kranken zu begleiten. Man sieht, das ist eine optimistische Vorstellung, denn sie führt vom Schlechten zum Guten hin, nicht umgekehrt. Freilich, man muß mit dem Schlechten anfangen, und das will fast niemand.«[85]

Die Krankheit ist hier nicht pathologische Normabweichung oder pathologischer Funktionsdefekt, sie gehört wie die Gesundheit bzw. das Gesundwerden zum menschlichen Leben. Dieses ist durch die dynamische Fähigkeit gekennzeichnet,

---

[84] Pathosophie, GS 10, 93.
[85] Ebd., 15.

sich Bedrohungen durch krank machende Kräfte und Einflüsse erwehren zu können.

Die gesundheitstheoretische Bedeutung einer wichtigen Hauptlinie der medizinischen Anthropologie von Weizsäkkers dürfte damit deutlich geworden sein: Der Einsicht in die pathische Existenzweise korrespondiert die Einsicht, dass der Mensch in einem leidenschaftlich-kämpferischen Verhältnis zur Krankheit steht, welche selbst wiederum die Natur eines Kampfes besitzt. Der Mensch nimmt den Körper als einen ihn im Verborgenen immer schon begleitenden Anderen wahr, der zum Feind werden kann. Er entdeckt, nicht Herr im eigenen Hause zu sein, sondern ein Ich im Ich zu haben, das seiner Verfügbarkeit entzogen ist. Diese unaufhebbare Erfahrung einer zum Leben gehörenden Fremdheit und Unsicherheit kann und soll zum Anlass werden, dass der Mensch zwei Merkmale seiner Existenz anerkennt und in sich hineinnimmt bzw. integriert: seine eigene *Unzulänglichkeit* und seine *Abhängigkeit*.[86]

Was die zuerst genannte Unzulänglichkeit betrifft, diagnostiziert Viktor von Weizsäcker ein problematisches Gesundheitsbewusstsein der Moderne:

> »Das Bedenkliche scheint mir heute zu sein, daß moderne Menschen die Unzulänglichkeit des Daseins nicht akzeptieren. Sie sind entrüstet über die Störung ihres Wohlbefindens und erwarten auch vom Arzt die Beseitigung der Störung. Und der Arzt erwartet von sich die Fähigkeit, die Störung zu beseitigen. So wird der Begriff der Gesundheit ein leeres Schema, eine blasse Idee, eine farblose Qualität, etwas, was man nur negativ definieren kann: *Keine* Störung von dieser Seite soll sie bedeuten. [...] Die Medizin wird dabei zu seiner Wissenschaft von den

---

[86] Zum Folgenden v. a.: Der Begriff der Allgemeinen Medizin, GS 7, 189–195; Die Medizin im Streite der Fakultäten, GS 7, 209 f.

Fehlern, die Klinik eine Reparaturwerkstatt, die Technik zur Störungsbeseitigung, das Ziel zu einem Idealzustand.«[87]

Was die ebenfalls genannte Abhängigkeit betrifft, so fordert von Weizsäcker zu differenzieren: Zwar sei die pathische Existenz des Menschen ein Ausdruck seiner schlechthinnigen Abhängigkeit von einem Grund, der selbst nicht gegenständlich werden kann (F. Schleiermacher), gleichwohl sei sie nicht auf Passivität oder Empfänglichkeit zu reduzieren: In seiner Leidenschaftlichkeit sei der Mensch leidend und handelnd zugleich.[88] Mit dieser Unterscheidung kann von Weizsäcker festhalten, dass sich im Leid und in der Krankheit die schlechthinnige Abhängigkeit des Menschen zeigt, Leid und Krankheit selbst indes Ergebnisse von Passion und Aktion sind. Der kranke Mensch hat in der Regel das Bedürfnis, sich in seiner Krankheit von einer ich-fremden Macht abhängig zu sehen. Dieses Bedürfnis nach Externalisierung erklärt sich aus der drohenden Verantwortungsüberlastung, wird dem Menschen zugemutet anzuerkennen, dass er seine Krankheit nicht nur bekommt, sondern auch selbst macht. Das Existenzmerkmal der leiblichen Abhängigkeit schließt aufgrund des Doppelcharakters des Leidenschaftlichen für von Weizsäcker genau diese Dialektik ein: Der Mensch bekommt seine Krankheit nicht nur, er macht sie auch.

Die gesundheitstheoretische Bedeutung einer weiteren wichtigen Hauptlinie der medizinischen Anthropologie ergibt sich aus dem der pathischen Existenzweise entsprechenden Sachverhalt, dass der Mensch ein Mensch im Werden ist. In einem ganz bestimmten Sinne ist er ein *homo temporalis*,

---

[87] Pathosophie, GS 10, 384 (Hervorhebung im Orig.).
[88] Vgl. Anonyma, GS 7, 53.

nämlich ein Mensch, der »von allem Anfang an als unzuläng-
lich, unfertig, ergänzungsbedürftig, veränderungssüchtig,
indeterminiert, defekt oder ohnmächtig, in jedem Falle also
nicht als das Sein selbst, nicht ewig, sondern zeitlich auftritt;
nicht als einer oder etwas, den oder das ›es gibt‹ , sondern als
einer oder etwas, das wird oder ›werden‹ will, darf, kann, soll
oder muß.«[89] Die anthropologische Frage darf daher nie nur
lauten: Was *ist* dieser Mensch? – sondern: Was *wird* dieser
Mensch?

Die pathische Kategorialität hält fest, dass der Mensch –
gerade in der Verunmöglichung des bisher Möglichen – als
Werdender auf etwas ausgerichtet ist, das (noch) nicht wirklich, vielmehr neue Möglichkeit ist. Weizsäcker sieht diesen
Sachverhalt, dass der Mensch sich letztlich mit jedem Schritt
überschreitet, schon in jedem Tastakt als präfiguriert an.[90] Als
Transzendenz der Gegenwart zeigt er sich dann insbesondere
im Bereich von Gesundheit und Krankheit. Denn diese sind
nicht nur als leidenschaftliches, sondern zugleich auch als lebensgeschichtlich-temporales Geschehen aufzufassen. Ihnen
ist eine lebensgeschichtliche Einbettung und das heißt vor allem auch eine *irreversible Zeitrichtung* eigen. Weizsäcker
sieht dabei selbst, dass diese irreversible Zeitrichtung einen
Sprengsatz in herkömmliche Theorien von Gesundheit und
Krankheit hineinträgt: Es ist ein Irrtum zu meinen, die Gesundheit *vor* der Krankheit sei dieselbe wie die Gesundheit

---

89 Pathosophie, GS 10, 71.

90 Vgl. Der Begriff der Allgemeinen Medizin, GS 7, 194. Darauf beruht letztlich das Grundprinzip des Gestaltkreises. Dazu hilfreich: P. Christian, Der
»Gestaltkreis« von Viktor von Weizsäcker, in: P. Hahn / W. Jacob (Hg.), Viktor von Weizsäcker zum 100. Geburtstag. Beiträge zum Symposion der Universität Heidelberg 1.–3.5.1986, Berlin – Heidelberg u. a. 1987, 72–79.

nach der Krankheit.[91] Im Unterschied zu anderen biologischen Systemen kann der Mensch eine mehr oder weniger reflexiv ausgebildete proleptische Umgangsfähigkeit entwickeln, in die frühere Auseinandersetzungen etwa mit einer Krankheit eingehen. Es muss deshalb als Mindestanforderung für einen Gesundheitsbegriff gelten, dass ihm die Temporalität und die Umgangsmöglichkeiten des Menschen nicht äußerlich bleiben. Von Weizsäcker plädiert für einen Gesundheitsbegriff, wonach »gesund sein heiße nicht normal sein, sonders es heiße: *sich in der Zeit verändern, wachsen, reifen, sterben können.*«[92] Es gehört für ihn daher zur Aufgabe eines kranken Menschen, sich mit seiner Krankheit, sich mit seiner Unzulänglichkeit und Begrenztheit auseinanderzusetzen. Ein Gesundheitswesen, das dem Menschen diese Aufgabe nicht mehr zumutet, führt dazu, dass sich eine zu seinem Menschsein gehörende Fähigkeit nicht mehr ausbilden kann. Es nimmt ihm den »Gesundungsraum«.[93] Zum Gesundsein gehört die Umgangsfähigkeit mit menschlicher Unzulänglichkeit, Anfälligkeit und Endlichkeit.

An dieser Stelle zeigt sich noch einmal die weitreichende Bedeutung eines Kernbegriffs der medizinischen Anthropologie Viktor von Weizsäckers, des Begriffs des Umgangs. Was der Mensch ist, hängt vom dynamischen Umgang mit seiner Umwelt ab und es hängt davon ab, wie diese Umwelt mit ihm umgeht. Eine Medizin, die ihn lediglich als Objekt der Natur wahrnimmt, hat ihn im Ansatz schon verfehlt. Sie würde letztlich auch nicht mehr den Erkenntnissen moderner Phy-

---

91 Vgl. Krankengeschichte, GS 5 ,62; Medizin und Logik, GS 7, 355; auch: Der kranke Mensch, GS 9, 640.

92 Ärztliche Fragen, GS 5, 294 (Hervorheb. in Orig.).

93 Die Medizin im Streite der Fakultäten, GS 7, 208.

sik entsprechen, für die ebenfalls nicht teilnahmslose Objektivität, sondern der Umgang des immer schon involvierten Forschers mit seinem Gegenstand leitend geworden ist. Anthropologisch bedeutet dies, dass der Mensch und seine Welt, dass Subjekt und Objekt, dass Kultur und Natur nicht als feste Größen, sondern als »beweglich«, in ihrer Wechselseitigkeit gesehen werden.[94] Anthropologie als Umgangslehre will dem Menschlichen des Menschen näherkommen, indem sie sich an seine pathischen Umgangsrelationen hält. Sie impliziert ein Wirklichkeitsverständnis, für welches nicht für sich bestehende Substanzen, sondern Bezugsrelationen, Umgangsweisen grundlegend sind.[95] Für den Krankheits- und Gesundheitsbegriff bedeutet dies, dass es die Realität von Krankheit und Gesundheit nur »in Bezug auf« eine individuelle und praktische Umgangsweise gibt.

3.4 Gesundheit in der daseinsanalytischen Beschreibung des Menschen

Wie Viktor von Weizsäcker hatte auch der 1903 in St. Gallen (Schweiz) geborene Arzt und Psychiater Medard Boss (1903–1990) an der Suchbewegung einer menschenangemessenen Medizin teil. Während von Weizsäcker eine eigens erst noch zu explizierende medizinische Anthropologie anvisierte, wandte Boss sich einer daseinsanalytischen Anthropologie zu, die sich an der philosophischen Fundamentalontologie M. Heideggers orientiert. Sein 1971 veröffentlichtes Hauptwerk »Grundriss der Medizin – Ansätze zu eine phänomeno-

---

94 Medizin und Logik, GS 7, 362 f.
95 Vgl. Psychosomatische Medizin, GS 6, 452.

logischen Physiologie, Psychologie, Pathologie, Therapie und zu einer daseinsgemäßen Präventiv-Medizin in der modernen Industrie-Gesellschaft« gibt vor, einen »menschengerechte[n] Grundriss der Medizin« zu erproben.[96]

Es handelt sich dabei um eine Konzeption, in deren Mittelpunkt die Ausarbeitung eines umfassenden Gesundheits- und Krankheitsbegriffs steht. Die Probleme sind dabei vielfältig: Boss hält es für einen Irrweg, von der Pathogenese einer Krankheit ausgehend deren Wesen bestimmen zu wollen. Denn alles genetische Erklären oder Verstehen setzt voraus, dass zuvor schon das krankhafte Phänomen auf seine eigene Wesensverfassung hin durchsichtig gemacht wurde. Boss hält dies für eine weitgehend ungelöste Aufgabe.[97] Eine ebenso ungelöste Aufgabe bezieht sich auf die Erfassung des Phänomens Gesundheit. Denn eine Beschreibung dieses Phänomens, welche dem menschlichen Daseinsvollzug auch wirklich gerecht zu werden beansprucht, steht vor der Schwierigkeit, dass Gesundheit als Phänomen gar nicht in Erscheinung tritt. Gesundheit läuft bei den menschlichen Vollzügen gewissermaßen unthematisch und verborgen mit. Ins Bewusstsein und dann in den Thematisierungshorizont tritt erst ihr Verlust.

---

[96] M. Boss, Grundriss der Medizin. Ansätze zu einer phänomenologischen Physiologie, Psychologie, Pathologie, Therapie und zu einer daseinsgemässen Präventiv-Medizin in der modernen Industrie-Gesellschaft, Bern/Stuttgart/Wien 1971, 6. Vgl. als Einführung zu Boss: G. Danzer, Medard Boss, in: ders., Wer sind wir? – Auf der Suche nach der Formel des Menschen, Berlin/Heidelberg 2011, 337–349; Th. Welt, Über den Begriff des Gesundheit in der daseinsanalytischen Medizin, in: D. Grönemeyer/Th. Kobusch/H. Schott (Hg.), Gesundheit im Spiegel der Disziplinen, Epochen, Kulturen, Tübingen 2008, 289–311.

[97] M. Boss, Grundriss der Medizin, a. a. O., 437.

Ein schwerwiegender Denkfehler wäre es, angesichts des zuletzt genannten Problems das Gesundsein nun im Ausgang von den Mangelerfahrungen des Krankseins bestimmen zu wollen. Zu entnehmen ist diesen Mangelerfahrungen allerdings bereits der wichtige Hinweis, dass im Kranksein nicht lediglich eine Funktionsstörung des Organismus vorliegt, sondern das Selbst- und Weltverhältnis des Menschen umfassend gestört ist. Wer krank ist, hat ein anderes Zeitempfinden, auch seine sozialen und räumlichen Bezüge sind gestört. Es ist daher erforderlich, auch das Gesundsein in einer das ganze Selbst- und Weltverhältnis des Menschen umfassenden Weise zu begreifen.

Eine dem menschlichen Dasein gemäße Beschreibung des Krankseins hat also mit einer umfassenden Beschreibung des Phänomens Gesundheit zu beginnen. Dem daseinsanalytischen Zugang entsprechend müssen dazu die dem menschlichen Lebensvollzug vorausliegenden und immer schon in Anspruch genommenen Vollzugsmöglichkeiten expliziert werden. Gesundheit stellt sich dann dar als *freier Lebensvollzug von Vollzugsmöglichkeiten, die als Grund- und Wesenszüge des menschlichen Existierens anzusehen sind*.[98] Für die gesundheitstheoretische Ausformulierung ist dementsprechend die anthropologische Leitvorstellung der Fähigkeit – formal gesagt: die Kategorie der Möglichkeit – von entscheidender Bedeutung. Krankheit erscheint als Beeinträchtigung von Vollzugsmöglichkeiten, als Beeinträchtigung der menschlichen Fähigkeit des In-der-Welt-Seins. Unschwer ist zu erkennen, dass Boss die Betrachtung von Krankheit als lediglich körperliche oder psychische Funktionsstörung zugunsten der Betrachtung der leidenden Existenz des ganzen Men-

---

98 Ebd., 442, vgl. 524.

schen und seiner Geschichte überschreiten will.[99]

Was sind nun die konkreten Grund- und Wesenszüge, welche das gesunde In-der-Welt-Sein des Menschen ausmachen? Eine »menschengerechte« Beschreibung hat dabei von lediglich erschlossenen Größen, die hinter den phänomenal erfassbaren Daseinsvollzügen des Menschen angesetzt werden, abzulassen: »Psyche«, »Soma« oder gar »Subjekt« sind bedeutende gedankliche Konstruktionen, welche die Erfassung des Menschen mehr behindern als fördern.[100] Boss nennt als Grund- und Wesenszüge zunächst *Räumlichkeit* und *Zeitlichkeit*: Völlig anders als die Räumlichkeit im geometrischen Sinn ist die Räumlichkeit des menschlichen In-der-Welt-Seins bestimmt durch die Beziehung, die der Mensch zu ihr einnimmt, ihr einräumt: Ich kann mich als Wahrnehmender schon im Voraus beim Wahrzunehmenden aufhalten; Räumlichkeit ist daher durch die Offenheit für Anwesendes ausgezeichnet. Es handelt sich um einen Raum der Ansprechbarkeit und der Begegnung. Ein Freund in Australien kann mir näher sein als der Straßenbelag unter meinen Fußsohlen.[101]

Und anders als die physikalisch messbare Zeit, vorstellbar als eine Aneinanderreihung von Jetztpunkten, ist die Zeit des Menschen immer Zeit *für* etwas, sie ist qualitative Zeit. Das »Haben« von Zeit schließt ein, dass »ich Zukünftiges gewärtigend, sinnenhaft wahrnehmbar Anwesendes gegenwärtigend und Gewesenes behaltend bin. Diese dreifältige Weise, in der ich bin, ist das »Haben« der Zeit für das und das.«[102] Es handelt sich nicht um einen indifferenten Bezug zu einem Objekt, sondern um eine menschliche Existenzweise:

---

99 Vgl. ebd., 319 f. 450.

100 Vgl. die Kritik an der Psychosomatik ebd., 218–227.

101 Ebd., 248.

»Das ›Haben‹ von Zeit zeigt stets an, daß und wie ein Mensch überhaupt und als ganzer *ist*, nämlich existierend im und als der Vollzug dieser oder jener Beziehung zu dem ihm Begegnenden. In Zeit-haben für das oder jenes und im Vollzug dieser Verhaltensmöglichkeiten *zeitigt* sich das Da-sein im Sinne seines Sich-entfaltens und Sich-austragens.«[103]

Die Beeinträchtigung in Krankheit und Schmerz besteht darin, dass das gesunde Offenständigsein und das Ansprechenlassen gestört sind. Die Räumlichkeit und die Zeitlichkeit, die für den Menschen noch bedeutend sind, reduzieren sich auf einen Punkt des eigenen Körpers und auf die Zeitdimension der unmittelbaren Gegenwart.

Ein weiterer Grundzug ist mit der *Leiblichkeit* des Menschen angesprochen. Boss grenzt sie von der Körperhaftigkeit eines Naturkörpers ab: Der Leib, der den menschlichen Daseinsvollzügen in der Regel unbeachtet vorausliegt, reicht weiter als die Grenze meines Körpers. Er kann sich auch an einem »Dort« aufhalten, indem ich mich auf etwas beziehe (z. B. den Apfel auf dem Baum) bzw. von etwas ansprechen lasse.

»Streng genommen gibt es daher so wenig eine menschliche Leiblichkeit als eine an und für sich, zum voraus und ein für allemal bestehende Sache, wie es auch keine für sich vorhandene Zeit gibt. Wie sich die eigentliche Zeitlichkeit des Menschen immer erst den jeweiligen Weisen menschlichen Existierens zeigt, so gibt es auch das Leibsein immer nur als das Leiben des sich fortlaufend zeitigenden Aufenthaltes des Menschen inmitten dessen, was sich diesem zeigt, ihn angeht und zum antwortenden Handeln auffordert. [...] Die Grenzen meines Leibseins decken sich [...] mit denen meiner Weltoffenheit.«[104]

---

[102] Ebd., 267.

[103] Ebd., 268 (Hervorhebungen im Orig.).

[104] Ebd., 277 f.

Ein weiterer Grundzug besteht im *Miteinandersein* der Menschen: Sie halten sich nicht nur einzeln, sondern miteinander bei denselben Dingen ihrer Welt auf. Wesentlich bestimmt wird das menschliche In-der-Welt-Sein vor allem dann durch *Stimmungen*: Während Liebe und Hass bestimmte Bereiche des Daseins eröffnen und verschließen, engt Angst auf die Möglichkeit ein, das eigene Dasein zu verlieren.[105] Die Betrachtung des Menschen unter der Leitkategorie der Möglichkeit rechnet also nicht nur mit Offenständigkeit und pluralem Sich-verhalten-Können, sondern auch mit Verschlossenheit und mit Begrenzungen durch die Wirklichkeit, welche ein Sich-verhalten-Müssen mit sich führen. Die Stimmung der Trauer expliziert Boss so, dass sich in ihr der Verlust von Gegenwartsmöglichkeiten niederschlägt; es bleibt nur das andenkende Vergegenwärtigen. Insbesondere ruft dann die dem menschlichen Dasein nicht erst am Ende, sondern immer schon zugehörige Seinsmöglichkeit des Sterblichseins zu einem Sich-verhalten-Müssen auf. Mit Heidegger deutet Boss diesen Sachverhalt positiv: Das Freiwerden für die Möglichkeit des Sterbens befördert das Bewusstsein, dass das eigene Dasein an innerweltlichen Zielen und auch an anderen Menschen keinen letzten Halt finden kann. Gerade dadurch eröffnet sich ein realistisches Verstehen und Bewerten der eigenen Existenzmöglichkeiten und ein Sich-frei-Geben für die Mitmenschen.[106]

Boss legt Wert darauf, dass alle genannten Wesenszüge nicht vereinzelt, sondern gleichursprünglich auftreten. Ihr einheitliches Strukturmerkmal ist die Offenständigkeit, die

---

[105] Vgl. ebd., 295.
[106] Vgl. ebd., 312 f.

Ansprechbarkeit für Begegnendes bzw. Anwesendes, die Fähigkeit oder Freiheit, solchem auf je eigene Weise zu entsprechen.

Gegenüber einem irreführenden Verständnis der Boss leitenden Vorstellung von menschlicher Potenzialität wurde bereits die Begrenzung durch die Wirklichkeit hervorgehoben. An ebenderselben Stelle müssten nun allerdings auch die für die Gesundheitssoziologie bedeutsamen sozialen, ökonomischen und kulturellen Determinanten zur Sprache kommen: Die Vollzugsmöglichkeiten des menschlichen In-der-Welt-Seins sind nicht lediglich vom Inneren des menschlichen Daseins her, sondern auch von seiner äußeren Bedingtheit her begrenzt.

Vor allem ist zu beachten, dass der Begriff der Potenzialität bzw. der Möglichkeit nicht in einer an aktivem Handeln orientierten Weise missverstanden wird: Er schließt die Möglichkeit ein, auch etwas sein zu lassen.

>Dank der so gearteten Offenständigkeit des Da-seins für das Anwesen dessen, was sich offenbart, kann der Mensch das im Bereiche seines Vernehmens offenkundig Gewordene auch in der rechten Weise sein lassen. Das dem Menschenwesen entsprechende Sein-lassen ist jedoch alles andere als eine bloße Unterlassung oder eine Gleichgültigkeit. Es ist im Gegenteil ein Sich-einlassen auf das Begegnende in einer Art und Weise, die es diesem vergönnt, sich als das, was es ist, zu seiner vollen Anwesenheit zu entfalten.«[107]

Gesundsein kann daher für Boss auch heißen, mit Belastungen und Störungen leben zu können, selbst wenn es sich dabei auf den ersten Blick um Beeinträchtigungen von Vollzugsmöglichkeiten handelt. Mit der neu aufkommenden

---

[107] Ebd., 315.

Stressforschung hält er fest, dass Stress und Belastungen zur Wesensverfassung des Menschen gehören.[108]

Insgesamt leitet das Verständnis von Gesundheit als einem freien Vollzug von Daseinsmöglichkeiten, welche die Grundzüge menschlichen Existierens ausmachen, dazu an, Krankheiten nicht auf Einzelsymptome und auch nicht auf einzelne körperliche oder psychische Regionen zu beschränken. Sie beeinträchtigen das leibliche In-der-Welt-Sein des Menschen. So führen somatische Beeinträchtigungen zugleich psychische und soziale Beeinträchtigungen mit sich; sie stehen im Zusammenhang mit dem Ganzen der leidenden Existenz eines Menschen. Zugleich gilt: Selbst bei stärkster Beeinträchtigung kommen dem Menschen die ihm zugehörenden Wesensmerkmale nie abhanden. Boss bezieht sich hier beispielsweise auf die senile Demenz.[109]

3.5 Gesundheit und Normalität des Menschen

In der naturwissenschaftlich-mechanistischen Auffassung des Lebens, wie sie etwa im zellularpathologischen Konzept von R. Virchow zu sehen war, erscheint Krankheit als Störung der normalen Funktionsfähigkeit des physischen Organismus (vgl. 3.2). Gesundheit wird in der normalen physischen Funktionsfähigkeit gesucht. Ein solches funktionalistisches Verständnis von Normalität hat in der modernen Medizin auch unabhängig von den jeweils dahinter stehenden Auffas-

---

[108] Vgl. ebd., 458–460.

[109] Ebd., 468. In diesem Zusammenhang stellt für ihn die Schizophrenie die größte Herausforderung dar, insofern in ihr der seiner Meinung nach tragende Grundzug des Menschseins beeinträchtigt ist: ebd., 483.

sungen des Lebens Verbreitung gefunden. Pragmatisch lässt es sich mit einem statistischen Verständnis von Normalität verbinden, das sich an empirischen Durchschnitts- und Grenzwerten orientiert. Normativ kann eine solche Orientierung an Durchschnitts- oder Grenzwerten allerdings nicht sein – es sei denn, man lädt sie durch den Rekurs auf ein Ideal normativ auf (ideale Norm).

Die Aufgabe wird daher in der Regel darin gesehen, das deskriptive Verständnis von Normalität mit einem normativen Verständnis von Normalität zu verbinden bzw. es als von einem Werturteil abhängig zu betrachten. Aber auch eine naturalistische Erweiterung im Sinne systemtheoretischer Erwägungen (Normalität im System-Umwelt-Verhältnis) wird vorgeschlagen und zu einem bio-psycho-sozialen Modell weitergeführt.[110]

Auf diesem Hintergrund stellt sich die konkrete Frage, wie sich Gesundheit und Krankheit, die doch den Menschen immer als individuellen Menschen betreffen, zu den Normwerten und Normabweichungen verhalten, an denen sich die Medizin orientiert. Eine gründliche Auseinandersetzung hierfür bietet das Werk des französischen Medizinphilosophen und Wissenschaftshistorikers G. Canguilhem (1904–1995).

Canguilhem kritisiert in seiner Schrift »Das Normale und das Pathologische« (frz.: »Le normal et le pathologique«) zunächst die empiristische Auffassung, wonach Menschen krank werden (bzw. sind), wenn sie sich außerhalb des Bereichs statistischer Normalität bewegen, und gesund werden (bzw.

---

[110] D. Lanzerath, Krankheit und ärztliches Handeln. Zur Funktion des Krankheitsbegriffs in der medizinischen Ethik, Freiburg i. Br./München 2000, 117–129, verweist für Ersteres auf das Modell von C. Boorse, für Letzteres auf das Modell von Th. v. Uexküll und W. Wesiak.

sind), wenn sie sich innerhalb jenes Bereiches bewegen. Napoleons Pulsfrequenz lag außerhalb des Bereichs des statistischen Durchschnitts. Es wäre aber ein Irrtum zu meinen, damit hätte ein pathologischer Zustand vorgelegen, wonach Napoleon als herzkranker Menschen zu betrachten gewesen wäre.[111] Es liegt am Individuum, dass der Übergang vom Normalen zum Pathologischen fließend ist und sich ein normaler Gesundheitszustand objektiv nicht definieren lässt.

Für Canguilhem wird im Rückgriff auf das epochemachende Werk »Der Aufbau des Organismus« (1934) des Neurologen K. Goldstein (1878–1965) im Konstitutionszusammenhang von Gesundheit und Krankheit das Individuum, genauer: die individuelle Norm, von zentraler Bedeutung.

> »Wir müssen also festhalten, daß der pathologische oder anormale Zustand keineswegs jeglicher Norm entbehrt. Die Krankheit ist noch eine Lebensnorm, allerdings eine niedrigere, da sie keine Abweichung von den Bedingungen duldet, unter denen sie Geltung hat: ist ihr doch jeder Übergang in eine andere Norm unmöglich. Das kranke Lebewesen ist auf ganz bestimmte Existenzbedingungen genormt; verloren hat es die normative Kraft, d. h. die Fähigkeit, unter anderen Bedingungen andere Normen zu setzen.«[112]

Kranke Menschen sind nicht anormal, weil ihnen Ordnung und Norm fehlen, sondern weil ihre Fähigkeit eingeschränkt ist, normativ zu sein, also neue Ordnungen und Normen zu setzen. Nicht die Normalität bzw. das Normalsein, sondern die Normativität als einer kontextbezogenen Fähigkeit der

---

[111] G. Canguilhem, Das Normale und das Pathologische. Anthropologie – hg. v. W. Lepenies/H. Ritter, übers. v. M. Noll/R. Schubert, Frankfurt a. M. 1977, 121 f.

[112] Ebd., 122 f.

Individuuen, auf kontingente Anforderungen ihrer Umwelt normativ zu reagieren, wird daher für den Gesundheitsbegriff grundlegend. Canguilhem definiert:

> »Gesundheit heißt nicht bloß, in einer gegebenen Situation normal, sondern auch – in dieser oder in anderen möglichen Situationen – normativ sein. Was Gesundheit ausmacht, ist die Möglichkeit, die das augenblicklich Normale definierende Norm zu überschreiten; die Möglichkeit, Verstöße gegen die gewohnheitsmäßige Norm hinzunehmen und in neuen Situationen neue Normen in Kraft zu setzen. [...] Der Mensch fühlt sich bei guter Gesundheit (und das ist die Gesundheit schlechthin) einzig dann, wenn er sich mehr als normal (d. h. der Umwelt und ihren Forderungen angepaßt), nämlich normativ fühlt, mithin fähig zu einem Leben unter neuen Normen.«[113]

Die Orientierung des Gesundheitsbegriffs an der Bestimmung menschlichen Lebens als Entfaltung von Möglichkeiten und Potenzialitäten eint G. Canguilhems Auffassung mit dem daseinsanalytischen Konzept von M. Boss. Wie dieser möchte auch Canguilhem sich der Einsicht stellen, dass Gesundheit und Krankheit das ganze In-der-Welt-Sein eines individuellen Menschen betreffen. Gegenüber M. Boss und auch gegenüber V. von Weizsäcker geschieht dies allerdings in einer völlig anderen, nämlich in einer biologisch-organischen Perspektive auf das Leben, die man als neo-vitalistisch bezeichnen kann. Das bedeutet: Der Physiologie als Wissenschaft wird es aufgegeben, die Eigenperspektive bzw. die Teilnehmerperspektive eines individuellen Lebens, das selbst entscheidet, wo innerhalb einer dynamischen Polarität Gesundheit und Krankheit beginnen, als grundlegend zu betrachten.[114] Man mag kritisch fragen, ob die Physiologie

---

113 Ebd., 132. 135.
114 Ebd., 150 f.

selbst eine solche Erweiterung zu leisten imstande ist. Und man mag kritisch weiterfragen, ob sich mittels eines solchen erweiterten biologisch-organischen Zugangs das leibhafte In-der-Welt-Sein eines konkreten »Jemands« überhaupt einholen ließe. Er ermöglicht es Canguilhem jedoch, auf der physiologischen und pathologischen Ebene – gewissermaßen auf »Augenhöhe« mit der medizinischen Beschreibungsperspektive – die funktionale Auffassung zurückzuweisen, wonach Gesundheit und Krankheit in Zuständen von Zellen oder Organen zu greifen sind. Gesund oder krank ist nicht ein Organ oder ein Zellaggregat. Gesund oder krank genannt werden kann nur ein individueller Organismus als Ganzes.[115] Die Bedeutung der objektiven Methoden der Beobachtung und Analyse wird nicht bestritten; ihr Gegenstand bleibt indes das kranke bzw. gesunde Individuum.[116]

Zusammenfassend gesagt: Gesundheit und Krankheit gibt es nur im Bezug auf den individuellen Umgang des Menschen mit seiner Natur und seiner Umwelt – ein Umgang, der sich als Umgang eines individuellen normsetzenden Lebens biologisch beschreiben lässt. Im Vordersatz stecken die Vorzüge dieses Ansatzes, im Nachsatz seine Problematik. Die Vorzüge betreffen, wie erwähnt, die Rückbindung an das konkrete Individuum. Sie zeigen sich auch darin, Krankheit nicht lediglich als Verlust von Ordnung bzw. als Störung zu begreifen. Es kann auch in der Krankheit dank der Normativität des

---

[115] Ebd., 152. Die Abhängigkeit vom holistischen Organismusverständnis K. Goldsteins zeigt sich hier deutlich. Zur ideologischen Gefährdung solcher Konzeptionen vgl. A. Harrington, Die Suche nach Ganzheit. Die Geschichte biologisch-psychologischer Ganzheitslehren. Vom Kaiserreich bis zur New-Age-Bewegung, Hamburg 2002.

[116] G. Canguilhem, Das Normale und das Pathologische, a. a. O., 156.

Menschen zur Gewinnung neuer Ordnung kommen, so dass man in einer Krankheit und trotz ihrer gesund werden und bleiben kann.[117] Gesundwerden ist daher auch nicht einfach eine Rückkehr zur früheren Ordnung; Gesundheit ist lebenslaufsensibel zu denken.[118] – Der Nachsatz weist darauf hin, dass Canguilhem all dies meint in einem neo-vitalistischen Horizont einer dem Leben inhärenten »biologischen Normativität« explizieren zu können. Lediglich am Rande wird deutlich, dass individuelle Umgangsformen und Wertsetzungen im weitesten Sinn soziokulturell bedingt sind.[119]

3.6 Einsichten der Leibphänomenologie

Es ist zur Signatur der neuzeitlichen Geistes- und Philosophiegeschichte nach Descartes geworden, vom Primat eines denkenden Subjekts auszugehen, das seinem Körper als einer aus-

---

[117] Vgl. auch hier im Rückgriff auf K. Goldstein ebd., 131.

[118] Vgl. G. Canguilhem, Ist eine Pädagogik der Heilung möglich?, in: ders., Gesundheit – eine Frage der Philosophie, Berlin 2004, 23–50, hier: 49 f.: »Das Leben des Individuums ist von Anfang an eine Verminderung des Vermögens zu leben. Weil die Gesundheit keine Konstante der Zufriedenheit, sondern das Apriori des Vermögens ist, gefährliche Situationen zu meistern, verbraucht sich dieses Vermögen im Meistern aufeinanderfolgender Gefahren. Die Gesundheit nach der Krankheit ist nicht die frühere Gesundheit. Das klare Bewußtsein der Tatsache, daß heilen nicht heißt, zurückzukehren, hilft dem Kranken in seiner Suche nach einem Zustand geringstmöglichen Verzichts, indem sie ihn von der Fixierung auf den früheren Zustand befreit.« An dieser Stelle folgt Canguilhem einem Gesundheitskonzept, das von einem Reduktionsprozess ausgeht (Batterie-Modell).

[119] Vgl. G. Canguilhem, Das Normale und das Pathologische , a. a. O., 150. Im Nachwort wird die Frage nach dem Verhältnis von vitalen und sozialen Normen aufgenommen (158 ff.).

gedehnten Natursubstanz (res extensa) gegenübersteht. Dieser objektivierbare Körper wurde zum Gegenstand der Medizin. Im Erkenntnisprozess des erkennenden Subjekts selbst konnte ihm keine konstruktiv-kritische Funktion zukommen. Die Leibphänomenologie des 20. Jahrhunderts muss als vehementer Widerspruch gegen eine solche Vorstellung aufgefasst werden. Den Vorstellungen des Körperobjektivismus gegenüber versuchte diese Bewegung den Vorrang des Lebens bzw. den Vorrang des Leibes vor dem Denken geltend zu machen. In ihr versammeln sich die unterschiedlichen Entwürfe von M. Merleau-Ponty, G. Marcel, H. Plügge, H. Plessner, B. Waldenfels, H. Schmitz und M. Henry. Für den uns interessierenden gesundheitstheoretischen Bereich wären die neueren Arbeiten von G. Böhme und Th. Fuchs zu nennen. Im Folgenden gehe ich von der Entfaltung einiger verbindender Kerngedanken aus, um auf dieser Grundlage dann auch die Differenzen einzelner Positionen deutlich zu machen.[120]

Erhellend ist schon die weitgehend übereinstimmende Terminologie: Im deutschsprachigen Raum ist bereits der Rückgriff auf den älteren Begriff Leib als deutliche Absage an die kartesische Vorstellung des Körpers aufzufassen. Denn diese Vorstellung, so lautet die durchgehende Kritik, ver-

---

[120] Einführend: B. Waldenfels, Das leibliche Selbst. Vorlesungen zur Phänomenologie des Leibes, hg. v. R. Giuliani, Frankfurt a. M. 2000; G. Böhme, Leibsein als Aufgabe. Leibphilosophie in pragmatischer Hinsicht, Kusterdingen 2003; H. Schmitz, Der Leib, Berlin/Boston 2011. M. Roth, Das Leibsein des Menschen als Schicksal und Aufgabe. Religionsphilosophische Erkundungen, in: ders./J. Schmidt (Hg.), Gesundheit. Humanwissenschaftliche, historische und theologische Aspekte, Leipzig 2008, 99–125.

[121] M. Merleau-Ponty, Phänomenologie der Wahrnehmung. Aus dem Franz. übers. und eingeführt v. R. Boehm (Phänomenologisch-psychologische Forschung 7), Berlin 1966, 296.

kenne wesentliche Züge unserer Natur, unserer Leiblichkeit. Zu diesen Grundzügen zählt das Vorgegebensein des Leibes, seine Verborgenheit in den alltäglichen Lebensvollzügen, welche die Gesundheit ausmachen, seine Erfahrbarkeit lediglich in der Perspektive der Selbstbetroffenheit und sein Widerfahrnischarakter.

a) Zum Vorgegebensein des Leibes

In seiner »Phänomenologie der Wahrnehmung« lag M. Merleau-Ponty (1908–1961) daran zu explizieren, dass Wahrnehmung nicht mit dem denkenden Ich beginnt, sondern diesem eine präreflexive Zugänglichkeit, ein präreflexives Verankertsein in der Welt durch des Menschen Leiblichkeit vorausliegt. Ohne den Leib hätten wir keine Welt, sprich: wir könnten keine Welterfahrung machen.

> »Es gibt also, mir zugrunde liegend, ein anderes Subjekt, für das eine Welt schon existiert, ehe ich da bin, und das in ihr meinen Platz schon markiert hat. Dieser gefangene und natürliche Geist ist mein Leib.«[121]

Ist der Leib in solcher Weise vorgegebenes Medium der Welterfahrung und der Weltwahrnehmung, vermag er – gleich dem Auge, durch das wir auf die Welt blicken – nicht selbst Gegenstand unserer gegenständlichen Wahrnehmung zu sein.

Was zunächst als Rückbindung des Denkens und Wahrnehmens an leibliches Leben konzipiert ist, wird darum bei einigen Vertretern der Leibphänomenologie zu einer metaphysisch-transzendentalen Denkfigur. Für M. Henry (1922–2002) ist »unser Leib in dem Sinne transzendental, wie er alles ermöglicht, was durch ihn gesehen, gehört und berührt wird, nämlich die Gesamtheit der sinnlichen Qualitäten und Objekte, welche die Wirklichkeit unserer Welt – eine in der Tat sinnliche Welt – bilden.«[122] Dieser transzendentale Leib beruht für Henry wiederum in einer noch ursprünglicheren Leiblichkeit, die er im Begriff des Lebens bzw. im Begriff des Fleisches zu fassen sucht.

Ein solcher Rückgang auf die Vorgegebenheit eines Leibes steht nun seinerseits in Gefahr, den Körper als uneigentliche Objektivation gering zu schätzen. Die Aufgabe besteht daher darin, ein ausgewogenes Verhältnis beider Momente im Sinne einer dialektischen Verschränkung festzuhalten. H. Plessner (1892–1985) und G. Marcel (1889–1973) haben dazu die Doppelstruktur von Sein und Haben herangezogen:[123] Mein Leib bin ich, meinen Körper habe ich. Der Rückgang auf die Vorgegebenheit des Leibes sieht dann ungefähr so aus: Anders als mein Körper kann mein Leib nicht Objekt unter anderen Objekten sein, ist er doch zugleich Voraussetzung aller objektiven Verhaltensweisen und aller Wahrnehmung im Objektiven.[124] Mit diesem meinem Leib ist mein Dasein verwachsen, insofern ist es inkarniertes Sein. Zugleich ist der Leib auf solche Weise auch Wurzel des Habens und Bedingung des dinghaften Besitzes; er ist und bleibt selbst darin wesenhaft unverfügbar.

> »Der Leib ist die Wurzel des Habens, wiewohl er kein Gegenstand ist, den ich habe. Er ermöglicht jede Form dinghaften Besitzes, wiewohl er selber nicht zu besitzen und nicht verfügbar ist.«[125]

---

[122] M. Henry, Inkarnation. Eine Philosophie des Fleisches. Aus dem Franz. v. R. Kühn, Freiburg i. Br./München 2002, 186.

[123] Vgl. schon den Titel: G. Marcel, Sein und Haben. Übersetzung und Nachwort v. E. Behler, Paderborn 1954.

[124] G. Marcel, Leibliche Begegnung. Notizen aus einem gemeinsamen Gedankengang, in: H. Petzold (Hg.), Leiblichkeit. Philosophische, gesellschaftliche und therapeutische Perspektiven, Paderborn 1986, 15–46, hier: 16.

[125] Ebd., 19.

Der Körper erscheint demgegenüber als Grundform des Habens. Zu ihm kann ich daher ein gegenständliches Verhältnis einnehmen, mit ihm kann ich als Instrument umgehen und daher auch über ihn in gewisser Weise verfügen. Ich kann das aber nur tun, weil ich Leib bin.

Die Kritik an einer naturwissenschaftlich orientierten Medizin liegt auf der Hand: Sie wendet sich der vermittelten, verfügbaren Seite des Leibes, nämlich dem Körper, den wir haben, zu. Sie blendet aber die unvermittelte und in hohem Maße unverfügbare Voraussetzung des Leibes aus. Das ist phänomenologisch insoweit erklärlich, als der Leib eben den selbstverständlich in Anspruch genommenen und in der gegenständlichen Wahrnehmung verborgenen Grund unserer Lebensvollzüge darstellt. Auffällig ist der Leib selten in der Gesundheit; er wird es erst in den Erfahrungen der Krankheit, des Schmerzes, des Hungers oder des Alterns.

Bevor die Unterscheidung von Leib und Körper näher in Augenschein genommen wird, ist zu fragen, ob die Vorgegebenheit des Leibes einschließt, ihn aller geschichtlichen, sozialen und kulturellen Bedingtheiten entnommen zu sehen. Eine stärker genetisch orientierte Sicht wird darauf antworten, dass das, was ich leiblich bin, ich immer schon im Mit-Sein mit Anderen und mit meiner Geschichte bin. Anders als dem zeitlos betrachtbaren Körper ist dem Leib eine spezifische Zeitgestalt eigen.[126] Eine stärker ethisch orientierte Sicht wird darauf abheben, dass das Leibsein eine praktische Umgangsweise darstellt, die von einer kulturell bedingten Lebenspraxis abhängig ist. Die Vorgegebenheit des Leibes muss daher keineswegs als anthropologische Konstante aufgefasst werden. Der naturwissenschaftliche Umgang mit dem Leib

---

[126] Ebd., 34–37; auch G. Böhme, Leibsein als Aufgabe, a. a. O., 67.

als einem objektivierbaren Körpermechanismus kommt dann selbst als nur eine Lebens- und Umgangspraxis unter anderen in den Blick – eine solche allerdings, welche bedeutenden Einfluss auf die Leiberfahrung besitzt.[127] Wer gewohnt ist, seine natürliche Gegebenheitsweise als verfügbaren und behandelbaren Körper zu betrachten, dem mag die Erfahrung eines unverfügbaren Leibes als bedrohlich erscheinen. Verlust- und Kontingenzängste sind Begleiterscheinung einer modernen naturwissenschaftlich orientierten Lebenspraxis.

b) Zur Zuordnung von Leib und Körper

Die Unterscheidung von Leib und Körper lässt sich ihrem Profil nach also recht deutlich fassen: Es handelt sich um die Unterscheidung von »Leib-Sein« und »Körper-Haben«. Mit ihr verbunden ist die Unterscheidung von Selbsterfahrung und Fremderfahrung. Der Leib ist uns in der Selbsterfahrung gegeben, der Körper ist das, was (auch) in der Perspektive der Anderen erscheint und naturwissenschaftlich-medizinisch erfassbar und behandelbar ist. Diskutiert wird, ob die Unterscheidung ein Produkt der Selbstdifferenzierung ist oder ein Produkt der Außenwahrnehmung, die sich der Mensch aneignet und sogar zur »zweiten Natur« machen kann.[128] Festzuhalten bleibt auf jeden Fall die kritische Spannung, die durch diese Unterscheidung offengehalten wird: Das menschliche Sein auf sein objektives Körper-Haben zu reduzieren, verkennt, dass zum Menschen immer Vorgegebenes gehört, dem er nicht mächtig ist und das sich lediglich in der Selbsterfahrung erschließt. Das menschliche Sein auf sein subjektives Leib-Sein

---

[127] Ebd., 49–53. 64.
[128] B. Waldenfels, Das leibliche Selbst, a. a. O., 254 f.; Th. Fuchs, Leib und Lebenswelt. Neue philosophisch-psychiatrische Essays, Kusterdingen 2008, 27.

zu reduzieren, verkennt, dass es medizinischer Beschreibung und Behandlung zugänglich ist und dass Selbsterfahrungen von daher auch korrigierbar sein müssen.[129]

Entscheidend ist darüber hinaus, die *dialektische Verschränkung* beider Momente zu beachten: Als kausale Wechselwirkung darf sie nicht aufgefasst werden, da Leib und Körper auf unterschiedlichen Wirklichkeitsebenen anzusiedeln sind, also eine ontologische Differenz zwischen ihnen besteht. Und doch besteht ein Zusammenhang in der Weise, dass das (Körper-)Haben auch das (Leib-)Sein betrifft und das (Leib-)Sein wiederum auch das (Körper-)Haben betrifft. Man könnte von einer Korrespondenzbeziehung reden.[130] Krankheit bedeutet eine Störung im Organismus des Körpers; dieser Störung korrespondiert ein Dissonanzerleben im Leib, ein Erlebnis dessen, dass Selbstverständliches nicht (mehr) selbstverständlich ist.

Das Leib-Sein schließt ein Körper-Haben ein; es schließt ein, den Körper als Instrument gebrauchen zu können. Das Gehabte hat aber zugleich großen Einfluss auf das Leib-Sein, insofern eine tiefe Abhängigkeit besteht, das Leib-Sein gewissermaßen am Körper hängt. Wird das Körper-Haben beeinträchtigt, wie das in einer Krankheit der Fall ist, dann zeigt sich in der Selbsterfahrung, dass der Leib sich jedenfalls teilweise meiner Verfügung entzieht. In der dialektischen Verschränkung beider Momente kommen so auch Verfügbarkeit und Unverfügbarkeit zusammen.

Damit stellt sich auch die zuvor erwähnte Vorgegebenheit des Leibes noch einmal differenziert dar: Der Leib ist nicht nur

---

[129] G. Böhme, Leibsein als Aufgabe, a. a. O., 13.

[130] Th. Fuchs, Leib, Raum, Person. Entwurf einer phänomenologischen Anthropologie, Stuttgart 2000, 140 f.

vorgegebenes Dasein. Insofern er zugleich Körper ist, ist er zum verantwortlichen Umgang *aufgegeben*. Leib-Sein enthält beides: Vorgegebenes und Aufgegebenes.[131] Einer ethischen Betrachtung bliebe dann zu explizieren vorbehalten, dass der aufgegebene Umgang nicht darin bestehen kann, (Vor-)Gegebenes in Gemachtes zu transformieren (Stichwort »Körperkult«), sondern zuvörderst darin, sich auf Gegebenes einzulassen und es als solches anzuerkennen.

c) Zum Widerfahrnischarakter des Leiblichen

Die Nachträglichkeit des handelnden Umgangs gegenüber dem (Vor-)Gegebensein des Leibes bringt es mit sich, dass weniger das Handeln als vielmehr das Widerfahrnis ins Zentrum leibphänomenologischer Betrachtung rückt. Es geht um die »Wiederentdeckung des Widerfahrnischarakters des menschlichen Lebens«.[132] Anders als dies bei einer Handlung der Fall ist, bleibt die Wahrnehmung des Widerfahrnischarakters eines beglückenden oder eines belastenden Ereignisses oder Zustandes an die leibliche Selbstwahrnehmung gebunden. Dem Arzt ist sie nur mittelbar – durch den individuellen Patienten im buchstäblichen Sinne – zugänglich.

Der Vorrang des Widerfahrnischarakters bzw. des Charakters des Pathischen bedeutet eine programmatische Umstellung für das daran anschließende Projekt einer Ethik des Leibes. Diese wird weniger als traditionelle Ethik des Handelns anzusprechen sein; sie wird zur Ethik des Pathischen. Konkret bedeutet dies, dass nicht die einlinige Bekämpfung oder die Beseitigung von Krankheit, Schmerz und Leid, sondern

---

131 G. Böhme, Leibsein als Aufgabe, a. a. O., 72.

132 W. Kamlah, Philosophische Anthropologie, a. a. O., 39; B. Waldenfels, Grundmotive einer Phänomenologie des Fremden, Frankfurt a. M. 2006, 73.

vielmehr der differenzierte Umgang mit ihnen zu einem ihrer zentralen Themen avanciert.[133] Ist in traditionellen europäischen Ethosvorstellungen die *Autonomie* das beherrschende Ideal, so müsste es für ein Ethos des Pathischen die *Souveränität* sein. Nach G. Böhme besteht Souveränität in der Fähigkeit, sich etwas widerfahren lassen zu können, in der Fähigkeit, die leibliche Abhängigkeit und die Kontingenz des menschlichen Daseins akzeptieren zu können. Ein souveränes Subjekt »ist das Subjekt, das anerkennt, dass es nicht Herr im eigenen Haus ist, das Subjekt, zu dem das Erleiden ebenso gehört wie das Handeln.«[134]

Für Böhme hängt das Ideal eines souveränen Menschen eng mit der Forderung eines mündigen Patienten zusammen, der sich dem Getriebenwerden von Behandlung zu Behandlung zu wehren weiß. Mit einer christlichen Ethik hat seine Ethik des Leibes gemeinsam, dass die Fähigkeit, sich etwas widerfahren lassen zu können, nach der einen Seite hin Leidensbereitschaft einschließt, nach der anderen Seite hin ein Ethos der Liebe ermöglicht.

> »Lieben zu können, verlangt nicht primär Handlungsfähigkeit, sondern viel grundlegender, sich lassen zu können: sich vom anderen betreffen lassen zu können.«[135]

d) Zu Gesundheit und Krankheit

In dem Maße, in welchem für eine Ethik des Leibes als einer Ethik des Pathischen der Umgang des Menschen mit Schmerz, Leid und Krankheit zu einem zentralen Thema avanciert, wandelt sich auch ihre gesundheitstheoretische

---

133 G. Böhme, Ethik leiblicher Existenz, Frankfurt a. M. 2008, 17 f.

134 Ebd., 149, vgl. auch 200.

135 Ebd., 199.

Perspektive. Gesundheit schließt nun die Fähigkeit ein, mit Krankheit, Schmerz und Leid leben zu können – Gesundheit ist darum mehr und anderes als das bloße Freisein bzw. die bloße Abwesenheit von ihnen. Man stößt auf das Paradox, dass kranke Menschen gesund sein können und gesunde Menschen krank. Dieses Paradox aufzuschlüsseln ist als wichtige Aufgabe anzusehen, um ein der leiblichen Existenzweise des Menschen angemessenes Gesundheits- bzw. Krankheitsverständnis zu konzipieren.[136]

Die veränderte gesundheitstheoretische Perspektive betrifft auch die Vorstellung dessen, was unter Bewältigung oder Coping verstanden wird: Grundlegend für eine diätetisch, d. h. bei gesunder Lebensführung ansetzende Bewältigung wird die Ausbildung der Fähigkeit, sich etwas gegeben sein bzw. widerfahren lassen zu können. Krankheit, Schmerz und Leid gehören zum menschlichen Leben; Gesundheit besteht darin, mit diesen Gegebenheiten umgehen zu können. Die Bewältigung setzt bei Böhme entsprechend seinem Ansatz weniger *assimilativ* an (gesundheits- und krankheitsrelevante Umstände werden entsprechend eigenen Vorstellungen aktiv verändert), sondern vorwiegend *akkomodativ*: Die eigenen Einstellungen bzw. Vorstellungen werden gemäß den gesundheits- und krankheitsrelevanten Umständen verändert und angepasst.[137] Um hier nicht Einseitigkeiten hervorzurufen, wäre wohl situationsorientiert und lebenslaufsensibel zu differenzieren. Es gibt Lebenssituationen, in denen assimilative Bewältigung und also auch der Kampf gegen gesundheitliche Einschränkungen prioritär ist. Eine Ethik des

---

[136] G. Böhme, Leibsein als Aufgabe, a. a. O., 237.
[137] Vgl. v. a. F. Akashe-Böhme/G. Böhme, Mit Krankheit leben. Von der Kunst, mit Schmerzen und Leid umzugehen, München 2005, 78.

Leibes ist gerade auch als Ethik des Pathischen gut beraten, die naheliegende Präferenz des Akzeptierens bzw. des Sich-Abfindens gegenüber Bewältigungsformen des Nicht-Aufgebens kritisch zu reflektieren.

e) Zur Anschlussfähigkeit an entwicklungspsychologische Perspektiven

Prinzipiell ist die leibphänomenologische Betrachtung offen für entwicklungspsychologische Einsichten, haben doch der Leib und die Leiberfahrung immer schon ihre Geschichte. Man kann sie als Geschichte der Sedimentierung von Erfahrungen, als Geschichte zwischen Integration und Entfremdung von Leib und Körper beschreiben: Das Kind lernt im Leib zu wohnen, indem es die Körperfunktionen sukzessive integriert. Obwohl die Integration bzw. die Aufhebung nie vollständig ist, verschmelzen im weltzugewandten Vollzug Körper und Leib weitgehend. Der Leib wird zum unauffälligen, selbstverständlich in Anspruch genommenen Grund dieses Vollzugs. Gesundheit ist darum nicht Gegenstand des primären Bewusstseins. Das ändert sich aber bei einer ungeschickten Bewegung, vollends bei einer Krankheit. Denn dann kommt es zur Entselbstverständlichung und zur Entfremdung innerhalb der Leiblichkeit. »Der Leib entzieht sich teilweise meiner Verfügung und wird eben dadurch zum Körper, an den ich gebunden bin.«[138]

Die entselbstverständlichende und beunruhigende Erfahrung der Fremdheit ist zugleich eine Voraussetzung ihrer Behandlung, insofern in der Begegnung von Arzt und Patient die subjektiv-leibhafte Krankheitserfahrung zum Körpergeschehen verobjektiviert und greifbar wird. Allerdings kann

---

[138] Th. Fuchs, Leib, Raum, Person, a. a. O., 131.

die Objektivierung des Leibs zum beherrschbaren Körper die paradoxe Konsequenz haben, dass ich das selbstverständliche Zuhausesein im Leib verliere, ich Angst angesichts der fehlenden Kontrolle über meinen Leib bekomme.[139] Nun mag daraus zwar ein Motiv für die Erhöhung meiner Kontrollfähigkeit resultieren. Es wäre aber dann zu beachten, dass meine Sorge sich dem unverfügbaren Leib, der ich selbst bin, nicht unmittelbar zuwenden kann, sondern stets dem Objektivierbaren, was ich habe, dem Körper. Ihn versuche ich zu beherrschen. – Generell gilt: Der bisherige Umgang mit meiner Leiblichkeit und Körperlichkeit geht in meine zukünftige Leiberfahrung und Leibpraxis ein.

Das Auseinandertreten und das Erfordernis der Integration von Leiblichkeit und Körperlichkeit betreffen jedoch nicht lediglich Situationen von Krankheit, sie kennzeichnen viele Lebensphasen. Vom Säugling bzw. Kind wurde eben gesprochen. Als Pubertierende müssen Menschen die geschlechtlichen Veränderungen des Körpers integrieren. Bei Frauen bildet die Menopause einen wichtigen Einschnitt. Für beide Geschlechter ist dann insbesondere das Alter eine Lebensphase, in der Leiblichkeit und Körperlichkeit auseinandertreten und neu integriert werden müssen. Die Herausforderung besteht in diesem Fall darin, dass im Altersprozess zunehmend ein anfälliger Körper hervortritt und nun auch fokussierter Gegenstand des primären Bewusstseins wird.

Eine solche Beschreibung deckt sich weitgehend mit Vorstellungen, die G. Heuft in einem entwicklungspsychologischen Modell zusammengefasst hat. In ihm wird der Körpererfahrung die Funktion eines »somatogenen Entwicklungsorganisators« im Altersprozess zugewiesen; das verän-

---

[139] Ebd., 133.

derte Körpererleben und die damit einhergehenden Entselbstverständlichungsprozesse werden zur unabdingbaren Entwicklungsaufgabe im Alter.[140] Zu dieser Aufgabe gehört es, den alternden, anfälligen oder kranken Körper nicht nur als Widersacher zu sehen, sondern ihn ins Selbstkonzept zu integrieren und auch mit Krankheit leben zu können. Eine solche Praxis ist freilich immer von soziokulturellen Rahmenbedingungen abhängig.

3.7 Salutogenese und Menschenbild

Das biomedizinische Grundverständnis der modernen Medizin ist *pathogenetisch* orientiert: Die Integrität des Organismus wird durch pathologische Erreger, durch Insuffizienzen oder Stressoren bedroht. Diese können zu Erkrankungen führen. Ärztliches Bemühen richtet sich darauf, den pathologischen Einfluss zu identifizieren und die Krankheitsschädigung zu beheben oder zu begrenzen. Dieses Grundverständnis entspricht dem Infektionsmodell, wie es sich im 19. Jahrhundert durchsetzte. Zum Teil verbindet es sich mit dem älteren Maschinenmodell.

Die Situation in den westlichen Industrie- und Dienstleistungsgesellschaften lässt sich mit diesem Grundverständnis kaum mehr adäquat einholen. Hier herrschen weniger die durch pathogene Erreger verursachten Infektionskrankhei-

---

[140] Zusammenfassend in: G. Heuft/A. Kruse/H. Radebold, Lehrbuch der Gerontopsychosomatik und Alterspsychotherapie, 2. überarb. Aufl., München 2006, 64–67; schon: G. Heuft, Auf dem Weg zu einem empirisch gestützten psychoanalytischen Entwicklungsmodell der zweiten Hälfte des Erwachsenenlebens, in: H. Radebold (Hg.), Altern und Psychoanalyse, Psychoanalytische Blätter 6, Göttingen 1997, 41–53.

ten vor, sondern vor allem chronische und degenerative Erkrankungen, welche multiple Ursachen haben und vom Verhalten und den Lebensbedingungen der Menschen zumindest teilweise abhängig sind.

Im Gegenüber zur einseitig pathogenetischen Ausrichtung der Medizin und Psychologie auf schädigende Lebensbedingungen und krank machende Faktoren entwickelte der amerikanisch-israelische Medizinsoziologe A. *Antonovsky* (1923–1994) sein Modell der »Salutogenese«. Im Gegensatz zum Grundverständnis der Pathogenese, das nach spezifischen krankmachenden Bedingungen und Symptomen fragt, konzentriert sich das Grundverständnis der Salutogenese nicht auf spezifische Krankheitsursachen und -symtome. Es orientiert sich nämlich nicht an der Frage, warum Menschen krank werden, sondern an der Frage, was sie – trotz einer Vielzahl von pathogenen Faktoren – gesund hält. Bei dieser Fragerichtung nach der Entstehung und dem Erhalt von Gesundheit steht zu erwarten, dass Ressourcen, welche die Widerstandskräfte des Menschen stärken, eine große Rolle spielen werden. Ohne es zu explizieren nimmt Antonovsky damit eine Traditionslinie der mittlerweile weitgehend in Vergessenheit geratenen Diätetik auf; er selbst findet seine direkten Gesprächspartner vorzugsweise in der zeitgenössischen Stressforschung.[141]

---

141 Zum Folgenden: A. Antonovsky, Unraveling the mystery of health. How people manage stress and stay well, San Francisco 1987; dt.: Salutogenese. Zur Entmystifizierung der Gesundheit, hg. v. A. Franke, Tübingen 1997; ders., Gesundheitsheitsforschung versus Krankheitsforschung, in: A. Franke/M. Broda (Hg.), Psychosomatische Gesundheit. Versuch einer Abkehr vom Pathogenesekonzept, Tübingen 1993, 3–14. Dazu J. Bengel u. a. (Hg.), Was erhält Menschen gesund? Antonovskys Modell der Salutogenese – Diskussionsstand und Stellenwert, eine Expertise im Auftrag der BZgA,

Ausgangspunkt ist die anthropologische Grundannahme, dass Stressoren, dass Krankheiten und Schmerzen, dass der Druck der Entropie und mithin der Tod integrale Bestandteile menschlicher Existenz sind. Gesundheit ist darum nicht ein (wie immer zu verstehender) »normaler« Zustand des Gleichgewichts und der Harmonie, so dass Krankheiten lediglich als Abweichungen und Störungen zu stehen kämen. Gegenüber der Gleichgewichtsvorstellung (Homöostase) kennzeichnet Antonovsky seine Grundannahme mit dem Begriff der *Heterostase*: Der Druck der Entropie und die Auseinandersetzung mit lebensbedrohlichen Kräften lassen es ratsam erscheinen, von einer tiefgreifenden Instabilität und insofern von einem Ungleichgewicht in der menschlichen Existenz auszugehen. Diese Grundannahme führt ihn auch dazu, die dichotome Klassifizierung von Menschen als gesund oder krank zu verwerfen und diese stattdessen auf einem mehrdimensionalen Gesundheits-Krankheits-Kontinuum zu lokalisieren.[142] Jeder Mensch ist mehr oder weniger gesund (oder krank); er ist nie ausschließlich gesund oder ausschließlich krank. Auch wenn er sich überwiegend als gesund erlebt, hat er kranke Anteile. Und umgekehrt hat auch ein schwer kranker Mensch noch gesunde Anteile.

Die salutogenetische Orientierung gibt vor, den gesamten Menschen mit seiner Lebensgeschichte, den gesamten Menschen, wie er sich in subjektiver und objektiver Wahrnehmung darstellt, im Blick zu haben und auf dem Gesundheits-Krankheits-Kontinuum zu verorten. Sie will nicht lediglich bestimmte Krankheits- oder Gesundheitsphänomene

---

Köln ⁷2002; A. Franke, Modelle von Gesundheit und Krankheit, 2. überarb. Aufl., Bern 2010.

[142] A. Antonovsky, Salutogenese, a. a. O., 22 f. 29.

erklären, sondern die Bewegungen, die zum negativen oder positiven Pol des Kontinuums hinführen. Was Krankheit oder Gesundheit zu einem bestimmten Zeitpunkt sind, ist Resultat einer lebenslangen Auseinandersetzung, eines lebenslangen Kampfes zwischen salutogenen und pathogenen Faktoren. Krankheit ist nicht isolierter Störungsfall, sondern eingebettet in einen Prozess, welcher weniger Gesundheit bedeutet und welcher durch eine Vielzahl äußerer und innerer Faktoren bedingt ist.

Antonovsky zieht für seine anthropologische Grundannahme die Metapher eines Flusses heran: Alle Menschen befinden sich im Strom des Lebens – bis dahin, dass sie die Kante eines Wasserfalls passieren, um zu sterben. Während bei einer pathogenetischen Grundannahme davon ausgegangen wird, der Mensch könne in der Regel trockenen Fußes das Ufer abschreiten und werde nur in Ausnahmefällen ins Wasser geworfen, schwimmt oder kämpft für Antonovsky der Mensch immer schon in einem gefährlichen Fluss. Dieser Fluss enthält ruhige Stellen, es gibt aber auch Gabelungen, die zu gefährlichen Stromschnellen führen. »Meine Arbeit ist der Auseinandersetzung mit folgender Frage gewidmet: ›Wie wird man, wo immer man sich in dem Fluß befindet, dessen Natur von historischen, soziokulturellen und physikalischen Umweltbedingungen bestimmt wird, ein guter Schwimmer?‹«[143]

Antonovsky legt den Entstehungszusammenhang seiner Grundannahme offen und bezeichnet sie als »pessimistisch«.[144] Trotz dieser pessimistischen Haltung richtet er

---

[143] A. a. O., 92.

[144] A. Antonovsky, Gesundheitsforschung versus Krankheitsforschung, a. a. O.,
7: »Ich bin tief überzeugt jüdisch. 2.000 Jahre jüdische Geschichte, die ihren Höhepunkt in Auschwitz und Treblinka fand, haben mir [sic] zu einem

seine Aufmerksamkeit nicht auf das, was Menschen nach unten zieht. Es ist mit dem Druck der Entropie hinreichend erklärt. Er will vielmehr der zitierten Frage auf der Spur bleiben, was Menschen angesichts höchst verschiedener Rahmenbedingungen zu guten Schwimmern macht – der Frage also, warum sich manche mehr und manche weniger auf dem Kontinuum in Richtung des Pols »Gesundheit« bewegen. Empirischer Ausgangspunkt dieser Fragestellung war eine Studie unter jüdischen Frauen, von denen einige schwerste Traumaerfahrungen in Konzentrationslagern hatten.

Schnell stellte sich heraus, dass es zu kurz greifen würde, die Ursache in den Stressoren bzw. den Belastungen selbst zu suchen. Zum einen sind Stressoren für Antonovsky allgegenwärtige Bestandteile des Lebens, zum anderen müssen Stressoren nicht notwendig zu Stress oder Krankheit führen. Sie sind nur potenziell pathogen; sie können bei entsprechendem Umgang auch gesundheitsfördernd und salutogen sein.

Die Frage muss sich daher auf diejenigen Faktoren konzentrieren, welche für den *erfolgreichen Umgang* bzw. die erfolgreiche Bewältigung ausschlaggebend sind. Antonovskys Modell arbeitet an dieser Stelle mit zwei theoretischen Kernelementen: den *allgemeinen Widerstandsressourcen* und dem *Kohärenzgefühl (Sense of Coherence*, abk. SOC).

Widerstandsressourcen sind spezifische Ressourcen, die ein Mensch besitzt, um mit Stressoren erfolgreich umzugehen. Sie sind einerseits soziokulturell bedingt (intakte Sozialstrukturen, ökonomische Ressourcen etc.), andererseits individuell bedingt (Wissen, Ich-Identität, Selbstvertrauen,

---

profunden Pessimismus in bezug auf Menschen geführt. Ich bin überzeugt, daß wir uns alle immer im gefährlichen Fluß des Lebens befinden und niemals sicher am Ufer stehen.«

physische Konstitution etc.). Als »allgemein« bzw. »generalisiert« werden sie bezeichnet, weil sie in Situationen aller Art wirksam werden können. Von den Widerstandsressourcen ist abhängig, wie ein Mensch sich in der dauernden Konfrontation mit Stressoren bzw. Belastungen behaupten kann – im Bild gesprochen: wie ein Mensch sich im Strom des Lebens zu halten vermag. Widerstandsressourcen prägen Lebenserfahrungen und ermöglichen ein Lebensgefühl auszuformen, den Stressoren bzw. Belastungen gewachsen zu sein.

Die sich daraus entwickelnde stabile Lebensorientierung und das sich daraus entwickelnde Gefühl des Vertrauens nennt Antonovsky »Kohärenzgefühl«.[145] Dieses zweite Kernstück ist entscheidend für die gesamte Konzeption. Denn das Kohärenzgefühl steuert bereits die Bewertung dessen, was überhaupt als Stressor bzw. Nicht-Stressor, was als bedrohlich, günstig oder neutral empfunden bzw. eingestuft wird.[146] Sodann mobilisiert es Widerstandsressourcen, es bestimmt die Bewältigungsstrategie, die der Situation angemessen zu sein scheint. Das Kohärenzgefühl stellt daher keinen spezifischen Coping-Stil und keine spezifische Bewältigungsstrategie dar. Antonovsky kritisiert beispielsweise Stressmodelle, welche bestimmte Strategien präferieren, etwa die aktive Kontrolle gegenüber einer (angeblich) passiven.[147] Das Kohärenzgefühl bezieht sich auf die *Voraussetzung*, die es Menschen ermöglicht, mit verschiedenen Anforderungen flexibel und situationsgerecht umgehen zu können und deshalb über verschiedene Ressourcen und Bewältigungsfähigkeiten zu verfügen. Was in der einen Situation protektiv und hilfreich

---

[145] Vgl. die Definition in ders., Salutogenese, a. a. O., 36.
[146] Ebd., 126 ff.
[147] Ebd., 62.

war, muss es in der anderen nicht sein; es kann sogar ausgesprochen schädlich sein.

Die Lebensorientierung des »Kohärenzgefühls« besteht für Antonovsky aus drei Komponenten: erstens dem *Gefühl der Verstehbarkeit*, der Überzeugung, dass die Umwelt samt ihren Reizen strukturiert und deshalb kognitiv erfassbar ist (im Gegensatz zu willkürlich und chaotisch); zweitens dem *Gefühl der Handhabbarkeit*, dem Zutrauen bzw. der Erwartung, für die Anforderungen des Lebens auch die geeigneten Ressourcen zur Verfügung zu haben. An dieser Stelle hebt Antonovsky darauf ab, dass solches nicht unbedingt eigene Kontrolle (von Ressourcen) bedeuten muss, sondern die Unterstützung durch andere Personen oder Instanzen einschließt, denen man vertraut bzw. auf die man zählen kann.

Die dritte Komponente besteht im *Gefühl der Bedeutsamkeit*, der Grundeinstellung, dass das eigene Leben es wert ist, Energie in es zu investieren. Für ein starkes Kohärenzgefühl müssen bestimmte Lebensbereiche von solcher Bedeutung sein, dass sie motivierende Ziele bereitstellen oder dass sich die Suche nach solchen Zielen lohnt. Im Unterschied zu den ersten beiden kognitiv grundierten Komponenten handelt es sich hier um eine motivational-emotionale Komponente. In Anlehnung an V. Frankls (1905–1997) Hervorhebung der zentralen Rolle von Sinnhaftigkeit für den Überlebenswillen von Menschen hält auch Antonovsky diese motivationale Komponente der Bedeutsamkeit und Sinnhaftigkeit für zentral: An ihr liegt es, dass auch unter Gegebenheiten einer eingeschränkten Verstehbarkeit und einer eingeschränkten Handhabbarkeit ein hohes Kohärenzgefühl möglich zu sein vermag. In diesem Fall muss einer hohen Bedeutsamkeit kompensatorische Funktion zugeschrieben werden.

Die das Modell übergreifende Hypothese lautet nun, dass

ein starkes Kohärenzgefühl die Wahrscheinlichkeit erhöht, sich auf dem Kontinuum in Richtung des Pols »Gesundheit« zu bewegen.[148]

Das Salutogenese-Modell und das medizinisch-anthropologische Grundverständnis, auf dem es beruht, wurden in den letzten Jahrzehnten intensiv diskutiert. Insofern hat es sein erstes Ziel schon erreicht: durch eine neue Grundorientierung neue Fragen zu induzieren, welche zur Forschung anregen. Die Ergebnisse von Studien, die sich dem Einfluss des Kohärenzgefühls auf die Gesundheit widmen, sind allerdings nicht eindeutig. Das betrifft insbesondere den von Antonovsky postulierten direkten Einfluss des Kohärenzgefühls auf die körperliche Gesundheit. Besser zu belegen ist die Korrelation des Kohärenzgefühls mit psychischer Gesundheit und auch der indirekte Einfluss des Kohärenzgefühls, insofern es gesundheitsförderndes Verhalten und einen adaptiven Umgang mit Stressoren steuert.[149]

Im Zusammenhang unserer Fragestellung interessiert vor allem das gesundheitstheoretische und anthropologische Grundverständnis: Zunächst entspricht der theoretische Unterbau von Antonovskys Ansatz einer reflexiv gewordenen Moderne, die den permanenten Fortschritt zu einer Welt ohne Schmerzen und ohne Leid als illusorisch erkannt hat. Man mag darüber diskutieren, ob der anthropologische »Pessimismus« Antonovskys, wie er in der Fluss-Metapher seinen Ausdruck findet, der menschlichen Existenzweise im Ganzen tatsächlich angemessen ist. Es ist vorgeschlagen worden, ein Gesundheitsverständnis, welches das tägliche Leben des

---

[148] Ebd., 142; ders., Gesundheitsforschung versus Krankheitsforschung, a. a. O., 4.

[149] Vgl. den Überblick bei J. Bengel u. a. (Hg.), Was erhält Menschen gesund?, a. a. O., 37 f. 40–47.

Menschen zu berücksichtigen vermag, nicht allein unter der Leitannahme der Heterostase und eines permanenten Abwehrkampfes gegen Stressoren zu konzipieren. Das Augenmerk sei ebenso auf die positiven und euthymen Umgangsweisen zu richten und den Zeiten der Homöostase die ihnen zustehende Bedeutung einzuräumen: Es gibt im Fluss des Lebens beides, gefährliche Abschnitte, welche einen nach unten ziehen, und Abschnitte, welche zum Verweilen, zum Genießen eines ausbalancierten Lebens einladen.[150] Anders gesagt: Gesundheit ist nicht nur Aufgabe, die ständige Aktivität erfordert, sie ist auch Gabe, die zu leben ermöglicht.

Als weiterführend erwies sich die Vorstellung eines Gesundheits-Krankheits-Kontinuums. Vorausgesetzt ist dabei allerdings, es als mehrdimensionales Kontinuum zu fassen, das eine physische, psychische und soziale Dimension einschließt. Dann darf allerdings die salutogenetische Frage nicht bei einem negativen Verständnis von Gesundheit verharren, so dass die Frage: »Was hält Menschen gesund?« doch letztlich wieder im Sinne der Frage beantwortet wird, wieso sie nicht krank werden bzw. wie sie mit Stressoren und Belastungen fertig werden. Das *integrative Anforderungs-Ressourcen-Modell*, das der Trierer Psychologe P. Becker in der kritischen Fortführung des Modells von A. Antonovsky vertritt, betrachtet den aktuellen Gesundheitszustand eines Menschen davon abhängig, wie es ihm gelingt, mit den ihm zur Verfügung stehenden Ressourcen sowohl externen als auch internen Anforderungen zu begegnen. Der bewälti-

---

[150] Vgl. R. Lutz, Euthyme Therapie und Salutogenese, in: R. Frank (Hg.), Therapieziel Wohlbefinden. Ressourcen aktivieren in der Psychotherapie, Heidelberg 2007, 55–68; auch A. Franke, Modelle von Gesundheit und Krankheit, a. a. O., 174–177.

gungstheoretische Blick auf externe Stressoren wird hier erweitert. Denn was die internen Anforderungen betrifft, geht es darum, dass ein Mensch schon mit seinen eigenen Bedürfnissen und mit den damit verbundenen Gefühlen angemessen umzugehen vermag. Leitvorstellung dieses Modells ist nicht der kämpfende, sondern der *bedürftige* und der *angewiesene* Mensch. An der zentralen Stelle des Kohärenzgefühls erscheint bei Becker in den frühen Arbeiten »seelische Gesundheit«, in seinen späteren Arbeiten reduziert er es auf die Persönlichkeitseigenschaft des Neurotizismus.[151]

Vergleicht man Antonovskys Modell mit anderen Modellen, erhebt sich auch die Frage, ob der Kohärenzsinn lediglich eine zentrale Ressource von Gesundheit (im Sinne einer Stressbewältigungsressource) darstellt oder (und) ob er selbst schon ein Bestandteil von Gesundheit ist.[152] Unabhängig von der Beantwortung dieser und anderer Fragen bleibt es ein Vorzug von Antonovskys Modell, Krankheit und Tod integrieren zu können sowie den gesamten Menschen mit seiner Lebensgeschichte im Auge zu haben.

Der Berücksichtigung des ganzen Menschen soll insbesondere das Konstrukt des Kohärenzsinns Rechnung tragen:

---

[151] P. Becker, Die Salutogenesetheorie von Antonovsky: Eine wirklich neue, empirisch abgesicherte, zukunftsweisende Perspektive?, in: J. Margraf/ J. Siegrist u. a. (Hg.), Gesundheits- oder Krankheitstheorie? Saluto- versus pathogenetische Ansätze im Gesundheitswesen, Berlin 1998, 13–25; ders., Psychologie der seelischen Gesundheit, Bd. 1: Theorien, Modelle, Diagnostik, Göttingen ²1997; ders., Gesundheit durch Bedürfnisbefriedigung, Göttingen 2006.

[152] Vgl. M. Rimann/I. Udris, »Kohärenzerleben« (Sense of Coherence): Zentraler Bestandteil von Gesundheit oder Gesundheitsressource?, in: W. Schüffel/U. Brucks u. a. (Hg.), Handbuch der Salutogenese. Konzept und Praxis, Wiesbaden 1998, 351–364.

Es handelt sich um eine nicht nur kognitive, sondern auch affektiv-motivationale Grundeinstellung, welche gleichsam das Kondensat bisheriger Lebenserfahrungen darstellt. Antonovsky hat dabei deutlich gesehen, dass ein starkes Kohärenzgefühl unter ganz verschiedenen – auch ethisch verwerflichen – soziokulturellen Bedingungen entstehen kann. Wie die soziokulturellen Einflüsse indes selbst wirksam werden und insbesondere wie sie auf das Verständnis von Gesundheit selbst durchschlagen, ist in seiner Konzeption hingegen wenig ausgearbeitet.

Zugleich wahrt er bei seiner Formulierung des Kohärenzsinns eine kulturell-ethische Offenheit, die verwandte Stresskonzepte vermissen lassen: Wie bereits erwähnt wurde, hält er die Bevorzugung von internaler, also von aktiv selbstbestimmter Kontrolle gegenüber einer Kontrolle, die in den Händen anderer liegt, für eine anthropologische Engführung. Die drei Komponenten des Kohärenzsinns und die Kompensationsmechanismen, die zwischen ihnen walten, entsprechen dem Ziel, eine lebenslaufsensible und kulturell sensible *flexible* Bewältigung zu konzeptualisieren.

Damit geht der anthropologisch-ethische Grundgedanke einer »Selbstverantwortung in Grenzen« einher: Wie Menschen mit Stressoren, mit Belastungen und Krankheiten umzugehen vermögen, liegt nicht allein in ihrer Hand. Ein starkes Kohärenzgefühl stellt sich nicht erst ein, wenn man das gesamte Leben für verstehbar, handhabbar und bedeutsam hält. Insbesondere die Verstehbarkeit und die Handhabbarkeit können einem abgehen. Entscheidend ist, dass es bestimmte Lebensbereiche gibt, die von subjektiver Bedeutung für eine Person sind. Man könnte auch sagen: Entscheidend ist, dass eine Person bestimmte Ziele hat, die energetisierende und motivierende Kraft besitzen. Antonovsky meint allerdings allgemein sagen zu können, dass einige Bereiche nicht jenseits der Bedeutungsgrenze liegen dürfen, also von über-individueller und grundsätzlicher Bedeutung sind: etwa eigene Gefühle, unmittelbare interpersonale Beziehungen oder existentielle Fragen, welche menschliches Scheitern und den Tod betreffen. Es entspricht daher auch einer grundsätz-lichen Verfasstheit des Menschen, dass es Ziele gibt, die sich als unerreichbar herausstellen und im Sinne eines akkomo-dativen Bewältigungsmodus aufgegeben werden müssen, oder Ziele, deren Realisierung in die Hände anderer gelegt werden muss.

Im Blick auf den zuletzt genannten Sachverhalt ließe sich die Komponente der Bedeutsamkeit wohl am ehesten durch Konzepte der Hoffnung reformulieren – Konzepte, wie sie in der neueren Bewältigungspsychologie auch Eingang gefun-den haben.[153]

3.8 Leiblichkeit als Gabe und Aufgabe in einer theologisch-anthropologischen Sicht

Es muss als Herausforderung für theologische Ethik angese-hen werden, die im christlichen Ethos vorausgesetzten Grund-sätze eines christlichen Menschenbilds für nichtreligiöse Problemhorizonte und Diskurse zu reformulieren und zu ex-plizieren. Besonders geeignet scheint dafür das Thema Leib-lichkeit, insofern es einerseits in der biblischen Anthropo-logie fest verankert ist und andererseits zugleich viele Ge-

---

[153] Vgl. S.-H. Filipp/P. Aymanns, Kritische Lebensereignisse und Lebenskrisen. Vom Umgang mit den Schattenseiten des Lebens, Stuttgart 2010, 197–199. 280–283.

sprächsmöglichkeiten mit philosophischen Konzepten wie der Leibphänomenologie oder mit psychologischen Konzepten wie etwa psychosomatisch orientierten Entwicklungsmodellen bietet. Auch an ressourceorientierte Gesundheitsmodelle ist in diesem Zusammenhang zu denken. Allerdings darf bei der Fokussierung auf Gesprächs- und Anschlussmöglichkeiten das kritische Potenzial der alttestamentlichen oder neutestamentlichen Denkweise nicht übergangen werden.[154] Grundsätzlich gilt: Theologisch-ethische Kompetenz zeichnet sich durch Anschlussfähigkeit und Widerspruchsfähigkeit aus.

Unter diesen Voraussetzungen soll im Folgenden der theologisch-anthropologische Grundsatz, den *Leib als Gabe und Aufgabe* zu verstehen, expliziert werden.

Obwohl der Begriff »Leib« als solcher im hebräischen Alten Testament nicht vorkommt (in der Septuaginta steht das griechische Wort *soma* häufig für das hebräische *basar* – »Fleisch«), stellt der Leib die von Gott geschaffene Gesamtwirklichkeit menschlicher Existenz dar. In besonderer Weise »hat« der Mensch nicht nur Leib und Seele, er »ist« auch Leib und Seele: Der von Gott gebildete Leib wird in Gen 2,7 als »lebendige Seele (*nephesch hajja*)« bezeichnet. Sein Lebendigsein verdankt dieser gewissermaßen seelische Leib dem Lebensodem Gottes, welcher an anderen Stellen deutlicher als Geist Gottes benannt wird (Ijob 34,14 f.; Koh 12,7). Ohne lebendige Seele und also ohne den von außen ihm zukommenden Lebensodem Gottes verfällt der lebendige Leib zu einem leblosen Körper. Er wird Leichnam, er wird zu Erde und Staub, aus denen er gebildet wurde. In dieser

---

154 Vgl. U. H. J. Körtner, Leib und Leben, a. a. O., 18 f.; auch W. Pannenberg, Systematische Theologie, Bd. 2, Göttingen 1991, 213–219.

Vorstellungsweise der sog. jahwistischen Urgeschichte kommt ein Grundverständnis zum Ausdruck, das dem hebräischen Bedeutungsfeld von »Seele« selbst zugrunde liegt: Der Mensch ist als ganzer ein angewiesenes und bedürftiges Wesen – er ist bleibend auf Gaben angewiesen, er ist auf lebendige Leiblichkeit angewiesen, er ist auf das belebende Wirken des göttlichen Geistes angewiesen. Dieser Blick auf die Gesamtwirklichkeit des Menschen schließt im Übrigen die Vernunft ein: Sie ist eine auf den göttlichen Geist angewiesene Vernunft.

Die Einsicht der Angewiesenheit des Menschen begründet keine defätistische Auffassung des Menschen bzw. der Natur. Das zeigt schon der in den Schöpfungserzählungen deutlich herausgestellte Kulturauftrag (Gen 1,28; 2,15).

Den Leib als Gabe zu verstehen heißt vor diesem Hintergrund, zunächst philosophisch reformuliert, in ihm die Würde des kontingent Gegebenen und Gewordenen zu erblicken. Ein instrumenteller und in gewisser Hinsicht optimierender Umgang mit dem Leib ist damit nicht prinzipiell ausgeschlossen, wohl aber eine schrankenlose Potenzialisierung: als wäre die leibliche Natur lediglich dafür da, nach menschlichen Handlungszielen gestaltet zu werden.[155] Die gegebene und gewordene Gestalt des Leibes trägt vielmehr als so gegebene und gewordene Bedingung der Möglichkeit und zugleich Grenze menschlichen Handelns ein Recht in sich – theologisch-ethisch gesprochen: ein Recht auf Erhaltung. D. Bonhoeffer formuliert:

> »Das leibliche Leben, das wir ohne Zutun empfangen, trägt in sich das Recht auf seine Erhaltung. Es ist dies nicht ein Recht, das wir geraubt oder erworben hätten, sondern es ist im eigentlichsten Sinne ›mit uns

---

[155] Vgl. D. Birnbacher, Natürlichkeit, Berlin/New York 2006, 100. 116.

geboren«, empfangenes Recht, das vor unserem Willen da ist, das im Seienden selbst ruht.«[156]

Gegenüber Totalisierungstendenzen einer dem Menschen unangemessenen Verantwortungszuschreibung muss daher wenigstens gesagt werden: Wir sind nicht völlig verantwortlich dafür, wie wir sind bzw. wie wir geworden sind.[157] Menschlich bleibt der Mensch dann, wenn er ein Leben mit beschränkter Haftung führen darf und auch seine Unvollkommenheit und Fehlbarkeit anerkannt werden können.[158] Eine theologisch-ethische Betrachtung der Leiblichkeit des Menschen kann strenggenommen nicht mit einem Gebot oder mit einer Pflicht beginnen, sondern mit einer zu schützenden Erlaubnis: Der Mensch *darf* Mensch sein – mit der ihm zukommenden Begrenztheit und Unvollkommenheit.[159] Denn Gottes Zuwendung gilt nicht erst dem sich verwirklichenden Menschen, sie gilt dem wirklichen Menschen.

Den Leib als Aufgabe zu verstehen ergibt sich theologisch ebenfalls aus seinem Charakter als vom Schöpfer gegebene Gabe. Für Bonhoeffer ruht deshalb das erwähnte Recht auf die Erhaltung des leiblichen Lebens in Gott selbst. Die Gabe wird

---

[156] D. Bonhoeffer, Ethik, hg. v. I. Tödt, H. E. Tödt u. a., DBW 6, München 1992, 179. Damit ist freilich eine bestimmte Auffassung und Zuordnung von Menschenwürde, von Menschenpflichten und Menschenrechten verbunden, die in ein weites Diskussionsfeld gegenwärtiger Ethik hineinführt. Im Duktus der Forderung einer Ethik des Gegebenen ist in diese Diskussion einzutreten hier nicht der Ort.

[157] Vgl. M. J. Sandel, Plädoyer gegen die Perfektion. Ethik im Zeitalter der genetischen Technik, a. a. O., 109–111.

[158] Vgl. K. Berner, Leben mit beschränkter Haftung. Studien zur Systematischen Theologie, Leipzig 2008.

[159] Vgl. D. Bonhoeffer, Ethik, a. a. O., 81. 386.

dem Menschen und seinem Handeln anvertraut, bleibt im letzten Sinn aber Eigentum Gottes. Sie ist sozusagen *Leih-gabe*, die als solche einen angemessenen Umgang seitens des Menschen selbst erfordert.

Aufgabe wird die Erhaltung und Pflege des Leibes also unter einem bestimmten Vorzeichen.[160] Dies ergibt sich letztlich daraus, dass das verantwortliche Handeln im Bezug auf die eigene Leiblichkeit in einem größeren Zusammenhang steht: Es ist eingebunden und insofern begrenzt durch die Verantwortung gegenüber dem Nächsten und durch die Verantwortung gegenüber Gott.

Ein anschauliches Beispiel hierfür gibt M. Luther in seiner Schrift »Ob man vor dem Sterben fliehen möge«. Er verfasste diese im Jahr 1527 angesichts der Frage, ob man um der Erhaltung seiner Gesundheit willen aus einer Stadt und gegebenenfalls aus einer verantwortlichen Stellung fliehen dürfe, wenn dort die Pest wütet. Luther antwortet mit der Skizzierung dreier Verantwortungsrelationen, die hierarchisch aufeinander bezogen werden: Verantwortung gegenüber Gott, Verantwortung gegenüber dem Nächsten, Verantwortung für den eigenen Leib. Der zuletzt genannten Relation entspräche es zunächst, vor der Pest zu fliehen. Luther betont, Gott selbst habe die verantwortliche Wahrung und Pflege der leiblichen Gesundheit geboten.[161] Allerdings bleibt diese Leibverantwortung an die Verantwortung gegenüber Gott

---

[160] Das Zusammenwirken von göttlichem und menschlichem Wirken in der Erhaltung der Schöpfung wurde in der klassisch gewordenen altprotestantischen Dogmatik innerhalb der sogenannten *concursus*-Lehre thematisiert und bearbeitet.

[161] M. Luther, Ob man vor dem Sterben fliehen möge, WA 23,338–372, hier: 346. 364.

rückgebunden und ihr untergeordnet, während der Teufel gleichsam die Umkehrung (die Perversion) der Verantwortungsrelationen oder die lediglich ichbezogene und solchermaßen isolierte Leiberhaltung will: Angst oder Selbsterhaltungstrieb motivieren dann das Handeln. Bleibt die Verantwortung für den Leib an die Verantwortung gegenüber Gott rückgebunden, wird der Mensch hingegen seine Verantwortung gegenüber seinen Nächsten in ihrem Gewicht zu Gesicht bekommen. Gegebenenfalls wird er deshalb in einer Stadt, in der die Pest wütet, ausharren. Beide Optionen, das Fliehen und das Ausharren, lassen sich also begründen.

Ethisch liegt alles daran, dem skizzierten Zusammenhang der Verantwortungsrelationen Rechnung zu tragen. Die Verantwortung für die leibliche Gesundheit steht nicht isoliert für sich. Eine Gesundheitsreligion ist in weiter Ferne. Umgekehrt steht allerdings auch die übergeordnete Verantwortung gegenüber Gott nicht isoliert für sich: Wer meint, für seine leibliche Gesundheit keine Verantwortung übernehmen zu müssen, da er doch in der alleinigen Verantwortung vor dem ihn erhaltenden Gott lebe, begeht letztlich eine Versuchung Gottes.

Im Grunde genommen sieht sich die biblische und die theologische Tradition immer wieder mit zwei Extremen konfrontiert: einer Vergötzung des Leibes und einer Vernachlässigung des Leibes. In diese Frontstellung hinein ist auch die gewichtige Aussage des Paulus in 1 Kor 6,19 f. zu verorten: »Oder wisst ihr nicht, dass euer Leib ein Tempel des Heiligen Geistes ist, der in euch wohnt und den ihr von Gott habt, und dass ihr nicht euch selbst gehört? Denn ihr seid um einen teuren Preis erkauft worden; darum verherrlicht Gott mit eurem Leibe!«

Geber und Gabe werden hier unterschieden, aber nicht

getrennt: Die Frage des Umgangs mit dem leiblichen Leben, die Frage der Lebensführung, wird der Frage des Gottesdienstes zugeordnet. Deutlicher noch: Der Umgang mit dem Leib und seinen Gaben gehört zu einem im weitesten Sinn verstandenen Gottesdienst selbst, zu einem *Gottesdienst der Leiblichkeit* (vgl. Röm 12,1). Das entspricht einem Verständnis, wonach Gottesdienst nicht lediglich die kultische Praxis im Rahmen einer (sonntäglichen) Feier bezeichnet, sondern eine Ausrichtung des ganzen menschlichen Daseins auf Gott. In ihm bilden Gabe und Aufgabe – in dieser Reihenfolge – die beiden elementaren Pole.

Eine solche dezidiert theologische Sicht, wie sie hier nur grob umrissen wurde, hat weitreichende Bedeutung: Der Leib ist Aufgabe darin, dass man mit ihm und den zu seinem Wohlergehen erforderlichen Gaben verantwortlich umgeht. Diese Aufgabe ist keine weltliche Aufgabe neben einer religiösen. Sie gehört vielmehr zu einem in der Verantwortung vor Gott geführten Leben selbst; sie ist Bestandteil einer christlichen Lebensführung.

Für diese Lebensführung wird man der Anerkennung der Angewiesenheit leiblichen Lebens zentrale Bedeutung zumessen müssen. Denn ein verantwortliches Gebrauchen und Gestalten von Lebensgütern jeder Art ist davon abhängig, dass und inwiefern deren Charakter explizit oder auch implizit Anerkennung findet. Im vorliegenden Fall handelt es sich um die Anerkennung dessen, das lebendige Leiblichkeit als Leihgabe gegeben wurde. Das gilt unbeschadet dessen, dass in ihre individuell-konkret vorliegende Form die bis dahin mehr oder weniger aktiv vollzogene Lebens- und Umgangspraxis bereits eingegangen ist, sie also – philosophisch – nicht als pures Widerfahrnis oder – theologisch – nicht als allein göttliche Gegebenheit anzusprechen ist.

Die damit skizzierte theologische Position wird sich nicht ohne Bedeutungsverluste in einen nichttheologischen Diskurs überführen lassen. Gleichwohl können in gesundheitstheoretischer Hinsicht einige Anstöße formuliert werden:

1. Die beschriebene Aufgabe des Umgangs mit dem Leib – insbesondere in seiner prononcierten Fassung als Gottesdienst der Leiblichkeit – setzt voraus, dass der Leib nicht nur als unverfügbare Vorgabe und Voraussetzung aller menschlichen Handlungsvollzüge angesehen wird, sondern er zugleich zum Objekt eines teilweise instrumentellen Umgangs werden kann, welcher selbst von individuell-habitualisierten und kulturell-konventionalisierten Formen abhängig ist. Theologisch-ethisch darf die schlechthinnige Angewiesenheit auf den Schöpfer, wie sie in der Schöpfungsgabe des Lebensodems zum Ausdruck kommt, weder auf eine Totalisierung leiblicher Abhängigkeit und noch auf eine Totalisierung leiblicher Unverfügbarkeit hinauslaufen. Das würde die Zusammenhänge missachten, in denen der mit dem Schöpfungsglauben gegebene Kulturauftrag – es ist der Schöpfer, der sein Geschöpf beauftragt, die anvertrauten Gaben zu kultivieren – seine Bedeutung hat. Solche Zusammenhänge setzen nämlich voraus, dass der Mensch am eigenen Leib handeln und in bestimmten Grenzen auch über ihn verfügen kann.[162]

2. Die säkulare Form des Kulturauftrags in der Moderne orientierte sich an Leitvorstellungen wie Autonomie und Fortschritt bzw. Wachstum. Die Rede von der Angewiesenheit des Menschen und die Leitvorstellung eines Umgangs

---

[162] Beispielhaft etwa in sexualethischer Hinsicht ist 1 Kor 7,4. Die zitierte Rede vom Leib als Tempel des heiligen Geistes steht in einem solchen Zusammenhang: 1 Kor 6,18.

mit anvertrauten Gaben schienen daher zunächst wenig anschlussfähig. Insbesondere dann, wenn zu diesem Umgang auch das Anerkennen von Begrenzungen und das Zurückgeben von Gaben gehören sollen. In einer Kultur der Autonomie besteht die Gefahr, dass Angewiesenheit schnell zum Gegenbegriff von Selbstständigkeit gerät. Nicht selten wird sie mit Hilfe- oder Pflegebedürftigkeit gleichgesetzt und damit zum Kern all dessen, wovor sich der moderne Mensch fürchten zu müssen glaubt. Philosophische Anthropologie ist, wie am Beispiel der Daseinsanalytik und der Leibphänomenologie zu sehen war, hier sehr viel weiter. Ebenso ein guter Teil der ressourcebezogenen Gesundheitsmodelle. Mit guten Gründen lässt sich mittlerweile sagen: *Wir leben immer schon in einem Verhältnis der Angewiesenheit, das wir im Vollzug unserer Freiheit in Anspruch nehmen und das menschliches Leben überhaupt erst ermöglicht.* Was in der Kindheit und im Alter stärker hervortritt, ist eine Grundsignatur des ganzen Lebens: dass es auch in seinen autonomen Höchstleistungen ein Leben ist, das in individuellen Verhältnissen auf den Körper und damit zusammenhängende Ressourcen, das in sozialen Verhältnissen auf Beziehungen zu anderen Menschen und damit zusammenhängender Zuwendung, Anerkennung, Mitwirkung und Hilfe angewiesen ist.

Die veränderten ökologischen und volkswirtschaftlichen Denkhorizonte der jüngsten Vergangenheit sind darüber hinaus offen für Vorstellungen, wonach mit anvertrauten Gaben sorgsam umzugehen ist und wonach diese letztlich auch zurückgegeben werden müssen. In einer Gesellschaft des demographischen Wandels besteht die Herausforderung weniger darin, bessere Wachstumskonzepte zu entwerfen, sondern auch Schrumpfungstheorien zu entwickeln. Medizin und Psychologie zeigen allerdings, dass es eine Sache ist, sich mit der Vorstellung des Abbaus oder des Verlusts vertraut zu machen, es aber eine andere und weitergehende Sache ist, diese mit der Vorstellung eines Zurückgebens von Gaben zu verbinden. Die theologische Vorstellung eines Gottesdiensts der Leiblichkeit beinhaltet auch dies – neben dem Empfangen und Feiern der Gaben und neben dem verantwortlichen Gebrauch der Gaben in der dreifachen Relation von Selbst, Welt und Gott.

Bei allen Anschlussmöglichkeiten wird allerdings eine grundsätzliche Differenz zwischen theologischen und nicht-theologischen Auffassungen festzuhalten sein: Die (höhere) Instanz, welche die letztlich forensische Grundsituation der Verantwortung für den Menschen konstituiert, ist in den zuerst genannten Gott, in den zuletzt genannten wird häufig die künftige Generation oder eine zukunftsfähige Gesellschaft aufgerufen.[163]

3. Vergleicht man die skizzierte theologische Position beispielsweise mit dem Salutogenesemodell Antonovskys, so ist außerdem leicht erkennbar, dass eine andere Weltsicht dem gesundheitlichen Handeln zugrunde liegt: nicht mehr nur der Kampf gegen die Unkräfte des Lebens, sondern auch der verantwortliche Umgang mit begrenzten Gaben.

Wie zu sehen sein wird, ist einer theologische Position aufgegeben, beide Momente zusammenzuhalten: Krankheit gehört einerseits zum *Schöpfungswidrigen*; sie ist als Übel (*malum physicum*) eine Gestalt des Bösen, die dem Willen des Schöpfers entgegensteht und deshalb zu bekämpfen ist. Die Wunderberichte über das Heilungswirken Jesu lassen daran keinen Zweifel. Zugleich ist Krankheit Ausdruck einer *Schöp-*

---

163 Klassisch H. Jonas, Das Prinzip Verantwortung. Versuch einer Ethik für die technologische Zivilisation, Frankfurt a. M. [11]1993.

fungseigenschaft, nämlich einer vom Schöpfer gewollten Begrenztheit und Endlichkeit des Lebens. Mit dieser hat sich der Mensch nicht lediglich passiv abzufinden; er ist vielmehr herausgefordert, mit ihr und durch sie Gott aktiv-willentlich zu dienen. Solches kann auch in Situationen statthaben, in denen Lebenskräfte abnehmen und Krankheiten zum Leben gehören. Hier besteht, mit K. Barth gesprochen, die theologische Dimension der Gesundheit darin, im Abnehmen psychophysischer Gesundheit *durch Gott und für Gott gesund sein und bleiben zu wollen*.

> »Es geht [...] dann nicht darum, den Willen zur Gesundheit und den Kampf gegen die Krankheit aufzugeben, wohl aber darum, nun wirklich ganz und gar durch Gott und für Gott gesund werden und gesund bleiben zu wollen.«[164]

Der Gottesdienst der Leiblichkeit umfasst auf diese Weise beide Handlungsmodi: sowohl den Kampf gegen eine Krankheit als auch die Annahme einer Krankheit. Ein solches Annehmen ist von einem bloßen Aufgeben oder von einer Ergebung ins Schicksal deutlich zu unterscheiden. Denn nicht der Krankheit wird die Macht eingeräumt, über den ganzen Menschen zu herrschen, sondern Gott. *Insofern kann gerade die Annahme einer Krankheit die tiefste Form des Widerstands gegen sie sein.*[165]

Die hier in drei Gedankengängen formulierten Anstöße vermögen die Anschlussfähigkeit theologischer Ethik zu demonstrieren, sie führen indes immer wieder zu spezifisch

---

[164] K. Barth, Kirchliche Dogmatik, Bd. III/4: Die Lehre von der Schöpfung, Zollikon-Zürich 1951,426.

[165] Vgl. U. Eibach, Umgang mit schwerer Krankheit. Widerstand, Ergebung, Annahme, a. a. O., 347.

theologischen Unterscheidungen zurück. Diese Unterscheidungen sind es auch, welche eine theologisch-ethische Position bei ihrer Widerspruchsfähigkeit halten.

Die Vorstellung einer Gesundheit vor und für Gott führt beispielsweise auf die grundlegende theologische *Unterscheidung von Heil und Heilung* zurück. Heil als das heilvolle Zusammensein mit Gott kann einerseits auch dort sein, wo Heilung ausbleibt. Andererseits steht der sogenannte eschatologische Vorbehalt, dem gemäß Heil und Vollendung allein Gott zustehen, nicht der Beauftragung entgegen, dass der Mensch sich für Heilung und Gesundheit einsetzen soll. Dieser Auftrag schließt ein, sich gegebenenfalls auch um ein Optimieren und Verbessern des menschlichen Lebens zu bemühen. Die Bemühungen des Optimierens und Verbesserns bleiben jedoch immer relativ, insofern sie das höchste Gut nicht selbst heraufführen können. Die Realisierung des höchsten Guts, nämlich des Zusammenseins mit Gott, bleibt Gott selbst vorbehalten. In diesem Zusammensein mit Gott ist die letztliche Bestimmung des Menschen zu sehen. Ihr gegenüber erscheint die psychophysische Gesundheit zwar als eine wichtige Aufgabe, aber als eine vorletzte Bestimmung.

P. Tillich hat in diesem Sinn zwischen universaler und fragmentarischer Heilung bzw. Gesundheit unterschieden.[166] Bei D. Bonhoeffer ist sie Teil seiner Unterscheidung vom Letzten und Vorletzten: Die durch Gott konstituierte letzte Wirk-

---

[166] P. Tillich, Systematische Theologie, Bd. 3, Berlin/New York, ⁴1987, 321–323, insbesondere 323: »Das Fragmentarische alles Heilens kann selbst durch die heilende Kraft des göttlichen Geistes nicht überwunden werden. Innerhalb der Existenz steht auch das Heilen unter dem Prinzip des ›trotzdem‹, dessen Symbol das Kreuz des Christus ist. [...] Nur universales Heilen ist totales Heilen jenseits alles Zweideutigen und Fragmentarischen.«

lichkeit vermag den Menschen davor zu bewahren, seine weltlichen Konstitutionsleistungen zu vergöttlichen; sie ist »Befreiung zum Leben in echter Weltlichkeit«.[167] Sie stellt den Menschen zugleich in die Verantwortung, die »vorletzten« weltlichen Aufgaben des Bewahrens und Kultivierens ernst zu nehmen. Diese Position ist freilich von der Beantwortung der Frage abhängig, worin denn die durch Gott konstituierte Wirklichkeit des Menschen für christliche Anthropologie bestehe. Bonhoeffer findet diese ebenso wie die genauere Zuordnung von Letztem und Vorletztem im gekreuzigten und auferstandenen Christus. In ihm ist die Wirklichkeit der Versöhnung und die Wirklichkeit des Zusammenseins mit Gott offenbar geworden. In ihm findet deshalb die Wirklichkeitsauffassung christlicher Anthropologie ihren Maßstab.[168]

Von diesem Maßstab her spricht eine christliche Anthropologie dann etwa auch vom alten und neuen Menschen: Der alte Mensch ist der Mensch in seinem fragmentarisch-begrenzten Dasein und samt seiner Fehler- und Schuldhaftigkeit. Der glaubende Mensch weiß sich unterwegs zu seiner letztgültigen Bestimmung und Vollendung, welche ihm selbst hervorzubringen versagt ist. Er weiß sich aber jetzt schon mit Gott zusammen, sofern Christus in ihm wohnt und in ihm Gestalt gewinnt (Gal 2,20). Der Gesundheit im engeren theologischen Sinn ist daher nicht nur die Dimension einer Gesundheit vor und für Gott zuzuschreiben, sondern auch eine teleologisch-transzendente Zielperspektive: Der Mensch muss ein neuer Mensch werden. Er ist als unfertiges und durch keine »Anthropotechnologie« zu vervollkomm-

---

[167] D. Bonhoeffer, Ethik, a. a. O., 404.

[168] Ebd., 140–152. Vgl. U. H. J. Körtner, Leib und Leben, a. a. O., 41–43 (auch zum Folgenden).

nendes Wesen unterwegs zu seiner letzten Bestimmung, die in Christus als dem neuen Menschen bereits verwirklicht ist. In diesem Unterwegssein liegt die Würde auch des unheilbar kranken und des sterbenden Menschen begründet.

4. Gesundheit – Grundlinien eines menschenangemessenen Verständnisses

Die folgenden Grundlinien fassen Einsichten zusammen, die konstitutive und zusammenhängende Strukturmomente und auch inhaltliche Bedingungen eines menschenangemessenen Verständnisses von Gesundheit zum Ziel haben. Dabei lassen sich an vielen Stellen Gedanken wiederfinden, die in den zuvor dargestellten Rahmenkonzeptionen von Bedeutung waren und im Blick auf den gegenwärtigen Problemhorizont von »Gesundheit« verdienen festgehalten zu werden. Ich verwende dazu das Verfahren, sieben zusammenfassende Thesen zu explizieren.

4.1 Gesundheit als Weise des Menschseins

These 1
Sowohl Gesundheit als auch Krankheit gehören zur »conditio humana« und betreffen das ganze In-der-Welt-Sein des Menschen. Eine begriffliche Erfassung von Gesundheit hat deshalb mit einem komplexen Phänomen zu tun. In ihm verschränken sich Vorgegebenes und Aufgegebenes, Passivität und Aktivität, zum Zustand Gewordenes und als Potenzial bzw. Fähigkeit Aktualisierbares. Grundvoraussetzung eines menschenangemessenen Gesundheitsbegriffs ist es daher, Gesundheit als Gabe und Aufgabe sowie als Zustand und Fähigkeit zu konzeptualisieren. Bei der konkret-inhaltlichen Bestimmung einer solchen Konzeptualisierung verschränken sich wiederum deskriptiv-beschreibende und normativ-prak-

tische Aspekte. Sie stellt hinein in eine gesellschaftlich und kulturell bedingte Vorstellungswelt samt deren Wahrnehmungsbedingungen und Wertvorstellungen sowie deren unterschiedlichen Einfluss- und Bestimmungsgrößen von »Gesundheit«.

Gesundheit und Krankheit betreffen das konkrete Leibsein eines bestimmten Menschen. Sie betreffen »jemanden«, nicht lediglich »etwas« an ihm. Es handelt sich bereits um eine Reduktion, wenn Gesundheit oder Krankheit als Gesundheit oder Krankheit eines menschlichen Organismus thematisiert wird. Eine solche Reduktion hat durchaus Anhalt an der lebensweltlichen Wahrnehmung: »jemand« ist in individueller Weise krank, er kann seine Krankheit zugleich als »Fall von etwas« betrachten und sich ihr gegenüber verhalten. »Jemand« ist auf individuelle Weise gesund, er oder sie kann die Gesundheit zugleich als »Fall von etwas« betrachten und sich ihr gegenüber handelnd verhalten, sie als solche anstreben oder ausnutzen. Für medizinische und gesundheitswissenschaftliche Diskurse ist eine darüber hinaus methodisch reduzierte Erfahrung grundlegend. Problematisch wäre es jedoch, solche oder andere Reduktionen zum Ausgangspunkt einer begrifflichen Fassung von Gesundheit und Krankheit zu machen. Dies gilt vor allem für eine Fassung, welche Gesundheit und Krankheit als Weisen des Menschseins zu verstehen heißt.

Die Gesundheit eines individuellen Menschen kann zwar zur Gesundheit eines menschlichen Organismus oder zur Gesundheit einer bio-psycho-sozialen Funktionseinheit vergegenständlicht werden, aber diese vergegenständlichte Gesundheit eines menschlichen Organismus oder einer biopsycho-sozialen Funktionseinheit darf umgekehrt nicht als Gesundheit jenes Menschen ausgegeben werden. Was partielle Aspekte eines individuellen Ganzen beschreibt, wird auch durch Aufsummierung aller weiteren Aspektbeschreibungen nicht zu einer Beschreibung jenes Ganzen. Die Bedeutung partieller Perspektiven auch und gerade für den Gesundheitsbegriff wird dadurch nicht geschmälert. »Jemand« existiert in seiner konkreten Leiblichkeit, indem seine Organ- und Körperfunktionen ihren Dienst tun.[169]

Ungeachtet dieser deskriptiv-begrifflichen Schwierigkeit stellen Gesundheit wie Krankheit Orientierungsbegriffe in Ordnungsdiskursen dar, die sich als intersubjektiv weitgehend eindeutig präsentieren. Das hängt nun vor allem an ihrem askriptiv-präskriptiven Charakter: Mit der Selbstzuschreibung «Ich bin krank« wird eine leibliche Erfahrung zum Ausdruck gebracht, die über die Selbstlokalisation hinaus auch ein präskriptives Element enthält: Die ausgedrückte Erfahrung wird in der Regel als unerwünscht und als in Richtung »gesund« zu verändernde betrachtet. Krankheit *soll nicht* sein, Gesundheit *soll* sein. Anders freilich als die Krankheit bezieht sich die Gesundheit nur mittelbar auf selbst erlebte Zustände (vgl. 1.3). Man spricht von Gesundheit als »Schweigen der Organe« (R. Leriche) und man spricht von einem Wahrnehmungsparadox: Wer Gesundheit erreicht, nimmt sie nicht mehr wahr. Konstitutiv für die Gesundheit ist ihr Charakter als präskriptiv-normative Zielbestimmung. Diese besteht häufig darin, in den selbstvergessenen Leibvollzug zurückkehren und in ihm bleiben zu können.

---

[169] Vgl. K. Gahl, Über die Einheit des Menschen aus ärztlicher Sicht, in: Ethik in der Medizin 11 (1999), 2–11; G. Pöltner, Grundkurs Medizin-Ethik, Wien 2002, 79. 208 f.; C. F. Gethmann, Zur Amphibolie des Krankheitsbegriffs, in: A. Gethmann-Siefert/K. Gahl/U. Henckel (Hg.), Wissen und Verantwortung, FS J. P. Beckmann, Bd. 2: Studien zur medizinischen Ethik, Freiburg/München 2005, 105–114.

Es käme einem wissenschaftsmethodischen Fehlschluss gleich, aus der medizinischen, psychologischen oder soziologischen Einsicht in die Omnipräsenz von Funktionsstörungen und -begrenzungen nun die in präskriptiv-normativer Hinsicht deutlich fassbare Gegensätzlichkeit der Ordnungsbegriffe »gesund«/»krank« zu unterlaufen. Dadurch, dass alle Menschen Funktionseinbußen besitzen, sind noch lange nicht alle Menschen krank. Angemessener ist es zu sagen: Sie sind mehr oder weniger krank oder gesund. Zugleich: In dieser ihrer Krankheit oder Gesundheit bewegen sie sich in gegensätzlichen und auch mit gegensätzlichen Werturteilen versehenen Richtungen (These 2).

Auf der Ebene diskursiver Verständigung – bereits in der Arzt-Patienten-Beziehung – kann man sich mit der individuellen Selbstzuschreibung und der relativ klar strukturierten Orientierungsfunktion von »gesund«/»krank« nicht begnügen. Dies allein schon deshalb nicht, weil sich von subjektivem Wohlbefinden nicht ohne Weiteres auf Gesundheit schließen lässt. Zu Recht werden darum Selbstzuschreibungen als auch Wertsetzungen zu Gegenständen kritischer Reflexion und Wissensbildung.

Zu berücksichtigen ist dabei, dass das seine Gesundheit oder Krankheit artikulierende Subjekt sich immer schon in einer soziokulturell bedingten Kommunikationspraxis vorfindet. Es wurde bereits darauf hingewiesen, dass die inhaltliche Bestimmung der teleologischen Idee »Gesundheit« nicht lediglich vom betreffenden Subjekt abhängt. Zu den Bestimmungsgrößen und damit zum Konstitutionszusammenhang von »Gesundheit« gehören neben dem Arzt auch institutionelle, ökonomische und mediale Bestimmungsgrößen. Aufgrund der Pluralität und des Wandels – nicht zu vergessen: der Machtförmigkeit – der verschiedenen Bestimmungsgrößen dient es nicht nur der soziokulturellen Kommunikationspraxis und den darauf bezogenen politischen oder wissenschaftlichen Regeldiskursen, wenn Gesundheit und Krankheit zu Themen einer verallgemeinerbaren kritischen Begriffsbildung werden (vgl. 2.1). Die Arbeit an einer menschenangemessenen Begriffsbildung dient dem gesunden bzw. kranken Subjekt selbst.

Die Voraussetzung dazu und die Herausforderung zugleich besteht darin, unter Rückbezug auf die lebensweltliche und leibhafte Erfahrung eines Menschen (»jemand«) Gesundheit als komplexes Phänomen einer deskriptiv-begrifflichen Erörterung zugänglich zu machen. Das schließt die Erfassung und Zuordnung partieller Aspekte und Dimensionen ein. Eine solche Erfassung und Zuordnung entspricht auch dem Anliegen des Patienten, der seine unbestimmten Erlebnisse und Erfahrungen in der Arzt-Patienten-Beziehung artikuliert: Er erwartet in der Begegnung mit dem Arzt, dass seine subjektiv-leibhaften Erfahrungen zu einem Körpergeschehen (»etwas«) verobjektiviert und behandelbar werden. Die ausgrenzende Erfassung der subjektiven Erfahrungen auf der Ebene der Funktionsfähigkeit von Organen bzw. des Organismus zielt darauf, Bewältigung bzw. Kontrolle (wieder) zu ermöglichen. Damit zielt sie aber – hier wird der erwähnte Rückbezug deutlich – auf die Integration in den subjektiv-leibhaften Lebensvollzug eines konkreten Menschen. Zur begrifflichen Erfassung der Dialektik von Ganzem und Partiellem, von Selbstzuschreibung und Fremdbeschreibung, von Befinden und Befund erweisen sich insbesondere die Einsichten der Leibphänomenologie als hilfreich (vgl. 3.6).

Gesundheit als Weise des Menschseins begrifflich unter Rückbezug auf die leibhafte Erfahrung eines Menschen zu erfassen, schließt nicht aus, sondern ein, zu verallgemeinerbaren Wesenszügen der *conditio humana* zu gelangen, die sich im Gesundheitsbegriff selbst wiederfinden. So gehören zur gesunden Leiblichkeit Vorgebenes *und* Aufgegebenes. Gesundheit ist leiblich vorgegeben; als leibliche Verfasstheit ermöglicht sie menschliche Lebensvollzüge. Menschliches Leben vollzieht sich als ein selbstverständliches Wohnen im Leib und als ein selbstverständliches Gebrauchen der Leiblichkeit. Ihrem subjektiv-affektiven Gehalt nach äußert Gesundheit sich als Wohlbefinden. Eine Unterbrechung durch eine Krankheit führt eine entselbstverständlichende Wirkung mit sich. Sie ist zugleich ein Zeichen dafür, dass dieses selbstverständliche Wohnen und Gebrauchen von einem aktiven Vollzug der Körperfunktionen und Organfunktionen abhängig ist. Das steht in Übereinstimmung mit der deskriptiven Fremdbeschreibung, der zufolge sich die selbstverständlich in Anspruch genommene gesunde Leiblichkeit immer schon einem aktiven Funktionengebrauch bzw. einer Funktionsfähigkeit des Organismus verdankte – gegen die desintegrierende Kraft der Entropie. Noch viel grundsätzlicher als in der Selbstwahrnehmung offenbart sich in dieser Beschreibungsperspektive, dass das Wohnen in der Leiblichkeit keineswegs selbstverständlich ist. Sichtbar wird ein Lebensvollzug, der zudem von soziokulturellen Bedingungen abhängig ist und im Lebenslauf dynamischen Veränderungen unterliegt. Insgesamt erscheint in dieser Perspektive Gesundheit als von vielerlei Bedingungen abhängige Größe, sie erscheint gerade darin als Erfordernis ständiger Aktivität und in mehrfacher Hinsicht als bewusst und unbewusst Aufgegebenes.

Durch die Dominanz einer solchen Perspektive kann es zu Rückkopplungen und zu Konfusionen kommen, welche die Dialektik von Vorgegebenem und Aufgegebenem auflösen:

Rückt der aktive Funktionsgebrauch und der Handlungscharakter zum vorherrschenden Strukturmerkmal von Gesundheit auf, droht Gesundheit auf eine Aufgabe reduziert zu werden, die unablässige Aktivität erfordert (»Kampf«). Bei systemtheoretischen Modellen oder beim Salutogenese-Modell Antonovskys sind an dieser Stelle Einseitigkeiten feststellbar.

So, wie Gesundheit beides ist, Vorgegebenes und Aufgegebenes, Widerfahrnis und Handlungsresultat, so ist sie auch beides, Zustand und Fähigkeit. Sie wird zugeschrieben einerseits als Zustand des Lebens, in welchem dessen Vollzugsmöglichkeiten in Einklang stehen mit gegebenen Bedingungen im Menschen selbst und in dessen Umgebung oder – anders gefasst – in welchem dessen Bedürfnisse und Anforderungen in einem ausgewogenen Verhältnis stehen zu den entsprechenden Mitteln, Bedingungen oder Ressourcen. Die klassische Gesundheitsauffassung hat an dieser Stelle einiges für sich, wenn sie diesen Zustand als Gleichgewichtszustand bzw. als Homöostase zu beschreiben sucht. Sie scheint den subjektiv-affektiven Gehalt der Gesundheit als Wohlbefinden am ehesten abzubilden. – Gesundheit wird nun andererseits als eine Fähigkeit oder als ein Potenzial beschrieben, jene Ausgewogenheit im Lebensvollzug aufrechterhalten und wiederherstellen zu können. Dazu gehört die Abwehr- und Verarbeitungsfähigkeit von Zustandsänderungen, seien diese extern bedingt (z. B. exogener Stress, infektiöser Erreger) oder intern bedingt (z. B. Dynamik der Entwicklungen bzw. Entwicklungsaufgaben im Lebenslauf). In dieser Beziehung müsste nicht nur die Homöostase, sondern die Heterostase bzw. die Flexiblität als konstitutives Beschreibungsmoment zum Zuge kommen. Diese Beschreibung entspräche der Grundorientierung, Gesundheit als Kraft und Fähigkeit zum Menschsein aufzufassen.

Insgesamt wird man sagen dürfen, dass die begriffliche Erfassung der Gesundheit vor die Aufgabe stellt, den Verschränkungen derjenigen Momente Rechnung zu tragen, die in lebensweltlich-leiblichen Erfahrungen als »Handlungs-Widerfahrnis-Gemisch« und als »Zustands-Fähigkeits-Gemisch« vorliegen.

4.2 Gesundheit als dynamisches Spektrum

These 2

Angesichts dessen, dass Gesundheit eine normativ-praktische Wert- und Zielvorstellung ist, besitzt die anthropologisch-ethische Reflexionsarbeit am Gesundheitsbegriff eine konstruktiv-kritische Funktion gegenüber kulturellen und gesellschaftlichen Vorstellungen und Bestimmungen. Im Sinne eines menschenangemessenen Gesundheitsbegriffs und menschenangemessener Zielvorstellungen sind Auffassungen zu kritisieren, welche Gesundheit mit der Abwesenheit von Krankheit gleichsetzen. Menschen sind nicht entweder gesund oder krank, sie sind mehr oder weniger gesund oder krank. Selbst gesunde Menschen sind nicht ohne kranke Anteile und selbst schwer kranke Menschen sind nicht ohne gesunde Anteile. Gesundheit ist ein individuell-dynamisches Phänomen; der Mensch bewegt sich über einen breiten Zwischenbereich in die eine oder andere Richtung (Gesundheits-Krankheits-Kontinuum). Dabei können gleichzeitig einzelne Bereiche oder Funktionen des Körpers mehr gesund, andere mehr krank sein (Mehrdimensionalität des Kontinuums). Individuell unterschiedliche Wechselwirkungen und individuell unterschiedliches Kompensationsverhalten markieren das spezifische Stadium der gesundheitlichen Existenz eines Menschen.

Gesundheit ist zwar der Gegenbegriff zu Krankheit, dadurch wird aber Gesundheit nicht zur Abwesenheit von Krankheit. Auch an dieser Stelle ist eine Kontextunterscheidung unabdingbar: Der Mensch als ganzer bewegt sich in einer normativ strukturieren Lebenswelt, in welcher die Dichotomie der Begriffe »gesund/krank« einen wichtigen Orientierungsbedarf erfüllt. Die modernen Sozialversicherungssysteme setzen eine solche Dichotomie voraus. Sie setzen darüber hinaus eine kriterielle Abgrenzbarkeit voraus, um Anspruchsrechte bewerten und Leistungszuteilungen steuern zu können. Aus den Selbst- und Fremdzuschreibungen in diesen Kontexten (»... ist krank«, »... ist gesund«) kann jedoch nicht geschlossen werden, dass ein Mensch ausschließlich Gesundheit oder ausschließlich Krankheit hat.

Zu den Selbsterfahrungen eines gesunden Menschen gehören Erfahrungen der Angewiesenheit und Begrenztheit, auch Erfahrungen von Krankheit und Störungen. Ein Mensch ohne diese Erfahrungen wäre nicht nur kein gesunder Mensch, er wäre überhaupt kein Mensch. Diese Einsicht in die *conditio humana* zeigt bereits, dass eine dichotomische Begriffsbildung von Gesundheit/Krankheit zwar durchaus in bestimmten Kommunikationskontexten funktional ist, aber für die Erfassung der individuell-dynamischen Phänomene von Gesundheit/Krankheit nicht sachgemäß ist.

Gerade um des Leibseins eines konkreten Menschen willen muss an dieser Stelle die partielle Betrachtung zu ihrem Recht kommen. Er ist als »jemand« nicht lediglich krank, sondern er hat eine Krankheit. Ein kranker Mensch ist nicht ausschließlich krank. Und umgekehrt: Ein gesunder Mensch ist nicht ausschließlich gesund.

Es geht hier zunächst um die Wahrnehmung eines weiten Zwischenbereichs. Schnell offenkundig ist dieser, wenn man beispielsweise auf so verschiedene »Krankheiten« wie Karies, Migräne oder Depression blickt. Dieser Zwischenbereich wurde in der antik-mittelalterlichen Medizin »neutralitas« genannt. Der sachliche Kern der damit verbundenen Vorstellung: Zustände vollkommener Gesundheit oder vollkommener Krankheit sind lediglich Grenzfälle. Weit häufiger bewegt sich der Mensch in einem Bereich, in dem er mehr oder weniger gesund oder krank ist. In diesem Bereich gibt es fließende Übergänge. In ihm sind Prozesse der Entstehung von Krankheiten und Prozesse der Krankheitsabwehr, Prozesse der Genesung und der Heilung zu verorten. Der Zwischenbereich betrifft daher nicht nur Gesundheit als Zustand, sondern auch Gesundheit als Fähigkeit: Krankmachende Erreger und Stimuli sind im menschlichen Leben ständig präsent; es hängt nicht nur von diesen, sondern auch von der entsprechenden mehr oder weniger stark vorhandenen Abwehr-, Bewältigungs- und Verarbeitungsfähigkeit ab, in welche Richtung sich die Dynamik entwickelt. An dieser Stelle kommt bereits in den Blick, dass Gesundheit auch die Fähigkeit einschließt, mit Einschränkungen und Störungen umgehen und leben zu können.

Deutlicher wird dies, wenn man sich dessen gewahr wird, dass im genannten Zwischenbereich Gesundheit und Krankheit auch nebeneinander existieren können. Die bevorzugte Darstellung, wie sie sich in den Gesundheitswissenschaften als Gesundheits-Krankheits-Kontinuum etablierte, darf deshalb nicht einlinig erfolgen: Wird jemand eine Krankheit genommen, wird er oder sie nicht zwangsläufig zu einem gesunden Menschen. Auch wer funktioniert, ist noch lange nicht gesund. Und umgekehrt: Ich bin nicht zwangsläufig ein kranker Mensch, wenn ich in einem bestimmten Organ- oder Funktionsbereich eine Krankheit habe. Es ist möglich, eine Krankheit zu haben und doch gesund zu sein. In gewisser Analogie dazu: Es ist möglich, Schmerzen zu haben und diese nicht als Leid zu empfinden.

Dieses Phänomen ist durch die mehrdimensionale Fassung des Gesundheits-Krankheits-Kontinuums einzuholen versucht worden. Unterscheidet man körperliche, psychische und soziale Dimensionen, lassen sich Wechselwirkungen und Kompensationsphänomene begreiflich machen: Jemand, der durch eine Diabeteserkrankung körperlich relativ stark beeinträchtigt wird, kann soziale Unterstützung erfahren und sich weitgehender psychischer Gesundheit erfreuen. Allerdings auch umgekehrt: Die Beeinträchtigung durch eine Diabeteserkrankung kann zu sozialer Desintegration und zu psychischer Überlastung führen, die in einem Suizid enden.[170] Hier ist von einem breiten dynamisch-veränderlichen Spektrum auszugehen. Gesundheit ist – wie Krankheit auch – mitnichten ein einheitliches Phänomen. Gesundheit ist mitnichten ständiges Wohlbefinden.

Noch einmal ist also zu betonen, dass im Blick auf Gesundheit und Krankheit beides zusammengehört: einerseits die Gegensätzlichkeit der im Kern eindeutigen Zuschreibungen (in der Selbst- und Fremdzuschreibung) und andererseits die unterschiedlichen und unterschiedlich ausgrenzbaren Einzelphänomene und Dynamiken (in der Selbst- und Fremdbeschreibung); einerseits die Individualität der gesundheitlichen Existenz eines Menschen und andererseits dessen Verortung in einem Begriffsnetz verallgemeinerbarer Kategorien. Die Zuordnung all dessen, was in partieller Betrachtung ausgegrenzt und analysiert werden kann, zum Ganzen ist dabei im Auge zu behalten: Dasjenige, was in

---

[170] Allein diese beiden Beispiele stammen aus der Praxiserfahrung derjenigen Woche, in welcher diese Zeilen geschrieben wurden.

verschiedenen Funktionsbereichen und Dimensionen seines Körpers mehr oder weniger gesund oder krank ist, ist kein multidimensionales Funktionsbündel oder Organgebilde. Es handelt sich nicht um »etwas«, sondern um »jemanden«. Es ist der konkrete Mensch, welcher unmittelbar und unteilbar Leib ist, welcher mittelbar und zugleich einen differenziert zu betrachtenden Körper bzw. differenziert zu betrachtende Körperfunktionen hat.

4.3 Gesundheit in der Vollzugs- und in der Berichtsperspektive

These 3

Die verschiedenen Gesundheitsstadien stellen sich in der Selbst- und Fremdwahrnehmung, in der subjektiven Vollzugsperspektive und in der objektivierenden Berichtsperspektive dar. Beide Wahrnehmungsperspektiven können auseinandertreten: Wer sich gesund fühlt und seine Funktionsfähigkeit positiv einschätzt, kann dem objektivierten Befund nach krank sein. Während der Handlungs- und Funktioncharakter von Gesundheit und Krankheit Gegenstand der Berichtsperspektive ist, erschließt sich ihr Widerfahrnischarakter allerdings erst in der subjektiven Vollzugsperspektive. In ihr erschließt sich auch, dass Leben nicht nur im handelnden Gestalten, sondern auch im erlittenen und empfangenen Widerfahrnis besteht. In ihr erschließt sich, dass zum Menschen ein vorgegebenes und im instrumentellen Handeln weitgehend verborgenes Dasein (»Leib«) gehört, das seiner direkten Verfügung entzogen ist. Für den handelnden Umgang des Menschen mit seiner Gesundheit ist es von großer Bedeutung, inwiefern solche Selbsterfahrungen in sein Gesundheitsbewusstsein eingehen.

Die unmittelbare Selbstwahrnehmung von Gesundheit und Krankheit ist von der mittelbaren Fremdwahrnehmung zu unterscheiden. Allerdings darf diese Unterscheidung nicht verdecken, dass bereits das unmittelbare Selbsterleben des Menschen auf Äußerung angelegt ist: Die Ausdrucksvermittlung der Leiblichkeit vollzieht sich zunächst auf der Ebene von unreflektierter Spontaneität (Gestik, Mimik), weiter auf der Ebene reflexiven Selbsterlebens, der Intersubjektivität und der Transsubjektivität. Letzteres meint ein Verstehen von »jemandem« in nachvollziehend-empathischem Erleben.[171] Anders als eine simple Handhabung des Subjekt-Objekt-Schemas glauben machen mag, ist die individuell-leibliche Einheit des Menschen also durchaus auch gegenständlicher Wahrnehmung zugänglich. Und zwar als eine solche, die seiner Verobjektivierung auf Körperlichkeit bzw. auf Funktionsfähigkeit vorausliegt und gegenüber dieser Verobjektivierung darum mitunter ein wichtiges Korrektiv darstellt. Die differenzierte Wahrnehmung der verschiedenen Äußerungssignale hat als eine wichtige Voraussetzung für eine gelungene Arzt-Patienten-Kommunikation zu gelten.

In der Regel geht die Bewegung des Menschen im Krankheitsfall selbst dahin, dass aus dem unmittelbaren und diffusen Leiberleben ein beherrschbarer und behebbarer Körperdefekt wird. Die Bewegung weg von der unmittelbaren Selbstwahrnehmung hin zur mittelbaren Fremdwahrnehmung ist nicht (allein) der naturwissenschaftlich-technischen Medizin anzulasten, sie entspringt einem reflexiv gewordenen Körperverhältnis selbst. Sie hat, wie bereits skizziert, positive und negative Effekte: Sie erlaubt einerseits

---

[171] Vgl. K. Gahl, Über die Einheit des Menschen aus ärztlicher Sicht, a. a. O., 4 f.

Diagnose und Therapie; sie ermöglicht es dem Menschen, unbeschadet der bestehenden Zusammenhänge einzelne Störungen seiner körperlichen oder psychischen Funktionen auszugrenzen und mit ihnen umzugehen. Sie hinterlässt andererseits häufig eine Veränderung des Selbstverhältnisses und des damit zusammenhängenden Gesundheitsbewusstseins. An dieser Stelle ist nämlich von einem Wechselverhältnis auszugehen: Die unmittelbare und synthetische leibliche Selbstwahrnehmung eines Menschen wird überführt in mittelbare und analytische Gehalte, sie wird medizinischer Beschreibung zugänglich und möglichst technisch operabel gemacht. Das dadurch Gewonnene wirkt allerdings auf kulturell-mentale Repräsentationen von Gesundheit und Krankheit zurück, es beeinflusst das Selbsterleben und die Selbstwahrnehmung. In einem solchen Fall drohen das unmittelbare Selbsterleben und die unmittelbare Wahrnehmung des Leibes verlorenzugehen. Th. Fuchs hat diesen Sachverhalt zu einer Entfremdungsthese zugespitzt.[172] Festhalten wird man können, dass Gesundheit als selbstverständlicher und selbstvergessener Leibvollzug zunehmend aufgelöst wird. An dieser Stelle wirken die Rückkopplungseffekte der modernen Reflexivität sowie die naturwissenschaftliche Objektivierung und Technisierung zusammen. Ins Bewusstsein tritt nunmehr die Abhängigkeit von einem störanfälli-

---

[172] Th. Fuchs, Lebenswissenschaften und Lebenswelt, in: ders., Leib und Lebenswelt. Neue philosophisch-psychiatrische Essays, Kusterdingen 2008, 283–305, hier: 284 f.: »Die biotechnologischen Wissenschaften radikalisieren die naturwissenschaftlich erzeugte Entfremdung zu einer Selbstentfremdung, nämlich indem sie lebendiges Selbstsein in Kontingenz verwandeln. [...] Damit heben die Lebenswissenschaften die Grundlage aller lebensweltlichen Selbstverständlichkeit auf.«

gen Körper und einer störanfälligen Psyche (was immer man sich darunter vorstellt). Das Zutrauen in das Widerfahren von spontanem Werden der eigenen leiblichen Natur schwindet, die Angewiesenheit auf Unverfügbares macht Angst. Es ist gar zu »natürlich«, dass sich das Verlangen eines Menschen, dessen selbstverständliches Zu-Hause-Sein im Leibe erschüttert ist, darauf richtet, über seinen objektivierten Körper verfügen zu können und Kontrolle (wieder) zu erlangen. Das Paradox, dass in einer Gesundheitsgesellschaft immer mehr für Gesundheit getan wird, aber Menschen sich immer weniger gesund fühlen und auch gesund sind, erklärt sich von hier aus mühelos.[173]

Es gibt Grundzüge des menschlichen Leibseins, die nur in der subjektiv-leiblichen Vollzugsperspektive wahrnehmbar sind – Grundzüge, die zugleich allerdings für das Gesundheitsbewusstsein und den handelnden Umgang des Menschen mit seiner Gesundheit von konstitutiver Bedeutung sind.[174] An erster Stelle ist hier der Widerfahrnischarakter menschlichen Lebens zu nennen.

Ein Widerfahrnis ist ein subjektives Phänomen, bei dem einem Menschen ein Zustand oder ein Ereignis gegeben wird. »Widerfahrnis« ist der passiv-pathische Gegenbegriff zu »Handlung« (vgl. 1.3). Was ein Widerfahrnis ist, erfährt der be-

---

[173] Vgl. K. Dörner, Die Gesundheitsfalle, a. a. O., 12 f.25.

[174] Zum Begriff des Gesundheitsbewusstseins: T. Faltermaier, Gesundheitsbewußtsein und Gesundheitshandeln. Über den Umgang mit Gesundheit im Alltag, Weinheim 1994; ders., Gesundheitspsychologie, a. a. O., 198 f. Faltermaier versteht unter Gesundheitsbewusstsein ein komplexes Aggregat von subjektiven Gesundheitsvorstellungen mit kognitiven, motivationalen und emotionalen Momenten, abhängig von sozial-kulturellen Repräsentationen von Gesundheit. Das Gesundheitsbewusstsein vermittelt beispielsweise Zielbildungen, die das Gesundheitshandeln steuern.

troffene Mensch; es erschließt sich zureichend erst in der Teilnehmerperspektive, während in der Beobachterperspektive ein Widerfahrnis häufig als Handlung oder Handlungseffekt erscheint. Was Liebe oder Leid sind, weiß primär derjenige, dem Liebe oder Leid widerfährt, während der Handlungscharakter und der Handlungseffekt von Liebe oder Leid äußerer Betrachtung leichter zugänglich sind. Was eine Operation als Handlung ist, weiß der Chirurg, was sie als Widerfahrnis ist, der Patient. Auch aus diesem Grund ist ein nachvollziehendes Verstehen für die Arzt-Patienten-Kommunikation von großer Bedeutung.

Grundsätzlich lässt sich sagen: Widerfahrnisse mögen erfreulich sein wie das Glück oder die Gesundheit, sie mögen leidvoll sein wie ein Schicksalsschlag oder eine Krankheit. Das ganze Leben ist durchdrungen von Widerfahrnissen und Handlungen samt ihren vielen Mischformen, es ist eingespannt zwischen den beiden Widerfahrnissen Geburt und Tod. Sich von etwas affizieren und ansprechen zu lassen, setzt voraus, sich etwas pathisch widerfahren lassen zu können. Das gilt insbesondere auch für die Erfahrung von Neuem und Fremdem.

Es muss als ein zentrales Problem der Gesundheitsgesellschaft angesehen werden, dass der moderne Aktivierungsschub und die modernen Kontrollsehnsüchte den Widerfahrnischarakter des Lebens in den Bereich des zu Überwindenden abgedrängt haben. Gegebenes wird in Gemachtes transformiert.[175] Der Selbstwahrnehmung von Vorgegebenem und Unverfügbarem bleibt der Zugang zum Gesundheitsbewusstsein versperrt; das Selbsterleben eines Leibes, zu

---

175 So kurz und bündig: G. Böhme, Leibsein als Aufgabe, a. a. O., 75.

dem auch Fremdheit gehört, gerät selbst zum Störfall. Man hält sich lieber an das, mit dem man wähnt instrumentell umgehen zu können: an den Körper.

Selbst wenn man eine solche kritische Rekonstruktion der modernen Gesundheitskultur und -gesellschaft für überzogen hält, der grundsätzliche Zusammenhang bleibt beachtenswert: Es ist für den handelnden Umgang des Menschen mit Gesundheit und Krankheit von großer Bedeutung, welche Selbstwahrnehmungen sich in kulturell-mentalen Repräsentationen von Gesundheit und Krankheit niederschlagen und welche Selbstwahrnehmungen in sein Gesundheitsbewusstsein eingehen können. Das gilt vor allem dann, wenn Gesundheit selbst nicht nur als Funktionsfähigkeit, sondern auch als Umgangsfähigkeit anzusehen ist.

4.4 GESUNDHEIT ALS FUNKTIONSFÄHIGKEIT UND ALS UMGANGSFÄHIGKEIT

These 4

Gesundheit besteht in der Funktionsfähigkeit, ein Leben im Zustand eines dynamischen Gleichgewichts führen und auch angesichts von Belastungen bzw. Störungen aufrecht erhalten und wiederherstellen zu können. Gesundheit besteht gleichermaßen in der Umgangsfähigkeit mit lebensgeschichtlich sich verändernden Zuständen bzw. Stadien (z. B. Bewältigungsfähigkeit) und vor allem in der Umgangsfähigkeit mit den Selbsterfahrungen des leiblichen Menschseins (z. B. Widerfahrniskompetenz, Leidensfähigkeit). Beide Dimensionen gehören der Gesundheit als einer Kraft und Fähigkeit zum Menschsein zu. Beide Dimensionen bestimmen zugleich den Wirklichkeitscharakter von Gesundheit. Denn diese gibt es für ihn nur »in Bezug auf« eine subjektiv-praktische und ge-sellschaftlich-kulturell geprägte Umgangsweise.

Das Funktionieren der Organe und die Funktionsfähigkeit des Körpers als einer bio-psycho-sozialen Funktionseinheit sind Bedingungen desjenigen Lebensvollzugs, den man »ge-sund« nennt. Zu Recht werden sie selbst als eine grundle-gende Dimension von Gesundheit betrachtet. Eine praktische Begründung für diesen Sachverhalt könnte darauf rekurrie-ren, dass diese Dimension Bestandteil des allgemeinen Wun-sches »Gesundheit« ist: Jeder Mensch wünscht sich (bzw. sollte sich wünschen), dass sein Herz-Kreislauf-System und sein Bewegungsapparat ohne nennenswerte Einschränkun-gen funktionieren bzw. die entsprechende Funktionsfähig-keiten aufrechterhalten bleiben. Eine theoretische Begrün-dung könnte darauf rekurrieren, dass die Leibeinheit des Menschen zwar mehr ist als das Zusammenspiel funktions-tüchtiger Organe, sie aber auf funktionierende bzw. funk-tionsfähige Organe angewiesen bleibt. Leib zu *sein* schließt ein, Körper(-funktionen) zu *haben*. Die Beeinträchtigung von körperlichen oder psychischen Funktionen kann daher, muss aber nicht, die Leibeinheit selbst betreffen.

Es wurde schon erwähnt, dass im Blick auf das Funktio-nieren der Organe und die Funktionsfähigkeit des Körpers als einer bio-psycho-sozialen Funktionseinheit sich die Vorstel-lung von Gesundheit als eines dynamischen Gleichgewichts etabliert hat. Zu beachten wäre dabei, dass diese Vorstellung sich auf Gesundheit als Zustand und als Fähigkeit zu bezie-hen hat. Kritisch zu reflektieren wären dann vor allem die im-pliziten normativen Voraussetzungen, die es nahelegen, das Gleichgewicht dem Ungleichgewicht, die Harmonie dem Un-harmonischen, die Symmetrie dem Unsymmetrischen, das

Geregelte dem Ungeregelten, das Normale den Anomalien vorzuziehen. Solche Voraussetzungen drohen nämlich den tatsächlichen Lebensvollzug zu verzerren. Neues würde kaum entstehen können, wenn nicht auch das Ungeregelte einen konstitutiven Platz erhielte.[176] Zu einem gesunden Lebensvollzug gehören auch das Ungleichgewicht, das Ungeregelte, die Heterostase. Man muss dieses Moment nicht wie A. Antonovsky zur Leitvorstellung einer alternativen Gesundheitsvorstellung erheben, festgehalten werden sollte allerdings: Eine gesunde Funktionsfähigkeit zeigt sich darin, dass ein Organismus Belastungen eingeht und verarbeiten kann, dass er sich selbst verändern kann.

Entscheidend ist nun, dass die individuelle Leibeinheit des Menschen mehr ist als das Zusammenspiel funktionstüchtiger Organe, weil und insofern der Mensch sich zu diesem Zusammenspiel noch einmal verhalten kann. Als Wesen, das sein Leib ist und zugleich seinen Körper hat, ist er von Körpererfahrungen selbst betroffen, er nimmt in einer differenziert zu betrachtenden Weise Stellung und er geht damit auf verschiedene Arten um.[177] Deshalb gibt es auch die Ge-

---

[176] Vgl. die Kritik von G. Zurhorst, Die Verortung psychischer Gesundheit und Krankheit im biopsychosozialen Paradigma, in: ders./N. Gottschalk-Mazouz, Krankheit und Gesundheit, Göttingen 2008, 7–59, hier: 21 f.; auch B. Waldenfels, Die Herkunft der Normen aus der Lebenswelt, in: ders., In den Netzen der Lebenswelt, Frankfurt a. M. ²1994, 129–149.

[177] Vgl. auch L. Honnefelder, Gesundheit – unser höchstes Gut? Anthropologische und ethische Überlegungen, in: G. M. Hoff/Ch. Klein/M. Volkenandt (Hg.), Zwischen Ersatzreligion und neuen Heilserwartungen. Umdeutungen von Gesundheit und Krankheit, München 2010, 111–127, hier: 115 f. Spaemann unterscheidet »etwas« und »jemand« in der Weise, dass eine Person (»jemand«) sich zu seiner Natur als Mensch noch einmal verhalten kann: R. Spaemann, Personen. Versuche über den Unterschied zwischen ›etwas‹ und ›jemand‹, Stuttgart ³2006, 32 ff.

sundheit und Krankheit eines individuellen Menschen nur in Bezug auf seine subjektive und praktische Umgangsweise.

Das Phänomen des Schmerzes eignet sich an dieser Stelle zur Verdeutlichung: Schmerz kann physiologisch als Schädigung, als Nozizeption, beschrieben werden; Schmerz wird als Schmerz aber vor allem subjektiv erlebt und wahrgenommen. Dass Schmerz darüber hinaus als Leid erfahren werden kann, mit dem ein Mensch leidend und handelnd umgeht, ist davon noch einmal zu unterscheiden. Dieses Beispiel zeigt auch, dass die Ebenen zwar einerseits zu unterscheiden, andererseits aber nicht zu trennen sind. Denn zu manifest sind die Abhängigkeiten: Die pathophysiologisch beschreibbaren Auswirkungen des Schmerzes und das Schmerzerleben beeinträchtigen jede handelnde Stellungnahme – und umgekehrt beeinflusst die handelnde Stellungnahme (z. B. ein Extremsportler, der Schmerzen auf sich nimmt) das Schmerzerleben und sogar die dem Schmerz zugrundeliegenden pathophysiologischen Mechanismen.

Nun dürfen diese Beobachtungen zum Thema »Schmerz« nicht ohne Weiteres auf die Themen »Krankheit« und »Gesundheit« übertragen werden. Das liegt schon daran, dass im Unterschied zu anderen vergegenständlichenden Körpererfahrungen der Schmerz in viel unmittelbarerer Weise als subjektive Sinnesempfindung vorliegt. Es geht hier zunächst lediglich darum, die Bedeutung der subjektiv-praktischen Umgangsweise, aber auch deren Abhängigkeit von psychophysischen Körpererfahrungen herauszustellen. Einsicht sollte nämlich darüber zu erzielen sein: Krankheit und Gesundheit beziehen sich zwar auf objektivierbare Sachverhalte. Diese sind aber nicht in einem »an sich« gegeben, sondern in der Wechselseitigkeit von leibhaftem Betroffensein bzw. Umgang einerseits und von physiologisch-psychologisch beschreibbaren Sachverhalten andererseits. Diese Einsicht steht in struktureller Übereinstimmung mit der in These 1 skizzierten Duplizität der Perspektive auf »jemanden« und der Perspektive auf »etwas«: Einerseits bin ich unverwechselbares Individuum in individueller Leiblichkeit, andererseits kann ich mir meine psychophysische Verfasstheit bzw. Funktionsfähigkeit gegenüberstellen, sie als »Fall von etwas« betrachten und mich ihr gegenüber verhalten. Wie die Funktionsfähigkeit kann aber auch diese Umgangsfähigkeit beeinträchtigt und gestört werden. Mehr noch: Beeinträchtigungen auf der Ebene der Funktionsfähigkeit können sich als Beeinträchtigungen der Umgangsfähigkeit niederschlagen. Solche inneren Zusammenhänge sind möglich und erhellen die tiefere Bedeutung einer Krankheit: Sie vermag mich krank zu machen.

Bei der hier zu erörternden Duplizität von Umgangsfähigkeit und Funktionsfähigkeit handelt es sich nicht lediglich um eine begriffliche Unterscheidung, sie bezieht sich auf unterschiedliche Wahrnehmungs- und Handlungsvollzüge des individuellen Menschen selbst. Gerade dies vermag die Analogie zur Unterscheidung von Leid und Schmerz zu demonstrieren. Nicht zuletzt vermag sie auch die erwähnten inneren Zusammenhänge und Abhängigkeiten zu demonstrieren.

Festzuhalten ist also: Die begründete Unterscheidung von Funktions- und Umgangsfähigkeit soll Zusammenhänge und Übergänge nicht verdecken, sondern einer angemessenen Bearbeitung zuführen. Abhängigkeiten zeigen sich besonders stark bei Beeinträchtigungen der psychischen Funktionsfähigkeit, da sie unmittelbar auf die leibliche Selbstbetroffenheit und Umgangsfähigkeit durchschlagen können. Auch fließende Übergänge sind zu bedenken. Solche treten etwa beim Umgang des kranken Menschen mit seiner Krankheit auf. Unmittelbare Betroffenheit und leibliche Selbstwahrnehmung vermischen sich mit mittelbarem Reflexionswissen über Körperfunktionen; es kommt zu Selbstdeutungen und Selbstbeurteilungen des eigenen Zustands und der eigenen Fähigkeiten, welche selbst wiederum von der psychophysischen Verfassung des Menschen abhängig sind. Ein demenzkranker Mensch wird sich seiner körperlichen und psychischen Funktionseinbußen kaum bewusst. Solche Einschränkungen betreffen auch eine Vielzahl psychopathischer Zustände.[178]

Der willentliche Umgang eines Menschen setzt bereits andere selbstbezogene Vollzüge voraus und ist von diesen abhängig. Deshalb ist hier die Frage von so großer Bedeutung, ob und inwiefern leibliche Selbsterfahrungen wie etwa der Widerfahrnischarakter des Lebens in seine subjektive Wahrnehmungsperspektive eingegangen und seinem – von soziokulturellen Repräsentationen abhängigen – Gesundheitsbewusstsein erschlossen sind. Die Zusammenhänge sind offensichtlich: Wie sollte ein Mensch mit Widerfahrnissen und mit Unverfügbarem in seinem Leben umgehen lernen, wie sollte er eine Fähigkeit des Umgangs mit Leid ausbilden können, wenn solche Momente des Lebens in sein Gesundheitsbewusstsein gar keinen Eingang haben finden können? Gerade diesbezüglich wurde darauf hingewiesen, dass der Widerfahrnis- und Leidenscharakter des Lebens sich allein in der unverstellten Selbstbetroffenheit erschließt.

Nun ist, angeregt durch die Bewältigungs- und Motivationsforschung, hier noch einmal zu differenzieren: Der Zusammenhang, dass sich die genannte Umgangsfähigkeit auf Sachverhalte beziehen muss, die in der subjektiven Vollzugs-

---

178 Vgl. die differenzierten Beobachtungen von K. Jaspers, Allgemeine Psychopathologie, a. a. O., 345 ff.

perspektive bzw. die dem Gesundheitsbewusstsein erschlossen sind, gilt nur, insofern es sich beim »Umgang« um ein reflektiertes und absichtsvolles Tun handelt. Doch »Umgang« schließt auch unwillentliche oder automatische Reaktionen ein. Solches ist insbesondere unter emotionalen Belastungen und Stress der Fall. Eine stressabhängige Willens- und Selbsthemmung wird in der Motivationsforschung diskutiert.[179] Ohnehin ist davon auszugehen, dass im Gesundheitsbewusstsein auch unbewusste Selbstrepräsentationen ihren Platz haben. Wie Bewältigung im Besonderen, so stellt auch »Umgang« im Allgemeinen ein dynamisches Wechselspiel von kontrollierten und unkontrollierten Prozessen dar. Dabei schließt dieser »Umgang« selbst gerade auch den Umgang mit dem Verlust von Handlungskontrolle und mit dem Verlust von erreichbaren Zielen ein.[180]

Die Frage, was »guter Umgang« bzw. »gute Bewältigung« sei, wird daher bereits durch die fachwissenschaftliche Kritik an normativ imprägnierten Bewältigungstheorien aufgeworfen. So ist es beispielsweise als unsachgemäß erkannt worden, Hoffnungslosigkeit als Ausdruck misslingender Bewältigung aufzufassen. Sie kann auch die Akzeptanz des unausweichlich Gegebenen bedeuten und die Bereitschaft einschließen, loszulassen. Darauf wird noch zurückzukommen sein (vgl. These 6).

---

[179] Vgl. J. Kuhl, Individuelle Unterschiede in der Selbststeuerung, in: J. Heckhausen/H. Heckhausen (Hg.), Motivation und Handeln, Heidelberg ³2006, 303–329, hier: 349 f.

[180] Vgl. dazu das psychologische Zwei-Prozess-Modell der Bewältigung von J. Brandtstädter und die Konzeption der Hoffnung bzw. Hoffnungslosigkeit: S.-H. Filipp/P. Aymanns, Kritische Lebensereignisse und Lebenskrisen. Vom Umgang mit den Schattenseiten des Lebens, Stuttgart 2010, 192–199, auch 132 f.

Bei der näheren Charakterisierung des Umgangs als Willensakt zeigen sich in grundsätzlicher Weise auch Konvergenzen zwischen analytisch-empirischen Fachwissenschaften und auf die Leiblichkeit bezogenen philosophischen und theologischen Disziplinen: Am Willensakt sind nicht nur Komponenten beteiligt, die der bewussten Steuerung des Menschen unterliegen. An ihm sind passive und emotional-leidenschaftliche Komponenten beteiligt, die bereits vielfache Festlegungen beinhalten. In der Psychologie redet man anstelle des Willens deshalb von Selbstregulation und Selbstkontrolle,[181] in der Philosophie von Selbstbestimmung als einem Sich-bestimmen-Lassen: Der Mensch vollziehe seine Selbstbestimmung so, dass er sich bestimmen lasse. Selbstbestimmung zeige sich in der Fähigkeit, bestimmte vorliegende Strebungen und Leidenschaften zu bejahen und zu modifizieren.[182]

Die Wahrnehmung der passiven und leidenschaftlichen Momente des Lebensvollzugs und also des pathischen Untergrunds des Lebens müsste eine doppelte Bedeutung für das Verständnis des Umgangs bzw. der Umgangsfähigkeit und somit auch für das skizzierte Gesundheitsverständnis haben: Einerseits gehört zur Gesundheit der Umgang mit Nicht-Machbarem bzw. mit Widerfahrnissen; andererseits ist dieser Umgang nun selbst nicht lediglich als praktisch-vernünftiger Akt, sondern auch als leidenschaftlich-emotionaler Akt anzusprechen, der von zahlreichen passiven Bestimmungsgrößen beeinflusst ist. Letztere brauchen seinen Charakter als

---

[181] J. Kuhl, Individuelle Unterschiede in der Selbststeuerung, a. a. O., 347–349.

[182] H. Frankfurt, Freiheit und Selbstbestimmung. Ausgewählte Texte, hg. v. M. Betzler / B. Guckes, Berlin 2001; M. Seel, Sich bestimmen lassen. Studien zur theoretischen und praktischen Philosophie, Frankfurt a. M. 2002.

selbstbestimmten und selbstverantworteten Akt nicht zu schmälern. In Übereinstimmung mit einem modifizierten Begriff von Selbstbestimmung lässt sich darum folgendermaßen formulieren: *Zum gesunden Umgang zählt das Sich-Einlassen auf ein bestimmtes leibliches und körperliches Gegebensein.* Das gilt auch dann, wenn man dieses nicht lediglich hinzunehmen, sondern zu verändern trachtet.

Vor dem Hintergrund des damit erreichten Stands begrifflicher Klärungen empfiehlt es sich, den Satz »Gesundheit und Krankheit gibt es nur in Bezug auf einen damit umgehenden Menschen« noch einmal zusammenfassend in den Blick zu nehmen. Vorab sei dabei noch einmal daran erinnert, dass Gesundheit im Sinne einer weitgehend intakten körperlich-organischen Funktionsfähigkeit im direkten Selbsterleben weit weniger hervortritt als die Störung oder die Unterbrechung derselben im Falle einer Krankheit. Mit Gesundheit umzugehen heißt, mit seinem leiblichen *und* körperlichen Menschsein umgehen. Bei allen individuellen Unterschieden ist hier eine Balance zu wahren:

Einerseits kann der Mensch seine individuelle Leiblichkeit qua *Körper* vergegenständlichen und sich ihr als Körper auch zuwenden. Ernährungsphysiologisches Wissen über die Funktionsweise verschiedener Cholesterine oder über die Funktionsweise ballaststoffreicher Ernährung ermöglicht es ihm, seine Ernährung bewusst zu steuern. Neurophysiologisches Wissen über die Entstehungsbedingungen von Migräne ermöglicht präventives Verhalten und eine angemessene Schmerzmedikation. Die auf den Körper bezogene naturwissenschaftlich-technische Medizin stellt also selbst eine wichtige Grundlage des Umgangs mit menschlicher Leiblichkeit dar. Ein solcher vergegenständlichender und verobjektivierender Umgang gibt dem Cartesianismus auch sein begrenztes Recht. Zugleich birgt diese Vergegenständlichung bzw. Verobjektivierung die Gefahr, in eine Abstraktionsfalle zu geraten: Von der Vergegenständlichung als Gesundheit bzw. Krankheit eines körperlichen Organismus bzw. einer bio-psycho-sozialen Funktionseinheit kommt man nie und nimmer zu jener Gesundheit bzw. Krankheit zurück, die es nur im Bezug auf die subjektiv-praktische Umgangsweise »jemandes« gibt. Die Vergegenständlichung birgt vor allem auch die Gefahr, dass der Mensch sein selbstverständliches Zu-Hause-Sein im Leibe verliert und sich sein Verlangen darauf konzentriert, durch Erhöhung seines eigenen Einsatzes den Körper instrumentell kontrollieren oder gar über ihn verfügen zu können. Es kommt zu dem, was oben (vgl. 4.3) als Paradox einer Gesundheitsgesellschaft beschrieben wurde und sich mitunter in hypochondrischen Störungen manifestieren kann.

Andererseits kann der Mensch auch mit seiner Leiblichkeit qua *Leib* umgehen. Diese Leiblichkeit tritt, wie gesagt, meist erst anlässlich einer Störung, also dann, wenn die Unauffälligkeit und Selbstverständlichkeit der leiblichen Vollzüge nicht mehr gegeben ist, ins Bewusstsein. Das Sich-Einlassen auf die leibliche Gegebenheitsweise wird in der Regel ansonsten von Wohlbefinden und von euthymem Erleben und Verhalten begleitet, ohne dass die Leiblichkeit selbst bewusst würde. Wird sie anlässlich einer Störung bewusst, dann erschließt sich häufig auch ihr Charakter als weitgehend unverfügbare Voraussetzung aller Lebensvollzüge. Ihr korrespondiert die ethische Einsicht, dass Umgang mit Leiblichkeit in hohem Maße bedeutet, sich etwas gegeben sein zu lassen. Diese Einsicht ist jedem zugänglich. Schon einfache menschliche Vollzüge wie der Schlaf zeigen nämlich: Man will etwas mit absichtsvollem Handeln herbeiführen, erreicht dadurch aber oft das Gegenteil. Es ist daher konsequent, dass auf der philosophischen Reflexionsebene mit der Wiederentdeckung des Leiblichen auch die Wiederentdeckung des Widerfahrnischarakters und des leidenschaftlichen Charakters menschlichen Lebens einherging. Allerdings sind dann auch von dieser Seite her Vereinseitigungen möglich: Die Gefahr besteht darin, sich dort etwas gegeben sein zu lassen, wo man hätte reflektieren, vergegenständlichen und handeln sollen.

Gesunder Umgang heißt, mit seinem leiblichen und körperlichen Menschsein umzugehen und Balance zu wahren. Damit sind auch moralisch-ethische Fragen aufgeworfen. Eine Konzeption von Gesundheit, die auf Umgangsfähigkeit abhebt, wird nicht antreten können, solche Fragen auszuklammern. Sie lassen sich aus einer Konzeption von Gesundheit heraus allerdings auch nicht einlinig beantworten. Sie rücken vielmehr zu einem zentralen Bestandteil eines erst noch zu führenden ethischen Diskurses über Gesundheit bzw. Krankheit auf.

Dazu ist es hilfreich, sich noch einmal den deskriptiv-phänomenologischen Aspekt der genannten Herausforderung des Umgangs vor Augen zu führen. Die Balance von körperlich-vergegenständlichender Zuwendung einerseits und leiblicher Verborgenheit und Unauffälligkeit andererseits zeigt sich beispielsweise im Sport: Beim Joggen setzen wir das Körperding, das wir in unserer Leiblichkeit auch sind, in Bewegung und spüren zunächst vielleicht auch die ganze Schwere dieses Körpers. Die leibliche Integration ist dann erreicht, wenn die körperliche Bewegung gewissermaßen einverleibt ist und in den Hintergrund tritt. Man denkt nicht mehr an die Beine, die Atmung, die Technik etc. Gleichwohl kann der Körper schnell wieder erhöhte Aufmerksamkeit erfordern, etwa bei Gefährdungen des Gleichgewichts oder beim Ausweichen eines Hindernisses. – Es wurde bereits auf die entwicklungspsychologisch reflektierte Herausforderung hingewiesen, dass im menschlichen Lebenslauf die Leiblichkeit und Körperlichkeit immer wieder auseinandertreten: Die selbstverständlich gegebene Leiblichkeit wird (etwa in der Pubertät oder im Alter) fremd und als sich verändernde Körperlichkeit wahrnehmbar. Ihre Integration ins Selbstbild und in den Leibvollzug ist dann als wichtige Entwicklungsaufgabe anzusehen (vgl. 3.6).

Der gesunde Umgang als Umgang mit dem leiblichen und körperlichen Gegebensein des Menschen vollzieht sich daher grundsätzlich in Akten des Anerkennens und Akten des Gestaltens. Die Herausforderung besteht einerseits darin, die Angewiesenheit auf den Körper und auf psychophysische Funktionsfähigkeit zunächst anzuerkennen und sich auf diese einzulassen, sodann sie aktiv zu gestalten. Sie besteht andererseits darin, leiblich Vorgegebenes und Widerfahrenes ebenfalls anzuerkennen und sich auf es einzulassen. Aktive Gestaltungsformen zielen darauf, es anzunehmen oder es zu verändern.

Eine Diabeteserkrankung ist zunächst eine tiefgreifende körperliche Dysfunktion mit psychischen und sozialen Implikationen. In einem solchen Fall ist es eines, die Einschränkungen der Funktionsfähigkeit wahrzunehmen und ihnen aktiv zu begegnen. Ein anderes ist es, sich auf den leiblichen Widerfahrnischarakter einzulassen und zur Erkrankung als Widerfahrnis Stellung zu nehmen. Hierzu ist nämlich nun nicht nur die Fremdwahrnehmung, sondern die Selbstwahrnehmung in der subjektiven Vollzugsperspektive erforderlich. Die Erkrankung betrifft »jemanden«. Die Stellungnahme kann daher bei gleicher Wahrnehmung des Funktionsdefizits völlig unterschiedlich ausfallen: Die eine Person vermag ihre Diabeteserkrankung als Herausforderung zu akzeptieren und aktiv in den Lebensvollzug zu integrieren, sogar bei drohender sozialer Desintegration. Eine andere Person kämpft gegen ihre Diabeteserkrankung an und vermag in ihrer Auflehnung zunächst sogar emotionale Unterstützung ihres Umfelds erfahren. Eine andere Person wiederum mag ihre Erkrankung als Schicksal empfinden und darüber in depressive Verstimmung geraten.

Wenn Gesundheit, wie eingangs erwähnt, Gesundheit »jemandes« ist, dann ist die jeweilige Umgangsweise gegenüber dem Funktionsbefund keinesfalls ein sekundäres Moment. Es handelt sich bei den drei skizzierten Fällen von Diabetes vielleicht um drei vergleichbare Krankheiten, aber um drei verschieden kranke oder gesunde Menschen. Im Licht der These, dass es Gesundheit und Krankheit nur in Bezug auf einen damit umgehenden Menschen gibt, ist die Umgangsfähigkeit mit einer konkreten körperlichen und leiblichen Verfasstheit bzw. mit einem bestimmten Status einer mehr oder weniger ausgeprägten oder eingeschränkten Funktionsfähigkeit auch nicht lediglich als Ressource für Gesundheit zu betrachten, sondern als wichtiges Teilmoment der Gesundheit selbst.

Es sei an dieser Stelle noch ein beachtenswertes Beispiel aus der Depressionstherapie angefügt. Gerade angesichts einer Depression wird man gegen die Unterscheidung von Funktionsfähigkeit und Umgangsfähigkeit einwenden wollen, dass in diesem Fall der psychopathische Zustand bzw. die psychopathische Fähigkeit doch schon die Stellungnahme bzw. den Umgang determiniere und die genannte Unterscheidung mehr oder weniger hinfällig werde. Wozu noch von individuellem Umgang oder individueller Umgangsfähigkeit reden, wenn mit einer solchen Einschränkung der psychischen Funktionsfähigkeit alles gesagt ist?

Der Schweizer Psychiater und Depressionsforscher D. Hell hingegen empfiehlt für eine Depressionstherapie umgekehrt anzusetzen, nämlich mit einem »›Umgang‹ [...], der dem rein naturwissenschaftlich-medizinischen Denken fremd ist. Dieser Umgang begnügt sich nicht mit der Feststellung, dass ein depressiver Zustand ein kranker Zustand ist. Er beschränkt sich nicht auf ein passives Erleiden der depressiven Blockade, sondern sucht im depressiven Leiden auch nach dem Besonderen, das über das Krankhafte hinausweist.«[183] Was ist dieses Besondere? Es besteht darin, dass das leibliche Selbsterleben eines Menschen – auch und gerade seine Wut und Enttäuschung, seine Scham- und Ekelgefühle – ein widerständiges Fühlen darstellt, das Halt in depressiver Empfindungslosigkeit und Antriebslosigkeit bieten kann. Belastende Gefühle wie Kummer, Ekel, Schuld und Scham sind daher nicht als Symptome der gestörten psychischen Funktion zuzuschlagen, sie sind vielmehr Momente des emotionalen Selbstseins und »Zeugen gesunden Lebens inmitten von kranker Leere«.[184] Gerade hier könne darum eine Therapie ansetzen.

---

[183] D. Hell, Geistig-seelische Momente in der Depressionstherapie, in: P. Bäurle/H. Fröstl u. a. (Hg.), Spiritualität und Kreativität in der Psychotherapie mit älteren Menschen, Bern/Göttingen 2005, 261–271, hier: 265.

[184] Ebd.

4.5 Gesundheit als Umgangsfähigkeit mit Gegebenem

These 5

Gesundheit als Umgangsfähigkeit bezieht sich auf den praktischen Umgang mit der Leiblichkeit des Menschen, wie sie sich in dessen Selbsterfahrung erschließt – zunächst und vor allem als vorgegebene und der Machbarkeit entzogene Leiblichkeit. Sie bezieht sich damit auf eine Grundsignatur des Menschen: Er ist gerade auch dort, wo seine Funktionsfähigkeit, seine Handlungs- und Gestaltungsfähigkeit ihm individuelle Höchstleistungen ermöglichen, auf Gegebenes angewiesen. Der Mensch ist in individuellen Verhältnissen auf seinen Körper und damit zusammenhängende Ressourcen, er ist in sozialen Verhältnissen auf Beziehungen zu anderen Menschen und damit zusammenhängender Zuwendung, Anerkennung und Mitwirkung angewiesen. Angesichts einer nach Sicherheit und Kontrolle strebenden Gesellschaft, welche verlernt hat, mit Sachverhalten umzugehen, die Menschen nicht vollständig in der Hand haben, muss die Anerkennung der Angewiesenheit des Menschen auf Gegebenes als Ausgangspunkt einer zeitgemäßen Diätetik angesehen werden.

In dieser und in der folgenden These werden Anforderungen eines Gesundheitsverständnisses hervorgehoben, welche im Kontext der modernen Gesundheitsgesellschaften von besonderer Relevanz sind. Die Handlungsagenda wird in diesem Kontext weitgehend von der instrumentellen Zuwendung zur Körperlichkeit beherrscht. Im Fokus steht das Wiederherstellen und Optimieren der psychophysischen und sozialen Konstitution des Menschen. Viel weniger im Blick ist die Zuwendung zu den vorgegebenen und dem direkten Handeln

entzogenen Konstitutionsmomenten der Leiblichkeit. Eine
solche Zuwendung bleibt meist auf philosophische Reflexionen beschränkt. Wie gesagt: Die Gesundheitsgesellschaft des
21. Jahrhunderts ist zu großen Teilen eine nach Sicherheit
und Kontrolle strebende Gesellschaft, welche mit dem Widerfahrnischarakter des Lebens nicht anders umzugehen weiß,
als ihn zu überwinden oder – mindestens – zu bewältigen
(These 3). Es gibt, wie G. Schneider-Flume gerade im Blick auf
eine solche Bewältigung pointiert herausstellt, eine »Tyrannei des gelingenden Lebens«.[185]

Zwar ist, um die Begrifflichkeiten der Leibphänomenologie noch einmal aufzunehmen, der Leib keinesfalls nur vorgegebenes Dasein. Er ist, insofern er zugleich Körper ist, zum
handelnden Umgang aufgegeben. Im Blick auf die Gesundheit ist der handelnde Umgang jedoch differenziert aufzufassen: Erst in zweiter Linie handelt es sich um ein herstellend-
gestaltendes Handeln im Sinne des modernen Machbarkeits-
und Optimierungsstrebens, in erster Linie ist es ein prak-
tisch-anerkennendes Handeln im Sinne des Sich-Einlassens
auf Gegebenes und auf der direkten Machbarkeit Entzogenes.

Wer dazu antritt, vor dem Hintergrund des Problemho-
-rizonts einer modernen Gesundheitsgesellschaft ein menschenangemessenes Gesundheitsverständnis zu erkunden,
wird daher auch dazu antreten müssen, im Rückgriff auf eine
rekonstruktive Anthropologie bewusst zu machen bzw. bewusst zu halten, was die Repräsentationen alltäglicher Lebenspraxis und medizinisch-technische Machbarkeitserwar-
tungen zu verdecken drohen: Menschen sind als endliche und
verletzliche Wesen angewiesene Wesen, angewiesen auf Wi-

---

[185] G. Schneider-Flume, Leben ist kostbar. Wider die Tyrannei des gelingenden
Lebens, Göttingen ²2004.

derfahrnisse, angewiesen auf Vorgegebenes, angewiesen auf ihre endliche Leiblichkeit, angewiesen auf ebenso endliche Ressourcen, angewiesen auf Beziehungen. Es hat als bedenkliches Zeichen zu gelten, wenn ein soziokultureller Bedeutungshorizont diese Angewiesenheit im ausschließlichen Gegensatz zur Selbstständigkeit – oder schlimmer noch – als gleichbedeutend mit Hilfe- und Pflegebedürftigkeit wahrnehmen lässt. *Angewiesenheit auf Gegebenes markiert nicht eine defiziente Gestalt, sondern eine Grundkonstitution des Lebens.* Sie stellt keinen Gegenbegriff zu Selbstständigkeit oder Autonomie dar, sondern benennt, was jeder selbstbestimmten Lebensführung als Ermöglichungsgrund vorausliegt. Jede Handlung gründet – wie das Leben überhaupt – in Gegebenem. Im tugendethischen Modell von A. MacIntyre gehört konsequenterweise zu den Tugenden, die einen Menschen befähigen, ein gutes Leben zu führen, nicht lediglich die praktisch-vernünftige Fähigkeit, welche nach individueller Autonomie strebt, sondern ebenso die Fähigkeit, gegebene Abhängigkeiten anzuerkennen.[186]

Nun ist es eine Sache, für die geforderte Umgangsfähigkeit auf anthropologische Reflexionen zurückzugreifen; eine

---

[186] A. MacIntyre, Die Anerkennung der Abhängigkeit. Über menschliche Tugenden, aus dem Englischen v. Ch. Goldmann, Hamburg 2001. Weiterführend erscheint mir insbesondere eine solche Zuordnung von Autonomie und Fürsorge bzw. Angewiesenheit, welche die Autonomie als eine auf Ermöglichung angewiesene anerkennt und sich daher nicht allein an der vorliegenden Fähigkeit des Menschen orientiert. Sie rückt dann vom Horizont der Voraussetzung in den Horizont einer Ermöglichungs- und Zielbestimmung. Das entspräche auch dem Ansatz eines »Befähigungshandelns« wie es in These 7 skizziert wird. Für eine solche Position vgl. Th. Rehbock, Personsein in Grenzsituationen. Zur Kritik der Ethik medizinischen Handelns, Paderborn 2005, 299 f.323.

andere Sache ist es zu fragen, an welchen Stellen sich der Charakter des leiblichen Lebens als eines auf (Vor-) Gegebenes angewiesenen Lebens in der Selbsterfahrung bzw. in der subjektiven Vollzugsperspektive selbst zeigt. Wir hatten grundsätzlich schon festgehalten, dass sich der Widerfahrnischarakter des Lebens zureichend nur in dieser subjektiven Vollzugsperspektive erschließt. Festgehalten wurde ebenso, dass Gesundheit im Unterschied zu Krankheit nicht im direkten Selbsterleben vorliegt, sondern schlicht von subjektivem Wohlbefinden und euthymem Erleben und Verhalten begleitet wird. Deshalb wurde der Umgang mit Gesundheit als Umgang mit leiblichem und körperlichem Menschsein gefasst.

Im Duktus des Gesagten ist hier der Ort, die Selbsterfahrung als Differenzerfahrung in den Blick zu nehmen. Auch wenn der Angewiesenheits- und Widerfahrnischarakter des menschlichen Daseins im soziokulturellen Bedeutungshorizont der modernen Gesundheitsgesellschaft selbst wenig präsent ist, vermag er sich – gerade vor dem Hintergrund eines solchen Bedeutungshorizonts – im *Modus von Differenzerfahrungen* bemerkbar zu machen. Denn in Form des Wunsches und der Sehnsucht nach Gesundheit tragen die Sinn- und Bedeutungsentwürfe der modernen Gesundheitsgesellschaft in latenter Form selbst jenen Angewiesenheits- und Widerfahrnischarakter in sich. Beim Ausbleiben der erwarteten Erfüllung bilden gerade sie den Horizont, in welchem Angewiesenheit, Unzulänglichkeit und Fragilität existentiell häufig leidvoll erfahren werden.[187]

Es gilt nämlich auch grundsätzlich: Ein gutes Widerfahrnis, insbesondere dann, wenn es sich um einen dauerhaften

---

[187] Vgl. Th. Rentsch, Die Konstitution der Moralität. Transzendentale und praktische Philosophie, Frankfurt a. M. 1999, 12. 168 f.

und gewohnheitsmäßigen Vorgang wie etwa die Zunahme der Fähigkeiten und Ressourcen in der Jugend oder im jungen Erwachsenenalter handelt, wird als Widerfahrnis selten wahrgenommen. Es geht in den Selbstverständlichkeiten des gelebten Lebens unter. Erst mit dem Ausbleiben oder dem Entzug des selbstverständlich in Anspruch Genommenen oder Erwarteten tritt der Widerfahrnis- und Angewiesenheitscharakter ins Bewusstsein. Zu den Differenzerfahrungen, die den Angewiesenheits- und Widerfahrnischarakter des Lebens offenbaren, zählen darum in besonderer Weise Krankheitserfahrungen, aber auch Erfahrungen, die sich im Prozess des Alterns einstellen.

Für Viktor von Weizsäcker offenbaren solche Differenzerfahrungen die grundsätzliche Existenzweise des Menschen, die er eine pathische Existenzweise nennt:

>»Der Kranke sagt es schon durch sein Erscheinen, oder sogar ausdrücklich mit Worten: ›Ich möchte gesund werden.‹ Er *ist* also das *nicht*, was er werden möchte. Das ist die pathische Situation unseres Daseins, die hier der Kranke als Wunsch, Hoffnung, Absicht erfährt: er möchte nicht sein, was er ist, sofern er krank ist. Aber eine pathische Situation ist auch sonst in unserem Leben immer wieder gegeben: wenn ich etwas will, so ist es etwas, was nicht ist, sonst würde ich es nicht wollen (gar nicht wollen können); wenn ich etwas kann, so ist es wiederum etwas, was zwar möglich, aber nicht wirklich ist; ebenso, wenn ich darf, ist es nur erlaubt; wenn ich es soll, ist es geboten; wenn ich muß, ist es unausweichlich – in jedem *ist* aber dies Gewollte, Gekonnte, Gedurfte, Gesollte und Gemußte *nicht*. Diese gemeinsame Stellung zum Sein, nämlich daß das Sein selbst fehlt und gemeint ist, ohne zu sein, bezeichnen wir als eine pathische.«[188]

---

[188] V. von Weizsäcker, Der kranke Mensch, GS 9, 554 (Hervorheb. im Orig.). Vgl. oben, 3.3

Damit ist auch auf den Sachverhalt verwiesen, dass die Angewiesenheit auf Gegebenes und dementsprechend der Umgang mit diesem sich nicht lediglich auf vorliegend Seiendes, sondern auch auf fehlendes, verlorenes und erhofftes Seiendes bezieht. Zu den Herausforderungen in der Gesundheitsgesellschaft zählt der Umgang mit den unerfüllten Wünschen und Sehnsüchten, mit den fehlenden Erfüllungsgestalten von Gesundheit, Fitness und Schönheit.

Dem Alter fällt in diesem Zusammenhang eine Zeichenfunktion zu. Fragt man in der modernen Gesellschaft des 21. Jahrhunderts, was ältere Menschen zu geben vermögen, wird dies häufig in Kategorien von Leistungen des mittleren Erwachsenenalters gefasst. Doch dem Altern eignet bereits selbst eine Zeichenfunktion für die Gesellschaft und ihre Leitbilder, indem es gewissermaßen als lebensweltlich-existentielle Anamnese die Grundsignatur des menschlichen Lebens präsent hält: seine Angewiesenheit.

Eine Gesellschaft, die Angewiesenheit ins Reservat des vierten Alters zu verbannen sucht und sie legitimatorisch zur Rechtfertigung von Strukturen dysfunktionaler Abhängigkeiten missbraucht, würde diese Zeichen- und Signalfunktion des Alters verkennen. Überdies erhellt das sogenannte »Wohlbefindensparadox«, dass (älteren) Menschen auch bei fehlenden Erfüllungsgestalten von Gesundheit, Fitness und Schönheit das subjektive Wohlbefinden nicht abzusprechen ist.[189] Das ist nicht unbedeutend gegenüber den Projektionen und Unterstellungen aus dem jungen und mittleren Erwachsenenalter heraus.

---

[189] Vgl. ausführlicher H.-M. Rieger, Altern anerkennen und gestalten. Ein Beitrag zu einer gerontologischen Ethik, ThLZ.F 22, Leipzig 2008, 77. 115 f.

Gerade in der Lebenslaufperspektive wird schließlich auch deutlich, dass Angewiesenheit dynamisch zu denken ist. In das, was Widerfahrnis genannt wurde, und auch in das, was Angewiesenheit genannt wurde, ist vielfach bereits menschliches Handeln eingegangen. Es handelt sich um Sachverhalte und Beziehungen, die Menschen zum erheblichen Teil selbst mitkonstituiert und mitverursacht haben. Deshalb ist der Leib nicht einfach nur schicksalhaft Vorgegebenes, es handelt sich vielmehr um die sedimentierte Gestalt meines temporären Daseins, in welcher sich bisherige Handlungen, Entscheidungen und Umgangsweisen gleichsam verfestigt haben. Im Blick auf die Gesundheit im Alter ist es wichtig zu sehen, dass wir auf einen Körper angewiesen sind bzw. angewiesen sein werden, mit dem wir in den Lebensphasen zuvor in verschiedener Weise umgegangen sind. Für das Alter gilt in besonderem Maß das, was für das ganze Leben gilt, dass wir nämlich Krankheiten nicht nur bekommen, sondern auch machen.

4.6 Gesundheit als Umgangsfähigkeit mit Entzogenem

These 6

Gesundheit ist sowohl als Funktionsfähigkeit als auch als Umgangsfähigkeit lebenslaufsensibel und individuell-differenziert zu denken. Dabei gilt es insbesondere die Grundstruktur alles Lebendigen zu berücksichtigen, dass Gegebenes auch entzogen werden kann, dass Gaben und Ressourcen auch genommen werden können. Die Umgangsfähigkeit besteht dementsprechend nicht nur in der Fähigkeit, aus dem Vollen zu schöpfen, sie besteht auch in der Fähigkeit, abgeben zu können bzw. mit weniger Ressourcen sein Leben gestalten zu

*können. Das Freiwerden für die Möglichkeit des Abnehmens
und schließlich des Sterbens befördert ein menschenangemessenes Gesundheitsbewusstsein.*

Das in dieser These Zusammengefasste ergibt sich konsequent aus den Ausführungen zuvor. Denn der Umgang mit Gegebenem umfasst nicht nur den Umgang mit präsentisch vorliegenden Gegebenheiten, er schließt den Umgang mit zukünftig erwünschten und erhofften sowie den Umgang mit fehlenden und verlorengegangenen Gegebenheiten ein.

Wir konzentrieren uns hier also auf den zuletzt genannten Umgang mit fehlenden und verlorengegangenen Gegebenheiten. Dieser wird häufig unter der Bewältigung von Krankheit rubriziert; die Verlust- und Mangelerfahrungen selbst werden dementsprechend einer fehlenden Gesundheit zugeordnet. Sie hätten dann bei der Erörterung dessen, was Gesundheit bedeutet, im Grunde genommen nichts zu suchen.

Dem wird hier widersprochen. Ein menschenangemessenes Verständnis von Gesundheit erlaubt es nicht, den *Mangel an Gegebenheiten* – seien es einwandfrei funktionierende Körperorgane, mitmenschliche Beziehungen oder Ressourcen im weiteren Sinn – umstandslos mit der *Ermangelung von Gesundheit* gleichzusetzen. Wäre dies so, dann würde jede Defizienz eines als »vollkommen« angesehenen Gesundheitszustands (im jungen Erwachsenenalter?) als Krankheit erscheinen müssen, dann würde letztlich das Altern an sich schon als Krankheit erscheinen müssen. Gegen den Trend, »Gesundheit« auf ideale Vollkommenheitszustände einzuschränken, gilt es »Gesundheit« mit Einschränkungen in den Blick zu nehmen.

Der Mensch ist ein »Mängelwesen« (A. Gehlen), er ist bleibend unvollkommen. Seine Endlichkeit und Begrenztheit betrifft jede Phase seines Lebenslaufs – er hätte sonst keine Wünsche und keine Sehnsüchte.[190] Auf diese Weise ist er ein *homo temporalis,* er ist als zeitliches Wesen immer ein Mensch im Werden. Wie wenig menschenangemessen Gesundheit aufgefasst wird, zeigt sich darin, dass Endlichkeit und Zeitlichkeit des Menschen bei den herrschenden Vorstellungen von Gesundheit so gut wie keine Rolle spielen. Gesundheit ist scheinbar zeitlos. Sie wird als in allen Lebensphasen das Gleiche angesehen, nämlich als ein mir zustehender Besitz von Funktionsfähigkeit, der verloren, aber auch wiederhergestellt werden kann. Wenn die kritisch gemeinte Rede vom »Maschinenparadigma« in Medizin und Gesundheitswissenschaften ihr Recht hat, dann insbesondere an dieser Stelle.

Dabei erlauben es neuere Gesundheitsmodelle wie etwa das Salutogenese-Modell (vgl. 3.7) durchaus, Gesundheit individuell-dynamisch aufzufassen und der Irreversibilität der Zeit Rechnung zu tragen. Die Gesundheit im Alter ist nicht mit der Gesundheit in der Jugend identisch. Und die Gesundheit vor einer Krankheit ist nicht identisch mit der Gesundheit nach einer Krankheit. Es liegt jenen Modellen zufolge an der von Widerstandsressourcen und vom persönlichen Sinnsystem abhängigen Kompensationsfähigkeit, dass die Ermangelung von körperlicher Funktionsfähigkeit bzw. dass körperlicher Abbau nicht zwangsläufig als Verlust erfahren werden muss. Die Ausbildung einer solchen Kompensa-

---

[190] Vgl. E. Rothacker, Philosophische Anthropologie, Bonn ⁵1982, 176.187, grundsätzlich auch B. Sitter-Liver, Endlichkeit der Existenz, Zu einer in der Bioethik vernachlässigten bzw. verdrängten Perspektive, in: A. Holderegger/D. Müller u. a. (Hg.), Theologie und biomedizinische Ethik. Grundlagen und Konkretionen, Studien zur theologischen Ethik 97, Freiburg (CH)/ Freiburg i. Br. u. a. 2002, 208–226.

tionsfähigkeit ist wiederum von Erfahrungen gelungener Kompensation, somit also auch von früheren Kompensationserfordernissen abhängig. Dies alles zeigt, dass die menschliche Zeitlichkeit nicht lediglich im Sinne eines naturwissenschaftlich-biologischen Zeitverständnisses aufzufassen ist: »Für die biologischen Systeme ist die Irreversibilität der Zeit fundamental, für das menschliche System kommt hinzu, daß mit Hilfe der Zeit, d.h. auf der subjektiven Ebene mit Hilfe der temporalen Kompetenz viele Veränderungen positiv kompensiert werden können. Auf der biologischen Ebene dagegen bedeutet Abbau von Kompetenzen immer auch Verlust. Oder auch anders ausgedrückt, nur für den Menschen kann der Tod der Höhepunkt des Lebens sein, für beliebige andere biologische Systeme ist er das unqualifizierte Ende.«[191]

Wir müssen deshalb einen Schritt weiter gehen und sagen: Es hat als Mindestanforderung jedes Gesundheitsbegriffs zu gelten, dass er die spezifische Zeitlichkeit des Menschen zu berücksichtigen erlaubt und dass ihm deshalb auch das Altern und das Sterben nicht äußerlich bleiben. Ein Mensch mag zwar an Krankheiten sterben, damit aber gehört das Sterben selbst noch lange nicht zur Krankheit. *Sterben zu können gehört zu einem gesunden Menschsein.* V. v. Weizsäcker fordert zu Recht, ein Gesundheitsbegriff müsse einschließen, »sich in der Zeit verändern, wachsen, reifen, sterben können.«[192]

---

[191] K.-F. Wessel, Gibt es eine anthropologische Orientierung in der Medizin?, in: G. Dörner/K.-D. Hüllemann u. a. (Hg.), Menschenbilder in der Medizin – Medizin in den Menschenbildern, Berliner Studien zur Wissenschaftsphilosophie und Humanontogenetik 16, Bielefeld 1999, 34–45, hier: 43.

[192] V. v. Weizsäcker, Ärztliche Fragen, Vorlesungen über Allgemeine Therapie, in: ders., Der Arzt und der Kranke. Stücke einer medizinischen Anthropologie, GS 5, Frankfurt a. M. 1987, 259–342, hier: 294 (im Orig. hervorgehoben).

An dieser Stelle drohen normative Kurzschlüsse: Die Anerkennung dessen, dass Endlichkeit und Begrenztheit zum Menschen und seiner zeitlichen Verfasstheit gehören, darf in personalethischer Sicht nicht einfach in eine Präferenz des Sich-Abfindens umgemünzt werden. Sie darf in sozialethischer Sicht vor allem nicht in eine Legitimation altersbezogener Rationierungsmaßnahmen münden. Denn wer beachtet, dass die Identität des menschlichen Subjekts keine zeitlose Größe ist, welcher die Lebensphasen lediglich äußerlich wären, hat auch zu beachten, dass keine Phase als (perfekte) Vollform gelten kann, der gegenüber andere Phasen wie etwa das Altern als Schwundformen zu stehen kämen.[193]

Alle Lebensphasen haben ihre Würde und ihre Gesundheit – und doch unterscheiden sie sich durch ihre spezifische Zeitlichkeit. Die Veränderung der Zeitperspektive und des Zeitbewusstseins resultiert schon daraus, dass der Umfang der Vergangenheit und des Verwirklichten im Lebenslauf

---

[193] Vgl. C. F. Gethmann, Phasenhaftigkeit und Identität menschlicher Existenz. Zur Kritik einiger Visionen vom Altern, in: Max-Planck-Gesellschaft (Hg.), Biomolecular Aspects of Aging – The Social and Ethical Implications, Max-Planck-Forum 4, München 2002, 50–61, hier: 58. Die in den Vereinigten Staaten geführte Debatte um D. Callahans Vorschlag einer altersbasierten Rationierung im Gesundheitswesen ist dafür ein lehrreiches Beispiel, was geschieht, wenn das personalethische Urteil, Endlichkeit und Krankheiten zu akzeptieren, undifferenziert in den Bereich der Sozialethik bzw. einer Ethik des Gesundheitswesens übertragen wird. Callahans Eintreten für eine die Endlichkeit und die Begrenztheit des Menschen anerkennende Kultur und für eine bescheidenere Zielvorstellung der Medizin ist an sich zu begrüßen. Vgl. D. Callahan, Setting Limits. Medical Goals in an Aging Society, Erstaufl. 1987, Neuaufl. Washington 2007; dazu auch die Texte und Einführung in: Ethik der Medizin. Ein Studienbuch, hg. v. U. Wiesing, Stuttgart ²2004, 261–293.

stets zunimmt, während gleichzeitig der Umfang der Zukunft und des damit gegebenen Horizonts von Möglichkeiten abnimmt. In der psychologischen Thematisierung dieses Sachverhalts wird es der Umgangsfähigkeit, das heißt hier: einer temporalen Kompetenz und einer Fähigkeit zur Restrukturierung des persönlichen Zielsystems, zugeschrieben, dass die zunehmende Beschränkung auf die nahe Zukunft im Alter nicht ohne Weiteres das subjektive Wohlbefinden beeinträchtigt.[194] Zeitliche Veränderungen werden vor allem für die Entwicklungsaufgaben geltend gemacht: Im erwähnten entwicklungspsychologischen Modell von G. Heuft erhält mit zunehmendem Alter die Körpererfahrung die Funktion eines »somatogenen Entwicklungsorganisators« (vgl. 3.6). Die Veränderungsprozesse auf der Körperebene und die damit einhergehenden Entselbstverständlichungsprozesse werden zur unabdingbaren Entwicklungsaufgabe. Es ginge dann darum, den zunehmend als begrenzt und fragil, auch den zunehmend als krank erlebten Körper nicht als Widersacher zu sehen, sondern ins Selbstkonzept zu integrieren. Das bedeutet aber auch: »Indem Krankheit mehr und mehr zum Bestandteil des täglichen Lebens wird, muss nunmehr eine Vor-

---

[194] Zum differenzierten Befund: F. J. Mönks/L. Bouffard, Zeitperspektive im Alter, in: A. Kruse/R. Schmidt-Scherzer (Hg.), Psychologie der Lebensalter, Darmstadt 1995, 271–281; U. M. Staudinger/A. M. Freund u. a., Selbst, Persönlichkeit und Lebensgestaltung im Alter: Psychologische Widerstandsfähigkeit und Vulnerabilität, in: K. U. Mayer/P. B. Baltes (Hg.), Die Berliner Altersstudie. Ein Projekt der Berlin-Brandenburgischen Akademie der Wissenschaften, Berlin ²1999, 340–342; auch J. Brandtstädter/D. Wentura, Veränderungen der Zeit- und Zukunftsperspektive im Übergang zum höheren Erwachsenenalter: entwicklungspsychologische und differentielle Aspekte, in: Zeitschrift für Entwicklungspsychologie und Pädagogische Psychologie 26 (1994), 2–21.

stellung von Gesundheit entwickelt werden, die nicht die Abwesenheit von Krankheit voraussetzt.«[195]

Auch hier ist wieder dem Einfluss der soziokulturellen Repräsentationen Rechnung zu tragen. In der Gegenwart entsprechen sie selten dem Bewusstsein, dass Erscheinungen des Abnehmens und der Krankheit zum gesunden Menschsein gehören. Sie lassen auch kaum ein Körperbild zu, das für den alternden Körper offen wäre bzw. ihn nicht als Schwundstufe des jugendlichen Körpers wahrnähme.

Wie bereits angedeutet, kann eine kritische Auseinandersetzung mit solchen Vorstellungen schon auf der Ebene einer deskriptiv-fachwissenschaftlichen Erfassung des menschlichen Lebensvollzugs ansetzen. Beispielhaft sind dafür etwa Einsichten aus der Bewältigungspsychologie. Sie gehen davon aus, dass die jeweiligen Auseinandersetzungen von Menschen mit ihrer Lebenswelt durch subjektive Repräsentationen, welche selbst wiederum von soziokulturellen Repräsentationen ihrer Umwelt beeinflusst sind, gesteuert werden. Lebenslauforientiert gibt sich beispielsweise das Zwei-Prozess-Modell der Bewältigung. Es rechnet damit, dass Abnahme- und Verlusterscheinungen sich jedenfalls langfristig nicht aus der Wahrnehmung verdrängen lassen und oft auch nicht im Sinne einer primären Kontrolle bzw. eines *assimilativen* Bewältigungsmodus aktiv verändert bzw. bekämpft werden können. Die Erfahrung stellt sich ein, dass Umstände und Gegebenheiten nur begrenzt oder überhaupt nicht zu verändern sind und aus diesem Grunde – das ist entscheidend – auch die Erreichbarkeit bestimmter persönlicher Lebensziele eingeschränkt oder gar unmöglich gemacht ist. Im

---

[195] M. Peters, Klinische Entwicklungspsychologie des Alters. Grundlagen für psychosoziale Beratung und Psychotherapie, Göttingen 2004, 232.

Sinne einer sekundären Kontrolle bzw. eines *akkomodativen* Bewältigungsmodus müssen nun die eigenen Einstellungen und Zielvorstellungen den Gegebenheiten angepasst und verändert werden. Erforderlich wird deshalb eine Transformation im Selbstkonzept, erforderlich werden Neubewertungen, Verschiebungen in der Zielhierarchie bzw. das Entdecken alternativer Ziele. Fragen wie diejenige, ob solche akkomodative Prozesse mit zunehmendem Alter automatisch zunähmen, bleiben Gegenstand der Fachdiskussion.[196] Dabei ist nochmals darauf hinzuweisen, dass die Bewältigungsforschung selbst das, was man »Kritik der Bewältigung« nennen könnte, in sich aufgenommen hat: Gerade im Blick auf die Lebenslaufsensibilität von Bewältigung ist eine kontextlose Ausrichtung oder gar eine Verabsolutierung des Ideals der aktiven Kontrolle als verfehlt zu beurteilen.

Es gibt Kontexte und Lebenssituationen, in denen es angezeigt ist, etwas sein zu lassen und abzugeben, loslassen zu können. Zu einer gesunden (!) Umgangsfähigkeit zählt deshalb – häufig vergessen – die Fähigkeit, Abschied nehmen und trauern zu können. »Trauer um etwas Verlorenes hat [...] viel mit der Wertschätzung bzw. der Liebe zu tun, die man dem, worum man trauert, entgegenbringt. Man trauert nicht

---

[196] Vgl. K. Rothermund/U. Dillmann/J. Brandtstädter, Belastende Lebenssituationen im mittleren und höheren Erwachsenenalter: Zur differentiellen Wirksamkeit assimilativer und akkomodativer Bewältigung, in: Zeitschrift für Gesundheitspsychologie 2 (1994), 245–268; J. Brandtstädter, Das flexible Selbst. Selbstentwicklung zwischen Zielbindung und Ablösung, Heidelberg 2007; G. Nunner-Winkler, Saure Trauben fürs Alter. Zur Kritik am Zwei-Prozeß-Modell der Bewältigung, in: C. Tesch-Römer/Ch. Salewski/G. Schwarz (Hg.), Psychologie der Bewältigung, Weinheim 1997, 134–151; sowie den im gleichen Band enthaltenen Aufsatz von E. Olbrich, Die Grenzen des Coping, a. a. O., 230–246.

um etwas, was einem nicht wichtig ist, was man nicht auf irgendeine Weise liebt. Liebe ist ein Zeichen des Lebens, das auch dann als Wert bestehen bleibt, wenn das, was man liebt, äußerlich betrachtet verloren ist.«[197]

Es scheint von mehreren Faktoren abhängig zu sein, ob und inwiefern Abgeben und Abschiednehmen als leibliche Umgangsweisen in den Blick kommen und gelingen können: Ein Faktor ist der soziokulturelle Bedeutungshorizont von Gesundheit. Wie gesagt behindert allein schon das jugendliche Gesundheitsideal die Akzeptanz einer Gesundheit mit Einschränkungen und Mängeln.

Ein weiterer Faktor ist im Lebenslauf des Menschen selbst zu suchen: Abgeben und Abschiednehmen gelingen offenbar besser, wenn es in den Lebensphasen zuvor bereits zu entsprechenden Vollzügen und Erfahrungen kam. Ebenso zu erwarten ist es, dass die Ausrichtung auf eine zukünftige Zeitgestalt des Lebens Zielveränderungen und Zielsubstitutionen in der Gegenwart erleichtert. Denn solches erlaubt angesichts eines Verlusts an bestehenden Möglichkeiten die Zuwendung zu neuen Möglichkeitsbereichen. Im Blick auf die Lebensform des (höheren) Alters besteht für eine säkulare Kultur allerdings die Schwierigkeit, dass eine positiv besetzte Repräsentanz von Zukunft etwa in Form eines ewigen Lebens oder eines Zusammenseins mit Gott nicht mehr vorausgesetzt werden kann. Der Mensch ist als bleibend unvollkommenes und im Werden befindliches Wesen jedoch auf eine po-

---

[197] U. Frede, Praxis psychologischer Schmerztherapie – kritische Reflexion aus der Patientenperspektive, in: B. Kröner-Herwig/J. Frettlöh/R. Klinger/P. Nilges (Hg.), Schmerzpsychotherapie. Grundlagen – Diagnostik – Krankheitsbilder – Behandlung, 6. überab. Aufl. Heidelberg 2007, 637-653, hier: 643.

sitiv besetzte Zukunft angewiesen, um nicht allein auf seine Vergangenheit festgelegt zu sein.[198]

4.7 Das Ziel der Gesundheit: gelingendes Menschsein

These 7

Das höchste und letzte Ziel gesundheitlichen Handelns ist nicht Gesundheit an sich, sondern die Ermöglichung individuell gelingenden Menschseins. Gesundheit ist für dieses gelingende Menschsein ein fundamentales Ermöglichungsgut. Sie ist aber keineswegs das einzige und sie ist keineswegs im strengen Sinne notwendig. Das Grundmotiv einer menschenangemessenen Kultur und eines menschenangemessenen Gesundheitshandelns sollte es sein, Menschen zu befähigen, ihr Menschsein zu leben und ihr Lebensziel zu finden. Dieser Zielsetzung entspricht ein Gesundheitsverständnis, welches den Paradoxien menschlichen Lebens Rechnung trägt und sich vom Grundsatz leiten lässt, Gesundheit als Kraft zum Menschsein aufzufassen.

---

[198] Vgl. M. Peters, Klinische Entwicklungspsychologie des Alters, a. a. O., 115–117. Dieses Thema wäre eine ausführlichere Diskussion wert. Für den Philosophen Mittelstraß ist der kulturelle Verlust einer transzendenten Gestalt des ewigen Lebens auch lebensgeschichtlich relevant, insofern der Lebensform des Alters eine nachfolgende Formierungsgestalt abhandengekommen ist. Er behauptet: »Wo kein transzendentes Bild eines ewigen Lebens gemalt wird, verblassen alle Lebensformen in der Lebensform des Alters.« (J. Mittelstraß: Zeitformen des Lebens. Philosophische Unterscheidungen, in: P. B. Baltes / ders. (Hg.), Zukunft des Alterns und gesellschaftliche Entwicklung, Akademie der Wissenschaften zu Berlin – Forschungsbericht 5, Berlin / New York, 1992, 386–407, hier: 403)

Die weit verbreitete und undifferenzierte Rede von Gesundheit als dem höchsten Gut wurde bereits eingangs kritisiert (1.1). Gesundheit ist ein hohes Gut, insofern es als fundamentales Ermöglichungsgut Voraussetzung für ein gelingendes Menschsein ist. Im Blick auf die vorgeschlagene Unterscheidung von Funktionsfähigkeit und Umgangsfähigkeit ist dabei noch einmal abzugrenzen: Als Funktionsfähigkeit ist Gesundheit keine hinreichende Bedingung, nicht einmal eine im strengen Sinne notwendige Bedingung für gelingendes Leben. Gelingendes Leben ist in dieser Hinsicht auch mit eingeschränkter Gesundheit und mit Krankheit möglich.

Für die Vorstellung von gelingendem Leben selbst bedeutet dies, gegenüber einer Vermischung mit Ganzheits- und Vollkommenheitsidealen kritisch zu sein. Auf die Vermischung mit einem Machbarkeitsideal wurde bereits ebenfalls kritisch hingewiesen. Zugleich wurde festgehalten, dass eine solche Kritik nicht in Einseitigkeiten verfallen darf: Es wäre unangemessen, jedes Streben nach Ganzheitlichkeit, Vollkommenheit und Machbarkeit zu verurteilen. Erforderlich ist vielmehr erstens, die paradoxe Struktur menschlicher Lebenserscheinungen nicht zu verkürzen: Gesundheit in Krankheit, Ganzheit im Fragmentarischen, Unverfügbares im Handeln, Gegebenes im Aufgegebenen (vgl. 1.6).

Erforderlich ist zweitens, der Gefahr einer Totalisierung des Gesundheitsziels gewahr zu sein: Wird Gesundheit als höchstes Gut verabsolutiert, droht die letzte Bestimmung des Menschen determiniert zu werden. Als Ermöglichungsgut hingegen ist Gesundheit als vorletzte Bestimmung aufzufassen, welche weitere Güter, Lebensmöglichkeiten und Lebensziele zulässt. Dieses Erfordernis steht im Einklang mit einem theologischen Ansatz, demzufolge die Realisierung des höchsten Guts und der letzten Bestimmung des Menschen offenzuhalten ist (vgl. 6.4). Es ergibt sich mühelos aber auch aus einem bioethischen Ansatz unter der Leitkategorie der Autonomie bzw. der Freiheit des Menschen.

Nun blieb bisher das Ziel der Gesundheit noch vorwiegend negativ und formal bestimmt. Auf den ersten Blick mag es für eine dem Leitmotiv der Individualität und Pluralität folgende Gesellschaftsform in der gegenwärtigen Moderne auch genügen, unterschiedliche Lebensentwürfe im Blick auf das, was sie für gelingendes Leben halten, zu tolerieren und die Freiheit, individuelles Menschsein zu leben, zu garantieren. Das entspräche ganz der individuellen Signatur des Gesundheitsverständnisses, wie es in den Thesen zuvor skizziert wurde.

Auf den zweiten Blick wird allerdings schnell offenbar, dass man mit einer solchen individuell-offenen Bestimmung nicht wenige sozialethische Probleme erst noch vor sich hat. Zu denken ist an Herausforderungen einer politischen Ethik und insbesondere an Herausforderungen einer Ethik des Gesundheitswesens. In diesem Horizont wird man sich der Frage nach transsubjektiven und verallgemeinerbaren Bestimmungen der fundamentalen Ermöglichungsgüter menschlichen Lebens und auch der Frage nach gelingendem Leben nicht ohne Weiteres entziehen können. Ich gebe, dem Charakter der Thesen entsprechend, an dieser Stelle lediglich einen Ausblick. Dabei geht es mir insbesondere darum, dass, orientiert man sich am Grundsatz, Gesundheit als Kraft zum Menschsein aufzufassen, sich Verbindungs- und Vertiefungsmöglichkeiten mit derzeit diskutierten Konzepten eines Befähigungsansatzes bzw. eines sogenannten *Capability Approach* demonstrieren lassen. Denn diese verknüpfen in einer besonderen Weise die Grundsignatur der Individualität mit einer ihr vorausliegenden Grundbefähigung, welche Aufgabe der Gesamtgesellschaft ist.

Auszugehen ist von der Anerkenntnis dessen, dass Gesundheit ein fundamentales Ermöglichungsgut menschlichen Lebens ist. Unter der Voraussetzung einer solchen Anerkenntnis lässt sich dem Bedürfnis nach Gesundheit nämlich auch weitreichende ethische Bedeutsamkeit zusprechen. Unterstellt man, dass unbeschadet aller individuellen Unterschiede hinsichtlich Gesundheit als Funktionsfähigkeit sowie hinsichtlich Gesundheit als Umgangsfähigkeit jedes Individuum Gesundheit wünscht, dann würde Gesundheit zunächst zwar als verallgemeinerbares Bedürfnis anzusprechen sein. Allgemeine Bedürfnisse an sich rechtfertigen allerdings noch keinen Anspruch auf Erfüllung.

Im *Capability Approach* von M. Nussbaum geschieht die ethische Rechtfertigung dadurch, dass Gesundheit zu den notwendigen Grundfähigkeiten gezählt wird, ohne die ein eigenverantwortliches und gelingendes Leben nicht möglich ist. Vorausgesetzt wird dabei in Anlehnung an Aristoteles eine weitgehend kulturübergreifende Vorstellung gelingenden Lebens bzw. eine Theorie des Guten. Eine ethische Rechtfertigung könnte sich allerdings ebenso an Kant anlehnen und Gesundheit als Ermöglichungsgut für ein selbstbestimmtes und selbstverantwortetes Leben in Freiheit auffassen. Je stärker eine Krankheit oder eine Beschwerde dieses freiheitliche Leben einschränkt, desto schwerer wiegt sie.[199] Wer solchen Versuchen der Verallgemeinerung und Verobjektivierung abhold ist – bei M. Nussbaum und bei A. Sen gilt das übergeordnete Interesse der sozialen Gerechtigkeit und der Wohlfahrtsökonomie –, wird zumindest anzuerkennen haben, dass die Frage nach dem Wert von Gesundheit auf Fragen

---

[199] Vgl. Ch. Horn, Gesundheit und Krankheit: philosophische Perspektiven, a. a. O., 96–109.

nach dem gelingenden Leben bzw. nach einem selbstverantworteten Leben in Würde zurückführt und gerade in einer sich
als pluralistisch verstehenden Gesellschaft als solche Fragen
auch offen und transparent diskutiert werden müssen.[200]

In Kontexten, in denen es um das Problem der Priorisierung knapper Ressourcen im Gesundheitswesen geht, lässt
sich die Frage nach verallgemeinerbaren Kriterien nicht umgehen. Gesundheit und Krankheit betreffen zwar »jemanden«
und dessen unmittelbare Selbstwahrnehmung, sie sind mit
den entsprechenden Einschränkungen aber einer mittelbaren Fremdwahrnehmung und einer partiellen Erfassung im
Sinne der Erfassung der psychophysisch-sozialen Konstitution und Funktionsfähigkeit eines Menschen offen. Diese Erfassung ist Bezugspunkt dessen, was als medizinische oder
psychiatrische Diagnostik und Therapie Gegenstand des Prio-
risierungsdiskurses ist.

Nun werden Konzeptionen von Gesundheit bzw. Krankheit nicht selbst schon hinreichende Kriterien für Priori-
sierungs- oder Rationierungsdebatten liefern können. Aufgrund ihrer impliziten Normativität haben sie indirekt indes
einen erheblichen Einfluss darauf, an welchen Prioritäten
und Zielen sich das ärztliche oder pflegerische Handeln orientiert und welche Mittel zur Erreichung dieser Prioritäten
und Ziele als angemessen beurteilt werden.

---

[200] Denn darin wird man M. Nussbaum zustimmen müssen: Eine Theorie der
gerechten Verteilung von Gütern ist von einer Theorie des Guten bzw.
einer Theorie des gelingenden Lebens abhängig. Vgl. M. C. Nussbaum, Der
aristotelische Sozialdemokratismus, in: dies., Gerechtigkeit oder Das gute
Leben, hg. v. H. Pauer-Studer, übersetzt v. I. Utz, Frankfurt a. M. 1999,
24–85, hier: 32. 35. Auf dieser Linie verläuft darum auch ihre Auseinandersetzung mit der Theorie der Gerechtigkeit von J. Rawls.

Gemäß den hier skizzierten Grundlinien eines menschenangemessenen Verständnisses von Gesundheit hat sich dieses Handeln an den beiden Brennpunkten Funktions- und Umgangsfähigkeit zu orientieren. Ziel ist die Restitution, der Erhalt oder die Erhöhung von Gesundheit als Funktions- und Umgangsfähigkeit. Die Zuordnung der beiden Momente ist dabei nicht unwesentlich. Sie ist teleologisch verfasst: Das gesundheitliche Handeln gilt direkt der psychophysischsozialen Funktionsfähigkeit eines Menschen. Indirekt dient es dadurch zugleich der Restitution, dem Erhalt oder der Erhöhung seiner Umgangsfähigkeit und damit der Ermöglichung eines gelingenden selbstverantworteten Lebens. In direkter Weise kann es zu Letzterem nicht verhelfen, es kann aber Hindernisse beseitigen und Möglichkeitsräume schaffen. Wie erwähnt ermöglicht eine der partiellen Körperlichkeit zugewandte medizinische Behandlung, etwa die Wiederherstellung einer gestörten Körperfunktion, die Integration in den leiblichen Selbstvollzug »jemandes«. Sie vermag so dessen Umgangsfähigkeit zu erhöhen. In der These ist deshalb formuliert: Ziel eines menschenangemessenen Gesundheitshandelns sollte es sein, Menschen *zu befähigen,* ihr Menschsein zu leben und ihr Lebensziel zu finden.

Medizinisches und pflegerisches Handeln ist so letzten Endes nicht praktisches Handeln als machendes (aristotelisch: herstellendes bzw. poietisches) Handeln, es ist vielmehr *praktisches Handeln als Befähigungshandeln.* Im Blick auf die genannte Zielsetzung von Gesundheit eignet dem Arzt dementsprechend nicht die Rolle eines Machers, sondern die Rolle eines Beistands.[201]

---

[201] Die Ausrichtung auf das Ziel einer selbstverantworteten Lebensführung ist im Rahmen einer Ethik des Alterns von erheblicher Bedeutung. Denn

Die vorgeschlagenen Grundlinien eines menschenangemessenen Gesundheitsverständnisses konvergieren darum
mit Vorschlägen, das Gesundheitshandeln und in analoger
Weise auch die konkrete Ausgestaltung eines Gesundheitswesens am *Leitkriterium der Befähigung* bzw. der Befähigungsgerechtigkeit auszurichten. Ziel ist es auch hier, Menschen zu
einer selbstverantworteten Lebensführung zu befähigen. Ziel
ist es, sie in ihrer Kraft zum Menschsein zu fördern. Der Ausgangspunkt ist durch die Beachtung der *conditio humana*
bzw. einer realistischen Auffassung der menschlichen Konstitution bestimmt: Der Mensch ist ein angewiesenes Wesen. Er
ist zur Verwirklichung seiner Fähigkeiten auf bestimmte
Grundbedingungen angewiesen, die er nicht selbst gewähr-
leisten kann und ihm daher zur Verfügung gestellt werden
müssen. Man kann diese Grundbedingungen daher »Grundbefähigungen« (J.-H. Heinrichs) nennen und im Blick auf die
Verfasstheit eines menschenangemessenen Gesundheitswesens argumentieren, dass deren Deckung aus kollektiven
Mitteln erfolgen müsse: »Grundbefähigungen sind die Bedingung der gesellschaftlichen Kooperation und somit aus ihren
Früchten zu finanzieren.«[202]

---

selbstverantwortete Lebensführung kann auch dann möglich sein, wenn
ein Mensch im Bereich basaler Alltagsaktivitäten Abhängigkeiten, vielleicht sogar Pflege in Kauf nehmen muss. Vgl. H.-M. Rieger, Altern anerkennen und gestalten, a. a. O., 99; dazu auch A. Kruse, Selbstständigkeit,
bewusst angenommene Abhängigkeit, Selbstverantwortung und Mitver-
antwortung als zentrale Kategorien einer ethischen Betrachtung des
Alters, Zeitschrift für Gerontologie und Geriatrie 38 (2005), 273–287

[202] J.-H. Heinrichs, Grundbefähigungsgleichheit im Gesundheitswesen, in:
Ethik in der Medizin 17 (2005), 90–102, hier: 100. Zur Aufnahme des Befähigungsansatzes im Blick auf Fragen der Verteilungsgerechtigkeit im Sozialstaat und der Gestaltung des (deutschen) Gesundheitssystems auch:

Das führt auch zu einem differenzierten Verständnis des in der Gesundheitsökonomie und in der Gesundheitsförderung (wie in der Sozialpolitik überhaupt) diskutierten Eigenverantwortungsprinzips: Eigenverantwortung kann nicht vorausgesetzt und kontextlos gefordert werden, sie ist vielmehr das Ziel der Befähigung bzw. des Befähigungshandelns. Für die Gesundheitsförderung ist ein solches Verständnis bereits im sogenannten Empowerment-Ansatz der Ottawa-Erklärung 1986 der WHO angelegt:

> »Gesundheitsförderung zielt auf einen Prozess, allen Menschen ein höheres Maß an Selbstbestimmung über ihre Gesundheit zu ermöglichen und sie damit zur Stärkung ihrer Gesundheit *zu befähigen*. [...] Es gilt dabei, Menschen zu lebenslangem Lernen zu befähigen, und ihnen zu helfen, mit den verschiedenen Phasen ihres Lebens sowie eventuellen chronischen Erkrankungen und Behinderungen *umgehen zu können.*«[203]

Der zuletzt zitierte Satz fasst die normativen Implikationen der hier vorgeschlagenen Grundlinien eines menschenangemessenen Gesundheitsverständnisses gut zusammen. Er signalisiert darüber hinaus die Rückbindung an ein realistisches Verständnis der menschlichen Konstitution.

H. Remmers, Ethische Aspekte der Verteilungsgerechtigkeit gesundheitlicher Versorgungsleistungen, in: U. H. Bittlingmayer/D. Sahrai/P.-E. Schnabel (Hg.), Normativität und Public Health. Vergessene Dimensionen gesundheitlicher Ungleichheit, Wiesbaden 2009, 111-133; P. Dabrock/J. Ried, Befähigungsgerechtigkeit als theologisch-sozialethisches Leitkriterium für die Priorisierung knapper Ressourcen im Gesundheitswesen, Zeitschrift für medizinische Ethik 55 (2009), 29-44; G. Cremer/G. Kruip, Solidarität fördern – zur Eigenverantwortung ermutigen. Für eine Sozialpolitik der Befähigung, in: Stimmen der Zeit 10 (2010), 699-711.

[203] Autorisierte Übersetzung: www.euro.who.int/_data/assets/pdf__file/0006/129534/ Ottawa_Charter_G.pdf (Hervorhebungen von H.-M. R.).

Der Befähigungsansatz hat konkretisierbare Bedeutung für gesundheitspolitische Allokationsdebatten, die häufig um die Themen Rationalisierung (Effizienzerhöhung in der Leistungserbringung) und Rationierung (Leistungsbegrenzung über explizite Priorisierungsstandards und über implizite Budgetierung) kreisen.[204] Ein nachhaltiges Gesundheitswesen wird allerdings vermehrt die künftigen Gesundheitskosten vor Augen haben müssen, die in westlichen Gesellschaften insbesondere durch degenerative und chronische Erkrankungen verursacht werden. Maßnahmen der Prävention und der Gesundheitsförderung lassen sich nicht nur von einem Befähigungsansatz ethisch begründen, sie erhalten durch diese äußeren Bedingungen von selbst einen höheren Stellenwert. Dazu gehört im Übrigen die Befähigung zu einem eigenverantwortlichen Umgang mit einem stetig komplexer werdenden medizinischen System bzw. mit dem Gesundheitssystem selbst – neuerdings unter dem Begriff »Gesundheitskompetenz« (health literacy) subsumiert.[205]

Der Befähigungsansatz betrifft schließlich die Priorisierung von medizinischen Leistungen im engeren Sinn. Selbstverständlich haben lebensrettende Maßnahmen und Maßnahmen, die der Funktionsfähigkeit wesentlicher Organe oder dem Schutz vor schweren Schmerzen gelten, Vorrang. Als problematisch ist aber anzusehen, wenn Interventionen prinzipiell an der Wiederherstellung von physischer Funk-

---

[204] Vgl. den Überblick bei G. Marckmann, Gesundheit und Gerechtigkeit, in: Bundesgesundheitsblatt – Gesundheitsforschung – Gesundheitsschutz 51 (2008), 887–894.

[205] R. Soellner/S. Huber/N. Lenartz/G. Rudinger, Gesundheitskompetenz – ein vielschichtiger Begriff, in: Zeitschrift für Gesundheitspsychologie 17 (2009), 105–113.

tionsfähigkeit ausgerichtet werden. Andere wichtige Dimensionen menschlichen Lebens, zu denen auch die Umgangsfähigkeit mit Funktionseinschränkungen gehört, drohen in einem solchen Fall verkürzt zu werden. Ein Befähigungsansatz wird die Behandlung derjenigen Gesundheitsstörungen als prioritär einstufen, welche die Fähigkeit des Menschen behindern, ihr Menschsein im Sinne einer selbstverantworteten Lebensführung zu leben und am gemeinschaftlichen Leben teilzuhaben.[206]

---

[206] H. Remmers, Ethische Aspekte der Verteilungsgerechtigkeit gesundheitlicher Versorgungsleistungen, a. a. O., 125 f.

5. Gesundheit – ein Modellvorschlag

Der folgende Modellvorschlag nimmt die zuvor skizzierten Grundlinien eines menschenangemessenen Gesundheitsverständnisses auf. Dem Vorschlagscharakter entspricht es, dass er nicht beansprucht, die einzige Möglichkeit zu sein, die Grundlinien in ein Modell zu fassen. Etwaige Mängel sind daher dem Modellversuch anzulasten und fordern zu Verbesserungen oder zu alternativen Modellversuchen heraus. Sie dürfen also nicht unbesehen auf die skizzierten Grundlinien selbst zurückgeführt werden.

Es wurde außerdem schon darauf verwiesen, dass der Modellvorschlag zur Gruppe anthropologisch-ethischer Modelle gehört und daher jedenfalls von vornherein nicht in Konkurrenz steht zu Modellen etwa der Gruppe genetischer bzw. ätiologisch erklärender Modelle (vgl. 2.3). Er zielt auf ein integratives Modell, das die Differenz unterschiedlicher Perspektiven auf das gleiche Phänomen ernst nimmt (5.5). Fragen der Vereinbarkeit oder Anschlussfähigkeit bleiben daher zunächst offen und Gegenstand der Diskussion. Im Ganzen soll der Modellvorschlag nicht als fertige Antwort, sondern als konstruktiv-kritischer Gesprächsanstoß verstanden werden, der beabsichtigt, transdisziplinäre Arbeiten anzuregen.[207]

---

[207] Im Folgenden führe ich einen Vorschlag weiter aus, den ich unter Aufnahme von Anstößen Karl Barths bereits skizziert hatte: H.-M. Rieger, Gesundheit als Kraft zum Menschsein. Karl Barths Ausführungen zur Gesundheit als Anstoß für gesundheitstheoretische und medizinethische Überlegungen, in: ZEE 52 (2008), 183–199..

5.1 Orthogonalität und Mehrdimensionalität des Gesundheits-Krankheits-Kontinuums

In These 2 wurde bereits im Rahmen der Erörterung der Grundlinien eines menschenangemessenen Gesundheitsverständnisses die Modellauffassung eines Gesundheits-Krankheits-Kontinuums präferiert: Menschen sind nicht entweder gesund oder krank, sie sind mehr oder weniger gesund oder krank. Gesundheit ist ein individuell-dynamisches Phänomen; der Mensch bewegt sich in die eine oder die andere Richtung. Die Vorstellung eines Kontinuums gestattet es, die Relativität von Gesundheit und Krankheit darstellen zu können, ohne deren Gegensätzlichkeit, wie sie der normativ-strukturierten Lebenswelt zugrunde liegt, zu leugnen. Diese Gegensätzlichkeit tritt im Kontinuum als gegensätzliche Richtungen auf.

Die Kontinuumsvorstellung betrifft zunächst diejenige Dimension der Gesundheit, die als dynamische Funktionsfähigkeit einer partiellen Betrachtung von außen offensteht. Setzt man dazu eine Unterscheidbarkeit von körperlicher, psychischer und sozialer Dimension voraus, ergibt sich eine mehrdimensionale Fassung des Kontinuums:[208]

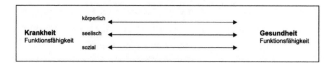

Abb. 1: Mehrdimensionales Kontinuum
Die individuelle Position eines Menschen kann hinsichtlich der verschiedenen drei Dimensionen divergieren. Eine Person vermag die gleiche körperliche Funktionseinschränkung psychisch mehr oder weniger erfolgreich bewältigen, sie erhält mehr oder weniger Zuwendung und Unterstützung als eine andere etc. Die auch einer äußeren

187

Betrachtung zugängliche Gesamtposition ist das Ergebnis von Wechselwirkungen und Kompensationsverhalten.

Mit dieser mehrdimensionalen Fassung des Kontinuums lassen sich nicht nur fließende Übergänge, sondern auch dynamische Wechselwirkungen und Kompensationsphänomene veranschaulichen. Wie am Beispiel einer Diabeteserkrankung zu sehen war, lässt sich die Position von Menschen auf dem Gesundheits-Krankheits-Kontinuum in einer partiellen Betrachtung als das Ergebnis von Wechselwirkungen darstellen. Diese sind von soziokulturellen Faktoren und von der individuellen Lebensgeschichte abhängig. Bei vergleichbaren körperlichen Einschränkungen vermag die eine Person mehr oder weniger als eine andere von früheren Kompensationserfahrungen profitieren, sie vermag mehr oder weniger soziale Unterstützung erfahren etc. In einem solchen Fall unterscheiden sich die Personen hinsichtlich ihrer psychischen und sozialen Funktionen bzw. ihrer psychischen und sozialen Funktionsfähigkeit. Diese Unterschiede gehen in ihren individuellen Gesundheitszustand ein und markieren ihre spezifische Position auf dem Kontinuum.

Würde das Kontinuum einlinig gedacht, würde dies der dynamischen Funktionsfähigkeit und der Kompensationsfähigkeit des Menschen nicht gerecht: Das Abnehmen von gesunden Anteilen führt nicht gleichermaßen und zwangsläufig zu einem Zunehmen von kranken Anteilen.

---

[208] Vgl. K. Hurrelmann, Gesundheitssoziologie, a. a. O., 144 f., übersichtliche Kurzfassung: P. Franzkowiak / M. Lehrmann, Art. »Gesundheits-Krankheits-Kontinuum«, in: Bundeszentrale für gesundheitliche Aufklärung (Hg.), Leitbegriffe der Gesundheitsförderung. Glossar zu Konzepten, Strategien und Methoden der Gesundheitsförderung, 4. erw. und überarb. Aufl., Schwabenheim a. d. Selz 2003, 113-115.

Bei aller ausgrenzenden Betrachtung unterschiedlicher Dynamiken soll nun eigens zur Geltung gebracht werden, dass Gesundheit und Krankheit den ganzen Menschen betreffen. Sie betreffen nicht lediglich einen Gesundheits- oder Krankheitszustand, der als mehrdimensionaler Funktionszusammenhang und insofern als »Fall von etwas« beschreibbar ist, sie betreffen das individuelle Selbstverhältnis »jemandes«. Dieses ist ausschlaggebend dafür, wie ein Mensch sich zu seinem funktional beschreibbaren Gesundheits- oder Krankheitszustand verhält – wie er ihn erfährt, sich auf ihn einlässt und wie er mit ihm umgeht. These 4 hielt fest: Gesundheit und Krankheit gibt es nur in Bezug auf eine subjektiv-praktische und gesellschaftlich-kulturell geprägte Umgangsweise. Die Duplizität von Funktionsfähigkeit und Umgangsfähigkeit wurde deshalb als zentrales Strukturelement eines menschenangemessenen Gesundheitsverständnisses angesehen.

Wir entscheiden uns dafür, die von der mehrdimensionalen Funktionsfähigkeit unterscheidbare Umgangsfähigkeit in einem orthogonalen Modell darzustellen:[209]

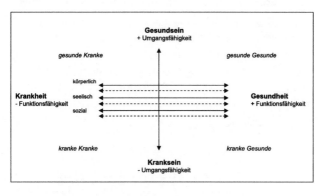

Abb. 2: Gesamtskizze des Modells

Gegenüber der Funktionsfähigkeit in der Horizontalen ist die Umgangsfähigkeit in der Vertikalen abgehoben. Der Schnittpunkt verschiebt sich beispielsweise weiter nach links, wenn der individuelle Gesamtzustand hinsichtlich der Funktionsfähigkeit sich Richtung Krankheit bewegt. Dabei können auf körperlicher, psychischer und sozialer Ebene die verschiedenen Grade der Funktionseinschränkungen divergieren. Bei einer solchen Bewegung Richtung Krankheit ist nicht gesagt, dass die Umgangsfähigkeit sich nun auch nach unten, Richtung Kranksein, bewegt.

Was unter dem Begriff der Umgangsfähigkeit zusammengefasst ist, beruht auf der Fähigkeit des Menschen, sich seinem Gesundheits- und Krankheitszustand, also seinem Funktionszustand und seiner mehr oder weniger gegebenen Funktionsfähigkeit gegenüberstellen und sich ihnen gegenüber verhalten zu können. Diese Fähigkeit ist ebenfalls – wie die Funktionsfähigkeit – mehr oder weniger ausgeprägt, sie ist eine verletzliche und begrenzte. Sie ist außerdem eine von leidenschaftlichen und passiven Komponenten abhängige. Sie ist insbesondere eine von der psychophysischen Funktionsfähigkeit selbst abhängige. Es zu berücksichtigen aufgegeben, dass ein eingeschränkter Funktionszustand (Krankheit) samt seinen individuell-dynamischen Wechselwirkungen diese Funktionsfähigkeit des Gegenüberstellens und des Umgehens beeinträchtigt oder gar zunichtemacht. In diesem Fall trifft Krankheit den Menschen so, dass sie auch seine Distanzierungs- und Umgangsfähigkeit trifft. Sie zieht ihn förmlich als ganze Person gleichsam nach unten, sie raubt ihm die Kraft seines Menschseins.

---

[209] Vgl. das etwas anders gelagerte orthogonale Modell von R. Lutz, Gesundheit und Krankheit. Antworten der Allgemeinen Psychologie, in: ders./ N. Mark (Hg.), Wie gesund sind Kranke? Zur seelischen Gesundheit psychisch Kranker, Göttingen 1995, 77–91.

Um es im Rückgriff auf die Duplizität von »jemand« und »etwas« zu formulieren: »Jemand« zu sein, bedeutet ein unverwechselbares Individuum in individueller Leiblichkeit zu sein, das sich seine psychophysische Funktionsfähigkeit gegenüberstellen und sich dieser gegenüber als zu seiner »Natur« verhalten kann. Das ist Voraussetzung dessen, was wir eine (ausgeprägte) Umgangsfähigkeit nannten. Allerdings ist dieser »Jemand« nicht alleiniger Herr im Hause, er ist im Blick auf jene Umgangsfähigkeit darauf angewiesen, dass seine – als Fall von »etwas« beschreibbare – Natur ihren Dienst tut, sprich: dass seine körperlichen und psychischen Funktionen ihren Dienst tun. Insofern liegt ein wechselseitiges Verhältnis vor, in dem die Natur bzw. der Körper nicht nur ein Wort mitzureden hat, sondern mitunter die führende Rolle dessen einnehmen kann, was man Subjekt nennt.

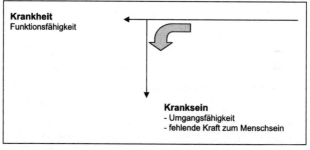

Abb. 3: Ausschnitt aus dem Modell
Einschränkungen auf der Ebene der Funktionsfähigkeit können auf die Umgangsfähigkeit durchschlagen.

Das Ziel der orthogonalen Modellfassung soll es daher sein, nicht nur die Unterscheidbarkeit, sondern auch die wechselseitige Abhängigkeit der beiden Strukturmomente Funktionsfähigkeit und Umgangsfähigkeit darzustellen. Insofern psychische Krankheiten und starker Schmerz unmittelbarer das Selbstverhältnis des Menschen betreffen können, schlagen sie auch unmittelbarer auf die Umgangsfähigkeit durch. Um den verschiedenen Situationen und Stadien gerecht zu werden, reden wir von einer *relativen* Unabhängigkeit und einer *relativen* Abhängigkeit zwischen Gesundheit als Funktionsfähigkeit und Gesundheit als Umgangsfähigkeit.

Die *relative Unabhängigkeit* der beiden Achsen Funktionsfähigkeit und Umgangsfähigkeit gilt im Blick darauf, dass Menschen auch mit funktionalen Einschränkungen leben und gesund sein können, dass sie die Fähigkeit haben können, ihr Menschsein selbstverantwortlich und sinnerfüllt zu leben. Es handelt sich dann um Menschen, die in der Skizze des Gesamtmodells sich ihrem individuellen Gesundheitszustand nach auf der linken Seite einer eingeschränkten Funktionsfähigkeit befinden, zugleich im oberen Bereich einer positiven Umgangsfähigkeit. Es handelt sich gleichsam um »gesunde Kranke«.

Die relative Unabhängigkeit der beiden Achsen bringt außerdem zum Ausdruck, dass medizinisch-ärztliches Handeln weitgehend auf die funktionale Ebene ausgerichtet bleibt (der Horizontalen des Modells), gleichwohl indirekt dem leiblichen Selbstvollzug von »jemand« und dessen Umgangsfähigkeit dient. In These 7 hatten wir das medizinisch-ärztliche Handeln als Befähigungshandeln aufgefasst, das Menschen Räume verschafft, ihr Menschsein zu leben und ihr Lebensziel zu finden. Wir werden gleich darauf kommen, wie dies anhand des Modells dargestellt werden kann. Zunächst führen solche Zusammenhänge zur relativen Abhängigkeit hinüber.

Die *relative Abhängigkeit* der Achsen gilt im Blick darauf, dass die individuelle Fähigkeit der Stellungnahme bzw. der Umgangsfähigkeit immer schon von der Funktionsfähigkeit abhängig ist und von ihr begrenzt wird. Wenn dies stärker von der psychischen als von der körperlichen und sozialen Funktionsfähigkeit auszusagen ist, würde das umgekehrt bedeuten: Die psychotherapeutische Hilfe etwa zu einem angemessenen Bewältigungsverhalten bzw. zu einem angemessenen Lebensstil wirkt sich direkter auf die psychische Gesundheit und darum auf die Umgangsfähigkeit der ganzen Person aus. Gleichwohl heben solche Sachverhalte die Unterscheidbarkeit der beiden Momente nicht auf: Die diagnostische und therapeutische Zuwendung zu einem in partieller Perspektive ausgrenzbaren psychischen Funktionsdefizit zielt zwar auf die gesunde Umgangsfähigkeit der ganzen Person. Das Verhelfen zu einer auf dieses psychische Funktionsdefizit bezogenen »Gesundheit« ist aber nicht identisch mit dem Verhelfen zur gesunden Umgangsfähigkeit der Person als solcher, sondern nur ein – wenn auch wesentlicher – Teil davon. Die Einwände, die man an dieser Stelle gegen das Modell vorbringen kann, hängen vom jeweiligen Vorverständnis ab.

Ein grundlegender Einwand lässt sich auf folgende Argumentationsstruktur bringen: Wer im Blick auf die psychische Funktionsfähigkeit gesund ist, ist auch im Blick auf seine im leiblichen Selbstverhältnis zu verortende Umgangsfähigkeit gesund. Die Unterscheidung von Funktions- und Umgangsfähigkeit sei daher künstlich; Umgangsfähigkeit sei nichts anderes als eine psychologisch beschreibbare Determinante.

Dieser Einwand folgt einem komplexen Vorverständnis. Er hängt zunächst von der Frage ab, wie umfassend man psychische Funktionsfähigkeit bzw. psychische Gesundheit definiert, sodann von der Frage, wie man sich deren Beschreibbarkeit denkt. Ich halte ein totalisierendes Verständnis für unangemessen, weil es Zusammenhänge zu determinieren droht. ›Jemand‹, der zu seiner Funktionsfähigkeit Stellung nimmt und damit umgeht, lässt sich zwar als psychisches Selbst und insofern als »Fall von etwas« psychologisch beschreiben, damit ist aber das gleichsam synthetische Subjekt dieses »Jemands«

noch nicht eingeholt. Das Recht des Einwands besteht darin, auf die mitunter hohe Abhängigkeit von Umgangsfähigkeit und psychischer Funktionsfähigkeit bzw. psychischer Gesundheit hinzuweisen, nicht aber darin, deren Identität zu unterstellen.

Ein weiterer Einwand könnte die graphische Aufteilung auf zwei Achsen betreffen. Denn diese Aufteilung mag den Nachteil haben, entgegen den Zusammenhängen und entgegen dem, was in These 4 als Verschränkung und als Wechselseitigkeit intendiert war, zwei Dimensionen des Lebensvollzugs zu trennen, die doch nur in einem Ineinander vorliegen. In dieser Hinsicht ist auf den heuristischen Charakter des Modells zu verweisen, das nicht nur Unterscheidungen, sondern Abhängigkeiten und Wechselseitigkeiten zu reflektieren ermöglichen soll. Im Blick auf die ärztliche Praxis der Diagnose hatte im Übrigen auch R. Siebeck unterschieden zwischen einer »Krankheitsdiagnose«, die sich auf Organisches und Funktionelles bezieht, und einer individuellen »Krankenbeurteilung«, die sich auf die Lebensgeschichte und Persönlichkeit des Subjekts zu beziehen habe.[210] Die Unterscheidbarkeit und Zusammengehörigkeit von Jemand-Verstehen und Etwas-Verstehen hat von ethischer Seite auch J. Fischer hervorgehoben.[211] Eine philosophische Klärung wird schließlich auf die Differenz und Zusammengehörigkeit von psychischen Zuständen und intentionalen Akten ausgreifen müssen: Die Intentionalität eines »Jemands« ist nicht als psychischer Zustand adäquat beschreibbar und anders als dieser auch nicht auf eine physische Beschreibung (etwa als neuronaler Prozess) reduzierbar.[212]

Auch im Blick auf die psychische Gesundheit gilt wie im Blick auf Gesundheit als Funktionsfähigkeit überhaupt: Nicht jeder, der funktioniert, ist gesund. Wie es »gesunde Kranke« gibt, so gibt es auch »kranke Gesunde«. Das können Menschen sein, die zwar gemäß ihrer körperlichen, psychischen und so-

---

[210] R. Siebeck, Medizin in Bewegung, a. a. O., 456 ff.

[211] Vgl. J. Fischer, Gegenseitigkeit. Die Arzt-Patienten-Beziehung in ihrer Bedeutung für die medizinische Ethik, in: K. Gahl/P. Achilles/R.-M. E. Jacobi (Hg.), Gegenseitigkeit. a. a. O., 197–214, hier: 201.

[212] Vgl. R. Spaemann, Personen, a. a. O., 57–70.

zialen Funktionsfähigkeit als weitgehend gesund anzusehen sind, sich aber auf ihre leiblich-kontingente Gegebenheitsweise noch gar nicht eingelassen haben, geschweige denn mit ihr umzugehen fähig sind.

Stellt man sich das vorgeschlagene orthogonale Modell als Ganzes vor Augen, so handelt es sich also um ein Relationsmodell, anhand dessen sich Unterschiede und Zusammenhänge von Funktionsfähigkeiten und Umgangsfähigkeiten darstellen lassen und welches das Quadrupel »gesunde Kranke, kranke Kranke, gesunde Gesunde und kranke Gesunde« kennt.

Stellt man sich beispielhaft noch einmal einen Ausschnitt des Modells vor Augen, eignet sich dazu die Darstellbarkeit des erwähnten Befähigungshandelns medizinischer und anderer gesundheitsbezogener Berufsgruppen. Dieses Handeln prozediert auf der Ebene der – verobjektivierbaren – somatisch-psychisch-sozialen Funktionsfähigkeit (der Horizontalen des Modells). Es gehört zur rechten Bescheidenheit der betreffenden Handlungsagenten und auch der Patienten, diese Begrenztheit anzuerkennen. Zugleich verschafft und erweitert das medizinische und gesundheitliche Handeln dadurch, dass es die somatisch-psychisch-sozialen Beeinträchtigungen und Hindernisse aus dem Weg räumt oder auch nur erträglicher macht, der Verhaltens- und Umgangsfähigkeit des Menschen einen Freiraum – einen Raum, sein individuelles Menschsein möglichst selbstverantwortet leben zu können. »Therapie ist Ermöglichung der Bestimmung des Menschen unter Menschen«.[213]

---

[213] Viktor von Weizsäcker, Über das Wesen des Arzttums, GS 7, 216. Die medizinische Selbstbeschränkung zielt für ihn darauf, dem Menschen einen Freiheitsraum als »Gesundungsraum« zurückzugeben (vgl. 3.3).

Das orthogonale Modell vermag so den Sachverhalt abzubilden (Abb. 4), dass medizinische und gesundheitsbezogene Berufsgruppen einerseits in ihren Macht- und Wirkmöglichkeiten beschränkt sind und sie keinen direkten Zugriff auf die Lebensführung des menschlichen Subjekts haben, dass sie andererseits diesem Subjekt – sei es durch Therapie, Prävention oder Gesundheitsförderung – zu wichtigen Freiheitsräumen für seine Lebensführung verhelfen können. Von hier aus ließe sich dann auch ein sachgemäßes Verständnis von *Empowerment* und *Compliance* gewinnen, welches sowohl der Angewiesenheit als auch der Selbstständigkeit der menschlichen Person gerecht wird.

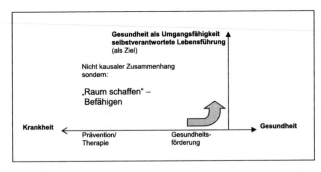

Abb. 4: Ausschnitt aus dem Modell
Struktur des Befähigungshandelns – Stärkung der Umgangsfähigkeit durch Stärkung der Gesundheit als Funktionsfähigkeit.

5.2 Vollzugs- und Berichtsperspektive

Das hiermit nun in groben Umrissen skizzierte orthogonale Relationsmodell dient der Absicht, die Unterscheidung und den Zusammenhang von Gesundheit als Funktionsfähigkeit und Gesundheit als Umgangsfähigkeit abzubilden. Die Gesamtskizze dieses Modells und auch die erläuternden Ausschnitte, welche Abhängigkeiten und Zusammenhänge hervorheben (Abb. 3: Einschränkung der Umgangsfähigkeit durch Einschränkung der Funktionsfähigkeit; Abb. 4: Stärkung der Umgangsfähigkeit durch Stärkung der Funktionsfähigkeit), dürften von daher bereits einsichtig sein.

Ein wichtiger Tatbestand, der im vorigen Kapitel unter These 3 erörtert wurde und im Modell letztlich so etwas wie eine Gelenkstelle bildet, wurde bisher ausgeblendet: Der handelnde Umgang bzw. die Umgangsfähigkeit des Menschen (vertikale Achse) bezieht sich zwar auf einen bestimmten Funktionszustand bzw. eine bestimmt vorliegende Funktionsfähigkeit (horizontale Achse), diese selbst ist aber nicht unmittelbare Grundlage des handelnden Umgangs. An dieser Stelle kommt es darauf an, was sich der subjektiven Vollzugsperspektive erschließt und Motivationsanreize und Beweggründe des Handelns enthält. Die Fremdeinschätzung in einer verobjektivierenden Berichtsperspektive (etwa eines Arztes) ist zwar nicht unwichtig, für den handelnden Umgang des betreffenden Individuums (des Patienten) wird sie indes erst durch dessen subjektive Zustimmung und Anerkenntnis relevant.

Diese Rückbindung an die Wahrnehmung in der subjektiven Vollzugsperspektive und also an die subjektiv-erfahrbare Dimension von Gesundheit und Krankheit widerspricht nicht dem erwähnten Sachverhalt, dass der handelnde Umgang auch unwillentliche und unkontrollierte Prozesse einschließt und durch zahlreiche passive Bestimmungsgrößen beeinflusst und begrenzt wird. Die subjektive Anerkenntnis kann diese Begrenztheit selbst, sie kann mithin die leidenschaftlichen und passiven Komponenten eines individuellen Menschseins selbst zum Gegenstand haben.

Die Bedeutung der Wahrnehmung in der subjektiven Vollzugsperspektive könnte in der graphischen Darstellung eine dreidimensionale Darstellung nahelegen. Aus Übersichtsgründen und auch aus sachlichen Gründen wird jedoch die jeweilige Verdoppelung der körperlichen, psychischen und sozialen Funktionsfähigkeit auf dem horizontalen Kontinuum bevorzugt.[214] Der wichtigste sachliche Grund ist darin zu suchen, die Beziehung des Umgangs bzw. der Umgangsfähigkeit zu der in der vergegenständlichenden Berichtsperspektive zugänglichen Funktionsfähigkeit so darzustellen, dass die vermittelnde Funktion der Wahrnehmung in der subjektiven Vollzugsperspektive deutlich wird. Die Wahrnehmung in dieser Perspektive bildet in diesem Fall gewissermaßen ein Nadelöhr für den handelnden Umgang des Menschen, für sein individuelles Verhalten in Gesundheit und Krankheit.

In der graphischen Darstellung des Kontinuums der körperlichen, psychischen und sozialen Funktionsfähigkeit werden die Wahrnehmung in der subjektiven Vollzugsperspektive und die Wahrnehmung in der Berichtsperspektive also durch verschiedene Pfeilarten (gestrichelt – durchgehend) unterschieden. Erst mit dieser Unterscheidung eignet sich das Modell als Diskussionsgrundlage für die ethisch-anthropologische Struktur von Gesundheit und Krankheit. Es sei an dieser Stelle noch einmal angeführt:

---

[214] So auch K. Hurrelmann, Gesundheitssoziologie, a. a. O., 144 f.

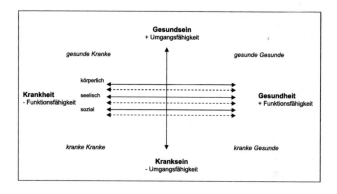

Abb. 5:
Der handelnde Umgang und die Umgangsfähigkeit sind abhängig davon, was sich der Wahrnehmung in der subjektiven Vollzugsperspektive zu erschließen vermag. Diese Form der Wahrnehmung wird von der Wahrnehmung der Funktionsfähigkeit in einer Berichtsperspektive durch gestrichelte Linien unterschieden.

Die Reichweite der graphischen Darstellung bezieht sich auf Fälle, in denen beispielsweise mein diffus erlebtes Unwohlsein vom Arzt zu einer ätiologisch erhebbaren Körperfunktionsstörung vergegenständlicht und als »Fall von etwas« begreifbar gemacht wird. Meine handelnde Stellungnahme ist in der Regel dann davon abhängig, inwiefern und in welcher Weise das gewonnene medizinische Berichtswissen im Blick auf meine psychophysische Funktionsfähigkeit in meine subjektive Selbstwahrnehmung und Selbsteinschätzung eingeht. Dieser Zusammenhang gilt durchaus auch für Fälle, in denen eine körperliche Funktionsstörung gar nicht zu spüren ist.

Die graphische Darstellung hat wie gesagt das Ziel, die Bezogenheit des Umgangs bzw. der Umgangsfähigkeit auf die in der vergegenständlichenden Berichtsperspektive zugängliche Funktionsfähigkeit so darzustellen, dass die vermittelnde Funktion der Wahrnehmung in der subjektiven Vollzugsperspektive deutlich wird. Aus der Graphik darf deshalb nicht geschlossen werden, dass die dem handelnden Umgang vorausliegende Wahrnehmung in der subjektiven Vollzugsperspektive durch eine vergegenständlichende und partielle Betrachtung gleichsam hindurch muss. Sie kann sich auf die leibliche Gegebenheitsweise auch direkt beziehen. Das gilt vor allem im Blick auf den Sachverhalt, dass bei einer ausgeprägten Gesundheit die Körperfunktionen als solche gar nicht ins Bewusstsein treten. Der sich auf die leibliche Gegebenheitsweise beziehende synthetische Charakter der leiblichen Selbstwahrnehmung erhält in der Graphik des Modells lediglich keine gesonderte Darstellung. Ihn darzustellen würde tatsächlich eine dritte Achse naheлегen.

Zusammenfassend gesagt: Das, was auch abgesehen von jeder graphischen Darstellungsform als Umgangsfähigkeit zu thematisieren ist, betrifft zunächst und vor allem die Fähigkeit eines Sich-Einlassens auf ein bestimmtes leibliches und körperliches Gegebensein. Das Sich-Einlassen bzw. das Sich-nicht-Einlassen selbst ist im konkreten Fall abhängig davon, ob und in welcher Weise sich ein leibliches und körperliches Gegebensein – vermittelt durch kognitiv-emotionale Überzeugungen und übernommene soziokulturelle Repräsentationen des subjektiven Gesundheitsbewusstseins – der Selbstwahrnehmung zu erschließen vermag. Die Selbstwahrnehmung und die Selbsteinschätzung können sich einerseits ganz einer objektivierenden Fremdeinschätzung des Funktionsbefunds anschließen und sich die vergegenständlichende und verobjektivierende Körper-Perspektive zu eigen machen – mit den bereits aufgezeigten Konsequenzen (vgl. 4.3). Selbstwahrnehmung und Selbsteinschätzung orientieren sich in diesem Fall am *Modus der Objekterfahrung*. Sie können sich andererseits auf eine in der Gesundheit selbstverständlich gegebene Leiblichkeit beziehen. Diese tritt in der subjektiven Vollzugsperspektive in der Regel gar nicht in Erscheinung, sondern läuft als ihre verborgene Voraussetzung mit. Das selbstverständliche Wohnen in der Leiblichkeit wird in der Regel schlicht von subjektivem Wohlbefinden und euthymem Erleben und Verhalten begleitet.[215] Auf die Möglichkeit einer indirekten Zugänglichkeit wurde allerdings bereits hingewiesen: Die in der Gesundheit selbstverständlich gebrauchte Leiblichkeit vermag im *Modus der Differenzerfahrung* – also im Ausbleiben bzw. dem Entzug des selbstverständlich in Anspruch Genommenen oder Erwarteten – als nicht-selbstverständlich ins Bewusstsein zu treten. Dabei ist von Möglichkeiten des fließenden Übergangs in Modi der Objekterfahrung auszugehen, wie vor allem Körpererfahrungen im Prozess des Alterns erhellen (vgl. 4.5).

Die zuletzt genannte Form der Leibwahrnehmung ist deshalb von so großer Bedeutung für einen gesunden Umgang bzw. eine gesunde Umgangsfähigkeit, weil sich in ihr der Widerfahrnis- und Angewiesenheitscharakter des Lebens zu erschließen vermag. Die Möglichkeit einer solchen Er-

---

[215] So gesehen ist subjektives Wohlbefinden eine Dimension von Gesundheit, nämlich der subjektiv-affektive Gehalt, in dem sie sich in der Regel manifestiert. Für eine an der Salutogenese orientierte Therapie, die nicht lediglich von Krankheitsstörungen ihren Ausgang nehmen will, ist sie allerdings von erheblicher Bedeutung. Wohlbefinden ist zwar einerseits lediglich Begleiter der Gesundheit, andererseits besteht zwischen ihnen eine tiefe Wechselwirkung, die sich eine euthyme Therapie zunutze machen kann: R. Lutz, Euthyme Therapie und Salutogenese, a. a. O., 62–65. Dazu gehört die Aufmerksamkeitslenkung auf den Körperrhythmus von guten und schlechten Zeiten, auf hedonistische Nischen etc.

schließung ist wiederum abhängig davon, wie Selbstwahrnehmungen von kulturell-mentalen Repräsentationen von Gesundheit und Krankheit codiert werden, wie sie zugelassen oder unterdrückt werden, welche Selbstwahrnehmungen also in ein subjektives Gesundheitsbewusstsein eingehen können. Ein Mensch wird schwerlich mit Widerfahrnissen und mit Unverfügbarem in seinem Leben umgehen lernen, wenn solche Momente in kulturell-mentalen Repräsentationen von Gesundheit nicht vorgesehen sind und sich seinem Gesundheitsbewusstsein schon von daher kaum erschließen können.

5.3 SCHMERZ UND LEID: EINE MODELLANALOGIE

Die Bedeutung der Unterscheidung von Funktionsfähigkeit und Umgangsfähigkeit und eines daran ausgerichteten Modells zeigt sich darin, dass sie der Struktur nach auch eine differenzierte Erfassung von Schmerz und Leid ermöglicht. Diese kann dann wiederum einer ethischen Orientierung zugrunde gelegt werden.[216]

Vergleichbar mit vielen Krankheiten bedeutet Schmerz für die menschliche Selbsterfahrung: Der Leib tritt aus seiner Selbstverständlichkeit hervor, er wird zum Körper, an den ich gebunden bin. Dabei ist freilich die große Bandbreite der Schmerzen zu berücksichtigen: Sie reichen vom leichten Irritationsschmerz bis zu starken chronischen Schmerzen, in denen das Ich eines Menschen zu verschwinden droht. Mehr

---

[216] Vgl. zum Folgenden: M. C. Schmidt, Schmerz und Leid als Dimension des menschlichen Selbstverhältnisses. Philosophische und theologische Aspekte, in: Zeitschrift für medizinische Ethik 52 (2006), 225–237.

oder weniger stark wird durch den Schmerz die Grenze meines Verfügenkönnens über den Körper aufgewiesen; mitunter erscheint er als Fremder, der eher mich beherrscht als ich ihn.

Es ist auf diesem Hintergrund verständlich, dass in der Kulturgeschichte des Schmerzes die gesellschaftlichen Umgangsformen des Bewältigens sich auf Formen des Vermeidens und Beseitigens verschoben und konzentriert haben. Die pharmakologischen Entdeckungen des 19. Jahrhunderts – man denke nur an die Entdeckung des Morphiums oder die Synthetisierung von Salicyl (»Aspirin«) – boten die Mittel für eine auf Vermeidung und Beseitigung des Schmerzes ausgerichtete Anästhesiekultur der Moderne.[217]

Unmittelbarer als die Krankheit betrifft Schmerz das menschliche Selbstverhältnis. Schmerz ist darum mehr als eine pathophysiologisch beschreibbare Reaktion meines Körpers, wie sie sich der medizinischen Betrachtung (als »Nozizeption«) darbietet. Schmerz ist eine subjektive Empfindung, die mehr oder weniger meine individuelle Leiblichkeit betrifft bzw. mehr oder weniger meine individuelle Leiberfahrung einnimmt. Am inneren Verhältnis zum Schmerz, am individuellen – auch passivisch zu verstehenden – Stellungnehmen und Bewerten hängt es ab, ob Schmerz zu Leid wird.

Aus Nozizeption kann zwar Schmerz werden, aber nicht zwangsläufig. Es gibt Nozizeption ohne Schmerz und es gibt Schmerz ohne Nozizeption (insbesondere Formen chronischer Schmerzen). Parallel dazu gibt es Schmerzen ohne Leid und es

---

[217] D. B. Morris, Geschichte des Schmerzes, Frankfurt a. M. 1996 (amerikan. Orig.: The Culture of Pain, 1991); D. le Breton, Schmerz. Eine Kulturgeschichte, Zürich/Berlin 2003 (franz. Orig.: Anthropologie de la douleur, 2000).

gibt Leid ohne Schmerzen. Nozizeption, Schmerz und Leid sind daher zu unterscheiden. Zugleich sind die Zusammenhänge im Auge zu behalten. Diese haben zwar keine verallgemeinerbare kausale Struktur, häufig besteht aber ein Bedingungsverhältnis. So vermag beispielsweise Schmerz meine individuelle Lebensführung dadurch einzuschränken, dass er mir nicht nur das Wohlbefinden raubt, sondern mir darüber hinaus die Verwirklichung wichtiger Aktivitäten und Ziele versagt, er mir zur Erfahrung der Ohnmacht und Unfreiheit wird. Aus Schmerz wird Leid.

Die Grundstruktur des Modells ist damit gegeben:

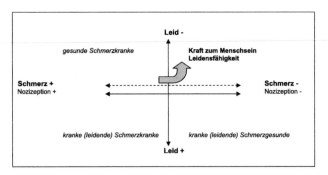

Abb. 6:
Übertragung der Modellstruktur auf die Unterscheidung und den Zusammenhang von Schmerz und Leid. In diesem Fall ist die rein deskriptive Bedeutung von + bzw. – zu beachten: »Leid –« auf der vertikalen Achse bedeutet einen geringeren Grad an Leiderfahrung im Sinne einer Einschränkung individuellen Menschseins; dies entspricht einem höheren Grad an Umgangsfähigkeit mit Schmerz.

In der Horizontalen findet sich zunächst diejenige Zustandsbeschreibung des Schmerzes, wie sie in der partiellen Beobachterperspektive als Nozizeption vergegenständlicht werden kann. »Nozizeption« beinhaltet die Aufnahme, Weiterleitung und Verarbeitung noxischer Reize (gewebsschädigende oder potenziell gewebsschädigende Reize) durch das darauf spezialisierte somatosensorische System, das nozizeptive System. Die entscheidende Verarbeitung der Reize geschieht im Zentralnervensystem bis hin zur Repräsentation in der Großhirnrinde. Das Problem chronischer Schmerzen besteht darin, dass sie sich von noxischen Reizen gelöst und sich über Sensibilisierungs- und Langzeitpotenzierungsprozesse (»Schmerzgedächtnis«) verselbstständigt haben.[218]

Zu beachten ist, dass die Vergegenständlichung und partielle Ausgrenzung nicht erst ein Produkt physiologischer Fremdwahrnehmung ist, sondern schon vom Schmerz erleidenden Individuum selbst ausgehen kann, insofern es sich den Schmerz als das erfahrene Andere und Fremde gegenüberstellt und vom Ich abzutrennen versucht. Aus »Es schmerzt mich« wird »Ich habe Schmerzen«, in stärkerer Ausgrenzung und Vergegenständlichung dann: »Ich habe Rückenschmerzen«.[219]

In der Horizontalen findet Schmerz sodann als subjektive Sinnesempfindung seine Darstellung. Als subjektive Sinnesempfindung ist er Angelegenheit eines individuellen »Jemands«. Das Schmerzempfinden ist etwas vom Individuellsten des Menschen, zugleich ist es gerade darin abhängig von

---

[218] Vgl. die übersichtlichen Einführungen: B. Kröner-Herwig, Schmerz als biopsychosoziales Phänomen – eine Einführung, in: dies./J. Frettlöh/R. Klinger/P. Nilges (Hg.), Schmerzpsychotherapie. Grundlagen – Diagnostik – Krankheitsbilder – Behandlung, 7., vollständig aktualisierte und überarbeitete Aufl. Berlin/Heidelberg/New York 2011, 3–14; im gleichen Band: W. Magerl/R.-D. Trede, Physiologie von Nozizeption und Schmerz, a. a. O., 29–75; auch R. F. Schmidt, Analgesie – Algesie. Die Physiologie des Schmerzes, in: Pharmazie in unserer Zeit 31 (2002), 23–30.

[219] G. Böhme, Ethik leiblicher Existenz, a. a. O., 142 f.

äußeren Parametern – etwa von soziokulturell vermittelten mental-emotionalen Repräsentationen oder schlicht von intersubjektiv-sozialen Verhältnissen. So kann soziale Inklusion das Schmerzempfinden verstärken, genauso auch traurige Stimmung.

In der Vertikalen ist nun das Leid abgebildet, das aus dem inneren Verhältnis einer Person zum jeweils individuell empfundenen Schmerz in verschiedenen Schweregraden entstehen mag, aber nicht muss. Schmerz kann in der individuellen Wahrnehmung, Bewertung oder Stellungnahme als Leid erfahren werden. Das im Selbstverhältnis der Person sich einstellende Bewusstsein der Ohnmacht oder des Ausgeliefertseins vermag den Schmerz unter bestimmten Bedingungen gleichsam zu verdoppeln; es zieht den Menschen förmlich nach unten. Ein Extremsportler hingegen wird die Schmerzempfindung weit weniger oder gar nicht als Leid erfahren; sie ist Teil seiner positiv bewerteten Aktivität. Im Unterschied zum Leid ist es beim Schmerz also möglich, dass er eine positive Bedeutung gewinnen und es jemand gutgehen kann.[220]

Im Blick auf den therapeutischen Umgang mit chronisch schmerzkranken Menschen ist die skizzierte Unterscheidung von großer Bedeutung: Im Zentrum darf nicht allein die Wiedererlangung der Schmerzfreiheit stehen, sondern insbesondere die lebensbegrenzende und lebensbestimmende existenzielle und soziale Bedeutung für die individuelle Lebenswirklichkeit einer Person. Aufmerksamkeit verdienen vor allem die durch den Schmerz blockierten Aktivitäten und Lebensziele. So sehr Schmerz und Leid beide den ganzen Menschen

---

[220] Vgl. P. Schaber, Haben Schmerzen einen Wert?, in: G. Schönbächler (Hg.), Schmerz. Perspektiven auf eine menschliche Grunderfahrung, Zürich 2007, 215–228.

betreffen, hält deren Unterscheidung fest, dass es »gesunde Schmerzkranke« geben kann, die trotz und mit chronischen Schmerzen leben können bzw. zu leben befähigt werden. Es geht in diesem Fall darum, dass der Charakter von Schmerz als Leid begrenzt oder gemindert wird bzw. die Leidensfähigkeit von Menschen erhöht wird.[221]

So vermag gerade die Schmerztherapie zum exemplarischen Beispiel eines Befähigungshandelns (vgl. 4.7) zu werden. Die pharmakologische Behandlung mit Schmerzmitteln hat das begrenzte Ziel, Schmerzen zu beseitigen und zu lindern. Damit wird einerseits auch zugleich der Anteil beseitigt und gemindert, welcher zu Leid werden und dem Menschen den Willen und die Kraft zum Menschsein rauben kann. Es wäre aber andererseits eine Illusion zu meinen, mit der Behandlung der Schmerzen nun in direkter Weise das Leid beseitigen oder mindern zu können. In dieser Hinsicht geht es vielmehr darum, dass der schmerzleidende Patient zu einer gesundheitlichen Perspektive befähigt wird, die ihm Raum zur selbstverantworteten Lebensführung samt der ihr zugehörigen Wert- und Zielperspektive gibt – sei es ohne oder mit Schmerzen. Es handelt sich darum auch um eine Befähigung im Sinne der Leidensfähigkeit. Insofern Schmerz die Umgangsfähigkeit und die Leidensfähigkeit des Menschen tangiert, entsteht kein Gegensatz zur Schmerztherapie. Ein Gegensatz entstünde erst dann, wenn sie nicht zur Stärkung, sondern zum Ersatz menschlicher Umgangs- und Leidensfähigkeit eingesetzt würde.

Für den Umgang mit Schmerzen und für eine Schmerztherapie, die sich als Befähigungshandeln versteht, ist es häu-

---

[221] Vgl. H. C. Müller-Busch, Der »gesunde Schmerzkranke«, in: Der Schmerz 4 (1990), 179–183.

fig weniger wichtig zu wissen, welche Schmerzen ein bestimmter Mensch genau hat, als vielmehr zu wissen, welcher
Mensch es ist, der Schmerzen hat, und wie diese seine individuelle Lebenswirklichkeit und Lebensführung beeinträchtigen.

>»Viele Schmerzbewältigungsprogramme nähren die Illusion, dass
man fertig werden kann mit dem Schmerz – wie schon der Name sagt:
Schmerzbewältigung. Ich glaube, dass ›bewältigen‹ das falsche Wort
ist im Zusammenhang mit chronischen Schmerzen, dass es nicht um
die Frage geht ›Wie bewältige ich den Schmerz?‹, sondern um die Frage ›Wie lebe ich mit dem Schmerz, wie bleibe ich lebendig in ihm?‹ [...]
Die Hoffnung chronisch Kranker bezieht sich nicht nur auf körperliche Gesundung! Entscheidend ist vielmehr die Aufrechterhaltung der
Integrität der Person, das Erleben des eigenen Wertes. In dieser Hoffnung kann ein Mensch bestärkt werden – unabhängig davon, ob
und inwieweit Schmerzlinderung möglich ist. Im Vordergrund steht
dann nicht mehr die Frage: ›Wie kann der Patient lernen, seine
Schmerzen zu bewältigen?‹, sondern Fragen wie diese: Wie kann
der Patient bei seiner Trauer über den endgültigen Verlust seiner
Gesundheit unterstützt werden? Welchen Spielraum hat er noch und
wie kann er ihn nutzen? Wie kann er lebendig bleiben mit seinem
Schmerz?«[222]

5.4 LEBENSLAUFSENSIBILITÄT UND SITUATIONSVARIABILITÄT

Dem skizzierten individuell dynamischen Gesundheitsverständnis zufolge schließt Gesundheit ein, auch mit Krankheit
und Schmerzen gesund leben zu können, es schließt ein, mit
abnehmenden Ressourcen bzw. abnehmender Funktionsfä-

---

[222] U. Frede, Praxis psychologischer Schmerztherapie – kritische Reflexion aus
der Patientenperspektive, a. a. O., 651 f. (Hervorhebungen im Orig.)

higkeit umgehen zu können. Damit erweist sich dieses Gesundheitsverständnis als lebenslaufsensibel und situationsvariabel. Gesundheit als Besitz einer Funktionsfähigkeit aufzufassen, die bei Verlust schlicht wiederhergestellt werden kann, würde die spezifische Temporalität des Menschen missachten (These 6). Gesundheit in der Jugend ist nicht mit der Gesundheit im Alter, sie ist nicht mit der Gesundheit eines Sterbenden identisch. Das gilt gerade angesichts dessen, dass mit zunehmendem Alter Funktionseinschränkungen und auch Schmerzen zu einem Leben gehören, das in seiner Weise als »gesund« anzusprechen ist.

Die spezifische Temporalität des Menschen bringt es auch mit sich, dass seine leiblichen Widerfahrnisse nicht als pure Widerfahrnisse anzusprechen sind. In sie sind Handlungen und Handlungserfahrungen früherer Lebensphasen eingegangen. Gesundheit und Krankheit sind in dieser Beziehung Sachverhalte, die Menschen selbst mitkonstituiert und mitverursacht haben. Im Blick auf die Folgen des Rauchens oder einer Fehlernährung ist dies dem modernen Gesundheitsbewusstsein auch unmittelbar zugänglich. Es betrifft allerdings auch die von uns betonte Umgangsfähigkeit. Ihre Verfasstheit ist etwa von früheren Kompensationserfolgen oder -misserfolgen abhängig. Um es zu wiederholen: Mein Leib ist nicht einfach nur schicksalhaft Vorgegebenes, es handelt sich um die sedimentierte Gestalt meines temporären Daseins, in welcher sich bisherige Handlungen, Entscheidungen und Umgangsweisen gleichsam verfestigt haben.

Das vorgeschlagene Gesundheitsmodell eignet sich, solche lebenslauf- und situationsabhängige Sachverhalte zu berücksichtigen und sich vor allem die Bedeutung des darauf bezogenen Befähigungshandelns zu verdeutlichen: Ziel ist nicht die Wiederherstellung eines überindividuell oder situationsunabhängig ermittelbaren Normalzustands. Ziel insbesondere auch im Blick auf das zunehmende Lebensalter ist die *Befähigung*, auch mit Funktionseinschränkungen und gegebenenfalls auch mit Schmerzen ein selbstverantwortetes und als gelingend zu bezeichnendes Leben führen zu können.

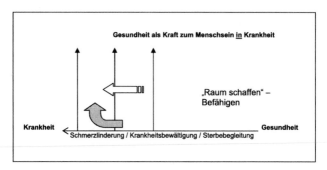

Abb. 7:
Auch in Fällen, in denen sich im Blick auf die Funktionsfähigkeit die Position eines Menschen zunehmend nach links Richtung Krankheit verschiebt, ist gesundheitliches Handeln nicht weniger relevant. Es zielt auf die Umgangsfähigkeit in und mit Krankheit. Es geht um die Befähigung, trotz und mit Schmerzen zu leben – und letzten Endes auch um die Befähigung, sterben zu können.

Das Befähigungshandeln seitens des medizinischen, pflegerischen und seelsorgerlichen Personals beinhaltet darum, die betreffenden Menschen bzw. Patienten in ihren Akkommodationsherausforderungen zu unterstützen und zu begleiten. Die medizinische Diagnose »unheilbare Krankheit« mag den Funktionsstatus eines Organismus bzw. seine Funktionsfähigkeit zutreffend beschreiben (horizontale Achse), aber damit ist das letzte Wort über die Gesundheit eines Menschen nicht gesprochen. Auch bei unheilbaren Tumorpatienten können sich Umgangsweisen einstellen, die sie Gesundheit erleben lässt – unabhängig davon, ob man dies nun Re-Normalisierungseffekten oder akkomodativen Prozessen der Zielveränderung zuschreibt. Die Krankheit wird in einer Weise zum Bestandteil des eigenen Lebens, dass eine selbstverantwortete und unter den gegebenen Umständen als gelingend zu bezeichnende Lebensführung möglich ist. Unter solchen Voraussetzungen sind *Palliativpflege und Sterbebegleitung ein Dienst an der Gesundheit eines Menschen*. Das Befähigungshandeln zielt darauf, Fähigkeiten zu fördern und Raum zu schaffen – auch zum Sterben-Können. Der Fähigkeit, etwas sein zu lassen, wird dabei höherer Stellenwert zukommen müssen als der Fähigkeit, über Dinge verfügen zu können.[223]

5.5 Transdisziplinarität und Kooperation der Professionen

Das vorgeschlagene Modell ist von der Absicht getragen, partielle Perspektiven, welche den Menschen in seinen biologischen, psychischen und sozialen Funktionen vergegenständlichen, und subjektiv-leibhafte Perspektiven, welche sich an der Selbsterfahrung und am Selbstverhältnis von »jemandem« orientieren, nicht gegeneinander auszuspielen, son-

---

[223] Vgl. R. Anselm/B. van Oorschot, Fazit und Perspektiven für die Weiterarbeit, in: dies. (Hg.), Mitgestalten am Lebensende. Handeln und Behandeln Sterbenskranker, Göttingen 2007, 164–177, hier: 166 f. Das ethische Problem der aktiven Sterbehilfe muss vor dem Hintergrund des skizzierten Gesundheitsverständnisses als Frage reformuliert werden, inwiefern es sich um ein Befähigungshandeln zum Sterben-Können handelt. Die Befähigung gilt gerade auch dem Umgang mit Sachverhalten, die menschlichem Verfügen-Können entzogen sind.

dern miteinander zu verbinden. Die angemessene Erfassung des komplexen Phänomens Gesundheit stellt vor die Aufgabe, der Dialektik von Ganzem und Partiellem, von Selbstwahrnehmung und Gegenstandswahrnehmung, von Leib-Sein und Körper-Haben grundlegende Bedeutung zuzumessen. Mit einer Kritik an einer angeblich reduktionistischen Körper- oder gar Apparatemedizin ist es ebenso wenig getan wie mit einer Kritik an einer vorgeblich holistischen Leibbetrachtung.[224]

Es wurde schon angesprochen: Die graphische Aufteilung der Funktionsfähigkeit und der Umgangsfähigkeit auf verschiedene Achsen mag den Nachteil haben, entgegen der betonten Zusammenhänge und Abhängigkeiten zwei Dimensionen des menschlichen Lebensvollzugs zu trennen, die doch nur in einem Ineinander vorliegen. In dieser Hinsicht war auf den heuristischen Charakter des Modells verwiesen worden, aber auch darauf, dass die Unterscheidung und die Zusammengehörigkeit von Jemand-Verstehen und Etwas-Verstehen zu einer Arzt-Patienten-Interaktion gehört. Das Modell schließt nicht aus, sondern fordert es geradezu, jenes Ineinander der beiden Dimensionen zum Thema weiterer Reflexionen zu machen. Als philosophische Metatheorien empfehlen sich in der gegenwärtigen Diskussion – lässt man simple Naturalisierungsversuche einmal außen vor – als bevorzugte Kandidaten auf der einen Seite des Spektrums Emergenztheorien, auf der anderen Seite des Spektrums Theorien irreduzibler Perspektivendifferenz.[225]

---

[224] Zur Komplementarität von Reduktionismus und Holismus in der Medizin: R. Gross/M. Löffler, Prinzipien der Medizin. Eine Übersicht ihrer Grundlagen und Methoden, Berlin/Heidelberg/New York 1997, 122-125.

[225] W. Welsch, Anthropologie im Umbruch – das neue Paradigma der Emergenz, Ringvorlesung an der Friedrich-Schiller-Universität Jena, Müllheim

Im vorliegenden Modellversuch diente die Unterscheidung der beiden Momente dazu, die in ethisch-anthropologischer Hinsicht wichtige *teleologische Zuordnung* herauszustellen: Das medizinische und gesundheitliche Handeln richtet sich auf eine vorletzte, nicht auf die letzte Bestimmung des Menschen. Es gilt direkt der psychophysischen und sozialen Funktionsfähigkeit des Menschen und es darf sich darauf auch beschränken. Indirekt vermag es damit zugleich auch zur Restitution, zum Erhalt oder zur Erhöhung seiner Umgangsfähigkeit beizutragen – und damit zur Ermöglichung eines als gelingend zu bezeichnenden Menschseins. Es kann, wie gesagt, in direkter Weise zu Letzterem nicht verhelfen, wohl aber Hindernisse beseitigen und Möglichkeitsräume schaffen. Psychotherapeutisches und seelsorgerliches Handeln hingegen mögen in direkterer Weise der Umgangsfähigkeit des Menschen gelten und seine Kraft zum Menschsein zu stärken trachten. Indes werden auch psychotherapeutische und seelsorgerliche Professionen ihr Handlungsziel nicht selbst herstellen und bewirken können. Auch ihr Handeln ist praktisches Handeln als Befähigungshandeln.

Beide Handlungsarten und Professionsgruppen tragen zunächst durch ihre *unterschiedliche* Fokussierung auf eine Weise des menschlichen Daseins eine Selbstbegrenzung in sich, die Kooperationen empfiehlt. Sie tragen zugleich *beide* durch ihre Handlungscharakterisierung als Befähigungs-

---

(Baden) 2007; Ph. Clayton, Subjektivität ohne Dualismus. Wie über das menschliche Subjekt sprechen, ohne Cartesianer zu werden?, in: Th. Müller/Th. M. Schmidt (Hg.), Ich denke, also bin ich! Das Subjekt zwischen Neurobiologie, Philosophie und Religion, Göttingen, 2011, 93–111. Als Beispiel einer Theorie irreduzibler Perspektivendifferenz sei nochmals auf R. Spaemann, Personen, a. a. O., hingewiesen.

handeln eine Selbstbegrenzung in sich, die dem individuellen Menschen Freiheitsräume belässt bzw. zurückgibt. Solche Selbstbegrenzungen sind nicht unbedeutend angesichts der Gefahr einer Totalisierung der Gesundheit als letzter Bestimmung des Menschseins und angesichts einer damit häufig verbundenen Machbarkeitserwartung. Selbstbegrenzungen der Professionen schützen und eröffnen Räume des Menschseins eines Menschen, dessen Gesundheit es förderlicher ist, wenn sie nicht als letztes Bestimmungsziel intendiert wird und wenn sie das Dürfen einschließt, Handlungs- und Behandlungsmöglichkeiten auch seinzulassen.

Wissenschaftstheoretisch gesprochen ist die wissenschaftliche Reflexion über gesundheitliches Handeln im Allgemeinen und über den Gesundheitsbegriff im Besonderen gewissermaßen in zweifacher Hinsicht *transdisziplinär*: Die Fachwissenschaften überschreiten ihre jeweilige wissenschaftliche Disziplin zugunsten eines komplexen menschlichen Phänomens (als eines »außerwissenschaftlichen Problems«), das zu seiner Bearbeitung beides, wissenschaftlich-theoretisches Wissen und praktisch-lebenskundliches Wissen erforderlich macht. Die Disziplinen haben zugleich auch ihren direkten Gegenstand, die Gesundheit, zu überschreiten, insofern letztlich die Frage des gelingenden Menschseins zur Diskussion steht. Ein ethisch-anthropologisches Modell wie das vorgeschlagene kann dazu einen Ausgangspunkt darstellen.

Absicht des Bemühens ist eine provisorische Vermittlung im Spannungsfeld von Empirie und Ethik, welche die Dichotomisierung von Sein und Sollen und die mit ihr verbundene Befürchtung eines naturalistischen Fehlschlusses hinter sich lässt. Anthropologisch-ethische Reflexionen haben in diesem Spannungsfeld vielmehr eine konstruktiv-kritische Funktion nach beiden Seiten hin: Sie verbinden die empirisch-fachwissenschaftliche Kritik an ethischen Vorstellungen vom Menschen, die nicht empiriefähig sind (etwa Vorstellungen einer Autonomie menschlichen Geistes), mit einer ethisch-wissenschaftstheoretischen Kritik an empirisch-fachwissenschaftlichen Reduktionen (etwa einer Naturalisierung des Geistes). Man könnte sagten, es gehe in diesem transdisziplinären Bemühen darum, »die Empirie normfähig und die Ethik empiriefähig« zu machen.[226]

---

[226] Vgl. J.-P. Wils, Anmerkungen zur Wiederkehr der Anthropologie, a. a. O., 40.

6. Gesundheit vor und für Gott – eine theologische Orientierung

6.1 GRUNDSÄTZLICHES

Im Folgenden werden die in Abschnitt 3.8 diskutierten Linien in theologischer Perspektive aufgenommen. Die dort auf das Verständnis von Leib bzw. Leiblichkeit konzentrierte Betrachtung wird hier in einer stärker auf Gesundheit konzentrierten Betrachtung weitergeführt. Die Bedeutung der theologischen Perspektive wird darin gesehen, dass unter der positionalen und kontingenten Voraussetzung des Gottesglaubens auch diejenigen Konstitutionsmerkmale des menschlichen Daseins, die einer allgemein-anthropologischen Beschreibungsperspektive zugänglich sind, immer wieder verarbeitet wurden und dabei konkret-inhaltliche Fassungen erhielten. Im Blick auf das Konstitutionsmerkmal der Angewiesenheit des Menschen lässt sich eine solche Fassung beispielsweise entlang des alttestamentlichen Verständnisses der Seele studieren (These 5). Ein analoger Zusammenhang zeigt sich, wenn der Gedanke einer Umgangsfähigkeit mit Gegebenem (These 6) vom Verständnis des Leibes als Leihgabe oder vom Gedanken eines »Gottesdienstes der Leiblichkeit« her konzeptualisiert wird. Vor dem Hintergrund der Leitbilder gegenwärtiger Gesundheitsgesellschaft enthält der zuletzt genannte Gedanke eines »Gottesdienstes der Leiblichkeit« provozierendes Potenzial. Denn er gebietet es, den mit dem Altersprozess häufig verbundenen Vorstellungen des Abbaus oder des Verlusts gegenüberzutreten. Entsprechende Wahrnehmungen sind nämlich unter der Maßgabe einer Vorstellung des Zurückgebens von verliehenen Lebensgaben an den göttlichen Geber zu entschlüsseln. Was in einer nichttheologischen Perspektive als Abbau oder Verlust erscheint, erscheint in einer theologischen als Entzogenwerden von Gaben oder als Zurückgeben von Gaben an den Schöpfer, der als Ursprung und Geber aller Gaben bekannt wird.[227]

Es wurde schon darauf aufmerksam gemacht, dass in einem theologischen Horizont die Spannung zwischen dem Kampf gegen Krankheit und dem Annehmen von Krankheit durch die Zuordnungsmöglichkeiten der Krankheit sowohl zum Schöpfungswidrigen als auch zur Schöpfungseigenschaft grundsätzlich aufrechterhalten bleibt. Theologie- und frömmigkeitsgeschichtlich ist das keinesfalls selbstverständlich. Gerade deshalb bedarf das eigentümliche Gepräge, das diese in der Bewältigungsforschung vielfach thematisierte Spannung in einem theologischen Horizont erhalten kann, einer eigenen ethischen Erörterung. Das gilt mindestens ebenso für die Paradoxie der Gesundheit in der Krankheit, deren Bedeutung in einer auf den Gesundheitsbegriff konzentrierten Betrachtung kaum zu unterschätzen ist.

Zum Zweck solcher theologisch-ethischen Erörterungen wird im Folgenden die theologische Leitdifferenz von Heil und Heilung mittels der theologischen Vorstellung des *Gesundseins vor und für Gott* und mittels der anthropologisch-verallgemeinerbaren Vorstellung der *Gesundheitstranszendenz* expliziert.

---

[227] Dieses Zurückgeben von Leihgaben bezieht sich auch und vor allem auf die Dimension des menschlichen Lebensgeistes – und zwar einschließlich der Fähigkeiten menschlichen Geistes im engeren Sinn. Psalm 31,6a »In deine Hände befehle ich meinen Geist ...« erhält im Raum von Demenzerfahrungen und im Kontext einer modernen Furcht vor dem Verlust dessen, was einen Menschen ausmacht, eine eigenartige Tiefe.

Methodisch leitend – um darüber wenigstens in Grundzügen Rechenschaft zu geben – ist dabei ein ganz bestimmtes Verständnis von Universalität und Partikularität des theologischen Diskurses und der interdisziplinären Kommunikationsfähigkeit: Auf der einen Seite geht Theologie wie jede Reflexionswissenschaft vom inhaltlich geprägten Überzeugungshorizont des christlichen Glaubens aus, dessen Geltungsraum sich in der Außenperspektive als partikular darstellt. Nur um der Preisgabe ihrer eigenen Identität willen könnte Theologie die Bezogenheit auf diesen Überzeugungshorizont des christlichen Glaubens aufgeben wollen. Auf der anderen Seite hat, insofern diesem Überzeugungshorizont des christlichen Glaubens selbst eine universale Reichweite innewohnt, Theologie einen jede Partikularität überschreitenden Auftrag. Gerade ihrer Bezogenheit auf den kontingenten Glaubenshorizont entspricht es, wenn Theologie wissenschaftlich dazu antritt, die universale Reichweite über den partikularen Geltungsraum hinaus vor und in anderen gesellschaftlichen oder wissenschaftlichen Diskursen zu verantworten und sich dabei dem öffentlichen Forum des Gebens und Nehmens von Gründen auszusetzen. Exemplarisch steht sie so letztlich dafür ein, dass alles Wissen auf geschichtlich-partikulare Geltungsräume praktischen Wissens aufruht und dass daher nicht anders als in menschlich fallibler Weise von Wahrheit geredet werden kann.

Partikularität, Positionalität auf der einen Seite und Universalität und Wahrheitsanspruch auf der anderen Seite gehören zusammen und sind hinsichtlich ihres Verhältnisses innerhalb jedes Wissenschaftsdiskurses zu reflektieren. Eine solche Reflexion ist wichtig, um Regionalisierung bzw. Relativierung auf der einen Seite und Totalisierung bzw. Verabsolutierung auf der anderen Seite entgegentreten zu können.

Für den theologisch-wissenschaftlichen Diskurs wegweisend und für interdisziplinäre Kommunikation weiterführend erscheint mir diesbezüglich das differenzhermeneutisch verstehbare Modell D. Bonhoeffers. Seiner Struktur nach entspricht es modernen sprachanalytischen Verstehensmodellen, etwa demjenigen, welches R. Brandom im Programm einer »expressiven Vernunft« entwirft. Bonhoeffer versuchte mittels der Differenz, die er durch die Begriffe »Letztes/Vorletztes« markierte, deutlich zu machen, dass eine positionale Wirklichkeitsauffassung, die beansprucht, von der letzten Wirklichkeit (Gottes) zu wissen, auf dem Feld der für sie vorletzten allgemeinen Wirklichkeits- und Alltagserfahrung gelebt wird und Rückkopplungen ausgesetzt ist. Auf diesem Feld der Alltagserfahrung und ihrer Reflexionsgestalten findet sie den Ort ihrer ethischen Verantwortung, hier versucht sie dann auch, von ihrem konkreten Standpunkt ausgehend allgemein einsichtige Prinzipien und Begrifflichkeiten zu gewinnen.[228]

---

[228] D. Bonhoeffer, Ethik, DBW 6, München 1992, 142–168; zu Brandoms Modell: R. Brandom, Expressive Vernunft. Begründung, Repräsentation und diskursive Festlegung, übers. v. E. Gilmer / H. Vetter, Frankfurt a. M. 2000; ders., Begründen und Begreifen. Eine Einführung in den Inferentialismus, übers. v. E. Gilmer, Frankfurt a. M. 2001. Vgl. zur theologischen Diskursfähigkeit: P. Dabrock, Antwortender Glaube und Vernunft. Zum Ansatz evangelischer Fundamentaltheologie, Stuttgart 2000; ders., »Leibliche Vernunft«. Zu einer Grundkategorie fundamentaltheologischer Bioethik und ihrer Auswirkung auf die Speziesismus-Debatte, in: ders. / R. Denkhaus / S. Schaede (Hg.), Gattung Mensch. Interdisziplinäre Perspektiven, Religion und Aufklärung 19, Tübingen 2010, 227–262. Weiterführend zur Spannung zwischen ethischer Universalisierung und ethischer Selbstbeschränkung: S. Grotefeld, Religiöse Überzeugungen im liberalen Staat. Protestantische Ethik und die Anforderungen öffentlicher Vernunft, Stuttgart 2006.

Theologische Begriffe und Figuren sind daher nicht zu ersetzen, wohl aber so zu reformulieren und zu explizieren, dass in nichttheologischer Perspektive ihre formale Bedeutung nachvollzogen werden kann und dass Stellen des Anschlusses, aber auch des Ein- und Widerspruchs erkennbar werden. Die näherhin transdisziplinäre Absicht dieses Unternehmens besteht darin, nicht nur zu interdisziplinärer Verständigung, sondern – in bescheidenem Umfang – auch zu einer lebensdienlichen Gesellschaft und Kultur beizutragen. So begibt sich Theologie beispielsweise mit einem ganz bestimmten Verständnis von Endlichkeit und Abhängigkeit in nichttheologische Diskurse über Autonomie und Begrenztheit des Menschen – wohl wissend, dass in einer allgemeinen und für sie vorletzten Perspektive den Menschen *als abhängig und endlich* zu erkennen, noch nicht bedeutet, ihn *als Geschöpf Gottes* zu erkennen. Solches setzt einen christlichen Symbolisierungs- und Begriffshorizont (mit Bonhoeffer gesagt: ein Wissen um die letzte Wirklichkeit) voraus. Im Folgenden ist der Begriff der Gesundheitstranszendenz aus einem solchen Horizont heraus und entsprechend der erwähnten transdisziplinären Absicht formuliert.

6.2 Gesundheitstranszendenz

Der Begriff der Gesundheitstranszendenz hält zunächst fest, dass Gesundheit nicht in der Selbstzentriertheit auf sie, sondern gerade in ihrem Überschreiten sich einstellt bzw. zu finden ist. Eine Bedeutungsverringerung des erstrebenswerten Guts Gesundheit ist damit nicht gemeint. Die Bejahung, gesund sein zu wollen, wird vielmehr zurückgebunden an eine Bejahung dessen, was als gelingendes Leben Anerkennung zu finden vermag. »Gesundheitstranszendenz« bedeutet, dass gelingendes Leben – wir lassen es inhaltlich vorerst unbestimmt – mehr und anderes ist als Gesundheit. Auch in Form von weniger Gesundheit ist gelingendes Leben möglich. Die Frage nach dem Wert der Gesundheit wird gewissermaßen in den teleologischen Rahmen der Frage nach dem Lebensziel bzw. dem Lebenssinn eingebettet. Wir leben nicht, um gesund zu sein, sondern wir sind gesund bzw. wollen gesund sein, um zu leben. Mit den Worten des Mediziners R. Siebeck (1883–1965): »Gesundheit ist nicht erfüllt ohne die Frage, Gesundheit wozu?«[229]

Anschluss- und Widerspruchsmöglichkeiten liegen auf der Hand: In ethischer Hinsicht kann es als einsichtig gelten, dass Gesundheit nicht selbst als das höchste Gut, sondern als fundamentales Ermöglichungsgut des Lebens aufzufassen ist (vgl. 1.1). In theologischer Hinsicht wird damit bereits der Struktur nach einem wichtigen Aspekt der erwähnten grundsätzlichen Differenz von Heil und Heilung entsprochen: Heil als das heilvolle Zusammensein mit Gott und Mitmenschen – biblisch als ein wichtiges Bedeutungsfeld des alttestamentlichen Begriffs *schalom* zu greifen – ist mehr als Heilung und Gesundheit. Heil kann auch bei ausbleibender Heilung und Gesundheit erfahren werden. Zugleich kommen Heilung und Gesundheit als fragmentarischer Verkörperung des Heils im teleologischen Rahmen des Neuen Testaments die Bedeutung eines herausragenden Hinweiszeichens für das Ganze des Heils zu. Heilungswundern, nicht zuletzt dem Wunder der Auferstehung Christi selbst, eignet die Bedeutung der Antizipation des neuen Menschen.

---

[229] R. Siebeck, Medizin in Bewegung, a. a. O., 459.

In geistesgeschichtlicher Hinsicht erlaubt es der Begriff der Gesundheitstranszendenz, eine wesentliche Orientierungsfunktion des durch die moderne Säkularisierung weitgehend verlorengegangenen religiösen Jenseitshorizonts aufzunehmen: Für Hildegard von Bingen oder für Paracelsus war Gesundheit eingeordnet in den Lebensweg des Menschen hin zu seinem letzten Ziel in der Ewigkeit (vgl. 3.1).[230] In moderner bewältigungstheoretischer Hinsicht wiederum ist darauf hingewiesen worden, dass sog. »selbsttranszendierende Ziele«, d. h. Ziele, durch welche Menschen horizontal mit anderen Menschen oder vertikal mit einer höheren Macht verbunden sind, im Umgang mit Verlusten als Ressource dienen können. In gerontopsychologischer Hinsicht hatte der schwedische Sozialgerontologe L. Tornstam die Restrukturierung von Selbst und Lebenswelt mit dem Entwicklungsmodell einer »Gerotranszendenz« einzuholen versucht.[231] Angesichts von unvermeidlichen Verlusten im Alternsprozess gelte es rollenbedingte Lebensbedeutungen (Berufsrolle), auch Bedeutungszuschreibungen früherer Lebensphasen (samt den Mittelschichtprojektionen eines »gelingenden Alters«) und vor allem die körperliche Verfasstheit des alternden Menschen selbst zu überschreiten.

In anthropologischer Hinsicht hält der Begriff der Gesundheitstranszendenz fest, dass der Mensch auf etwas ausgerichtet ist, das er (noch) nicht ist. Der Begriff hält fest, dass seine Gesundheit ein lebensgeschichtlich-temporales und

---

[230] Vgl. S.-H. Filipp/P. Aymanns, Kritische Lebensereignisse und Lebenskrisen, a. a. O., 107.

[231] L. Tornstam, Gerotranscendence. A Developmental Theory of Positive Aging, New York 2005. Zur Bewertung: H.-M. Rieger, Altern anerkennen und gestalten, a. a. O., 101–103.

dynamisches Geschehen ist (vgl. 3.3). Wir hatten es als Mindestbedingung des Gesundheitsbegriffs angesehen, dass er die spezifische Zeitlichkeit des Menschen zu berücksichtigen erlaubt und ihm deshalb das Altern und auch das Sterben nicht äußerlich bleiben (These 6). Das entspricht auch der Handlungsebene: Seinen Gesundheitszustand statisch festzuhalten und nicht überschreiten zu wollen, ist kein Zeichen gesunder Entwicklung, sondern ein Zeichen der Angst. »Angst will haben.« (G. Marcel) Demgegenüber wiesen Kritiker der modernen Gesundheitsgesellschaft immer wieder zu Recht darauf hin, dass Gesundheit dem Menschen gleichsam nicht-intendiert zuwächst, also über den »Umweg« anderer Handlungsziele. Gesundheitstranszendenz hätte dann auch unmittelbare Folgen für den Ansatz der Gesundheitsförderung:

> »Gesundheitsförderung muss dann nicht die Gesundheit selbst, sondern die Figurationen in der Lebenswelt der Menschen zum Ziele nehmen, die mit Gesundheit erst einmal gar nichts zu tun haben, die aber die sekundäre Zweckmäßigkeit Gesundheit produzieren.«[232]

Gesundheitstranszendenz und *Gesundheitszentrierung* lassen sich zwar einander gegenüberstellen. Gefährdungen und Einseitigkeiten moderner Fixierungen auf Gesundheit werden damit vollends deutlich. Dennoch sind *Gesundheitstranszendenz* und *Gesundheitszentrierung* auch als komplementäre Momente zu würdigen, derer eine Gesundheitsge-

---

[232] J. Bauch, Gesundheitsförderung als Zukunftsaufgabe – Zur Ortsbestimmung von Gesundheitsförderung und Gesundheitserziehung, in: ders., Krankheit und Gesundheit als gesellschaftliche Konstruktion. Gesundheits- und medizinsoziologische Schriften 1979–2003, Konstanz 2004, 117–124, hier: 121 f. Vgl. auch: K. Dörner, Die Gesundheitsfalle, a. a. O.

sellschaft, die diesen Namen verdient, bedarf. Die Aufgabe besteht darin, sie in rechter Weise, nämlich dialektisch, aufeinander zu beziehen. Dem Grundsatz nach geht es darum, dass Gesundheit gerade dadurch, dass sie überschritten wird, auch gefunden wird. Als dialektische Zuordnung von Selbsttranszendenz und Selbstfindung ist dieser Zusammenhang von S. Kierkegaard (1813–1855) auf den Punkt gebracht worden:

> »Die Entwicklung muß darin bestehen, daß man unendlich von sich selber loskommt in Verunendlichung des Selbst, und daß man unendlich zu sich selber zurückkehrt in der Verendlichung.«[233]

So wie der Gedanke der Selbsttranszendenz dem Gedanken der Selbstfindung bzw. Selbstverwirklichung nicht entgegensteht, so steht auch der Gedanke der Gesundheitstranszendenz dem Gesundheitshandeln und der Gesundheitsförderung nicht entgegen. Die Einbettung in einen teleologischen Rahmen verleiht dem Gesundheitshandeln vielmehr, selbst wenn es sich dem Ziel der Gesundheit direkt zuwenden sollte, eine bestimmte Richtung und zugleich eine Begrenzung. Das Erfordernis gesundheitlichen Handelns bleibt bestehen. Es ist aber entlastet davon, selbst die Realisierung gelingenden Lebens leisten zu müssen. *Es gilt einem fundamentalen Ermöglichungsgut gelingenden Lebens, ohne dass am Gelingen des gesundheitlichen Handelns selbst das Gelingen des Lebens hinge.* Ein solchermaßen entlastetes Gesundheitshandeln dient der Gesundheit mehr als die übertriebene Sorge um sie. Gerade die übertriebene Sorge um die Gesundheit und die übertriebene Sehnsucht nach ihr kann zu einem kranken Selbst- und Weltverhältnis führen.

---

[233] S. Kierkegaard, Die Krankheit zum Tode, Gesammelte Werke Abt. 24/25, hg. v. E. Hirsch/H. Gerdes, Gütersloh ³1985, 26.

6.3 Zwischenfrage: Macht Glaube gesund?

Bevor in eine theologische Betrachtung im engeren Sinn eingetreten wird, bietet sich bereits an dieser Stelle ein Seitenblick auf eine funktionale Betrachtung des Glaubens bzw. - weiter gefasst - der Religiosität oder Spiritualität an. In einer funktionalen Betrachtung, wie sie vor allem im angelsächsischen Raum viele Untersuchungen und Forschungsbemühen bestimmt, wird nach dem Einfluss des religiösen Glaubens bzw. der Religiosität auf die Gesundheit gefragt. Die Betrachtung erfolgt in einer Perspektive der effektorientierten Funktion. Den Glauben bzw. die Religiosität als religiöse Ressource für Gesundheit in den Blick zu nehmen setzt eine solche Perspektive voraus.

Die Beispiele für eine solche effekt- oder ressourceorientierte Betrachtung sind vielfältig:[234] So ist bereits mehrfach untersucht worden, ob und inwiefern das Gebet als Verbindung mit einem Gott bzw. mit einer Transzendenz einen protektiven Faktor angesichts Angst und Stress darstellt. Kontrolltheoretisch wird seine Funktion dann häufig im Sinne einer indirekten Kontrolle beschrieben: Gerade durch die Delegation bzw. Abgabe von Kontrolle kann Gebet zum Kontrollgewinn beitragen. Die sozialen Beziehungen einer religiösen Gemeinschaft kommen ebenfalls als Ressource in Betracht: Sie bieten sozialen Rückhalt bei kritischen Lebensereignissen. Dieser Rückhalt kann sich in äußerer Hilfe vollziehen, ebenso in emotionaler Unterstützung. Selbst die

---

[234] Vgl. zum Überblick und zu weiterer Literatur: H.-M. Rieger, Altern anerkennen und gestalten, a. a. O., 134–140; C. Klein/H. Berth/F. Balck (Hg.), Gesundheit – Religion – Spiritualität. Konzepte, Befunde und Erklärungsansätze, Weinheim/München 2011.

positive psychische Funktion der Vergebung ist neuerdings Gegenstand fachwissenschaftlich-psychologischer Untersuchungen geworden. Umfänglich stellt sich schließlich die Forschung und die Theorielage zur religiösen Bewältigung dar: Zur Bewältigung (Coping) von kritischen Lebensereignissen, von Anpassungserfordernissen oder Stress im weitesten Sinn stehen religiösen Partizipanten verschiedene Bewältigungsstrategien zur Verfügung, wobei insbesondere dem religiösen Sinn- und Überzeugungssystem bereits bei der Wahrnehmung und Bewertung von Problemen bzw. Stress eine bedeutende Rolle zufällt. Weitgehend positiv werden Strategien eingeschätzt, die eine Neubewertung der Situation und eine Stärkung durch Gott ermöglichen (kollaborativer Stil), weitgehend negativ solche, welche durch ein entsprechendes Gottesbild die Belastung erhöhen bzw. die misslingende Bewältigung negativ bewerten (Strafe Gottes usw.).

Die mit solchen Betrachtungen verbundenen Forschungsbemühungen haben zum Teil interdisziplinären Charakter und vollziehen sich zunehmend methodisch reflektiert. Einschränkend ist jedoch auch sagen: Das, was sich bisher etabliert hat, entspricht den Fragestellungen und der Methodik nach dem Zugang einer Religionspsychologie. Das Interesse eines religionsphänomenologischen Zugangs ist weniger ausgereift, so dass im funktionalen Fragehorizont das Selbstverständnis der religiösen Partizipanten häufig nicht mit der gleichen methodischen Sorgfalt berücksichtigt wird.[235]

---

[235] Das wird durchaus auch innerhalb der Religionspsychologie kritisch angemahnt: M. Schowalter / S. Murken, Religion und psychische Gesundheit – empirische Zusammenhänge komplexer Konstrukte, in: C. Henning / S. Murken / E. Nestler (Hg.), Einführung in die Religionspsychologie, Paderborn 2003, 138–162, hier: 158. Eine religionsphänomenologische Per-

Wir versagen uns hier einer ausführlicheren Diskussion, um das Hauptaugenmerk stattdessen auf die Verschiebungen und Umstellungen zu richten, die für eine Perspektive der effektorientierten Funktion ein grundsätzliches Problem darstellen.

Der Sachverhalt, dass Gesundheit innerhalb eines teleologischen Rahmens zu verorten ist, der Sachverhalt also, den wir in der Vorstellung der Gesundheitstranszendenz zu fassen suchten, sperrt sich nämlich gegen eine undialektische funktionale Betrachtung bzw. gegen eine undialektische Effektorientierung. Die teleologische Betrachtung relativiert eine funktionale Betrachtung in der Hinsicht, dass als Effekt bzw. Outcome, also als Bezugspunkt der funktionalen Betrachtung selbst, nicht einfach Gesundheit oder Wohlbefinden anzusetzen ist. Zu berücksichtigen aufgegeben ist nämlich, dass gelingendes Leben mehr ist als Gesundheit oder Wohlbefinden. Zu berücksichtigen aufgegeben ist, dass es Gesundheit auch in Krankheit geben kann.

Eine Perspektive der funktionalen Betrachtung des Glaubens bzw. der Religiosität ist damit nicht grundsätzlich abgewiesen. Es darf und soll gefragt werden: Macht der Glaube gesund? Die zur Beantwortung dieser Frage eingenommene funktionale Betrachtungsperspektive darf aber nicht zur Entparadoxierung des dem religiösen Glauben eigenen Gesundheitsverständnisses, gar zu einer Entparadoxierung des Glaubens selbst führen. Einer der prominentesten Protagonisten der Forschung zur religiösen Bewältigung, K. I. Pargament, versucht deshalb von *physical health* und *mental health*

---

spektive nimmt deshalb S. Huber, Dimensionen der Religiosität: Skalen, Messmodelle und Ergebnisse einer empirisch orientierten Religionspsychologie, Friburg (CH) 1996, ein.

noch einmal *religious health* zu unterscheiden.[236] Ob dieser Begriff dann tatsächlich so gefasst ist, den erwähnten Paradoxien Rechnung zu tragen, wäre zu fragen. Es müssten dann Sätze möglich sein wie: »Wer Gesundheit finden will, wird sie verlieren; wer sie verliert, wird sie finden« (vgl. Mt 16,25).

Eine theologische Betrachtung, welche die Frage nach der Funktion des Glaubens von dessen Selbstverständnis her zu bestimmen trachtet, wird jedenfalls davon ausgehen müssen: Vor und für Gott zu leben, im Zusammensein mit ihm, bedeutet gesund zu sein – und zwar auch unter den Bedingungen fehlender physischer und psychischer Gesundheit.

Grundsätzlich stellt es also einen erheblichen Unterschied dar, ob die Frage nach der Funktion des Glaubens von dessen Selbstverständnis aus angegangen wird oder von einer effekt- bzw. leistungsorientierten Fremdbeschreibung aus.[237] Ausgangspunkt eines interdisziplinären Dialogs muss es daher sein, dass die leistungsorientierte Fremdbeschreibung und die das Selbstverständnis explizierende Selbstbeschreibung in ihrer Unterschiedenheit transparent werden und dass in der interdisziplinären Verständigung deshalb Anschlussfähigkeit nicht durch den Verzicht auf Kontradiktionsfähigkeit erkauft wird. Auf diese Weise lässt sich der mit jeder funktionalen Betrachtung gegebenen Gefährdung gegenübertreten, dass das Unbedingte und inhaltlich Konkrete

---

[236] Vgl. K. I. Pargament / C. R. Brant, Religion and Coping, in: H. G. Koenig (Hg.), Handbook of religion and mental health, San Diego 1998, 111–128, hier: 114.

[237] N. Luhmann hatte zwischen funktions- und leistungsorientierter Beschreibung unterschieden, vgl. ders., Funktion der Religion, Frankfurt a. M. ⁵1999, 56–59.262–266. In der Religionswissenschaft wurden die damit zusammenhängenden Probleme bereits vielfach diskutiert, vgl. D. Pollack, Was ist Religion? Probleme der Definition, in: ZfR 3 (1995), 163–190.

eines religiösen Glaubens zum Bedingten und Austauschbaren herabgewürdigt wird, anstatt es um seiner selbst willen zu suchen und zu ehren.

In der Gegenüberstellung von Fremd- und Selbstbeschreibung vermögen Konfliktlinien sichtbar zu werden, die sich der Struktur nach auf mindestens vier Problemkreise beziehen: Erstens ist beim Versuch einer funktionalen Bestimmung von angeblich allgemeiner Religiosität die Abstraktion von der konkreten Inhaltlichkeit und von den konkreten Praxiskontexten zu problematisieren. So ist beispielsweise im Unterschied zum religiösen Selbstverständnis eine solche Betrachtung für die Differenz von Gott und Götze in der Regel insensitiv. Zweitens kann die Außenbestimmtheit – eine Funktion besteht in ihrer Wirkung – zur Fremdbestimmung werden. Die grundlegende Würde des Unbedingten wird nach dem Wert für den Menschen befragt und dadurch entwertet. M. Heidegger hat dies die »größte Blasphemie« genannt.[238] Drittens bedeutet Funktionalität in Sinne des Äquivalenzfunktionalismus Ersetzbarkeit. R. Spaemann kritisierte daher, dass eine funktionale Fremdbeschreibung des Glaubens, dringt sie in das Selbstverständnis der Glaubenden selbst vor, das Unbedingte zum Verschwinden bringe.[239] Nun kann vom christlichen Selbstverständnis der Glaubenden ausgehend durchaus eine Ersetzbarkeit zugestanden werden – allerdings in ganz bestimmter Zuordnung: Religion ist ersetzbar und vermeidbar, Gott ist es nicht.[240] Viertens besteht

---

[238] M. Heidegger, Brief über den »Humanismus«, in: ders., Wegmarken, GA I,9, Frankfurt a. M. 1976, 313-364, hier: 349.

[239] R. Spaemann, Funktionale Religionsbegründung und Religion, in: P. Koslowski (Hg.), Die religiöse Dimension der Gesellschaft. Religion und ihre Theorien, Tübingen 1985, 9-25.

[240] I. U. Dalferth, Notwendig religiös? Von der Vermeidbarkeit der Religion

bei funktionalen Beschreibungen die Gefahr der Funktionalisierung, dass nämlich ein Phänomen in einer solchen Weise fremdbestimmt wird, dass es nur noch als Mittel zum Zweck erscheint. Im vorliegenden Fall würde dann Religion bzw. Glaube auf ein Therapeutikum oder auf eine religiöse Ressource reduziert.

Noch einmal: Die genannten Gefährdungen und Schwierigkeiten schließen nicht aus, dass auch gefragt werden darf und soll, was Glaubende an ihrem Glauben haben bzw. welche Funktionen er erfüllt. Soll dieses dem Selbstverständnis des Glaubens gemäß geschehen, dann müsste es jedenfalls für ein interdisziplinäres Gespräch ein wichtiges Anliegen sein, die Kompatibilität von Selbstbeschreibung und Fremdbeschreibung zum Thema zu machen. Ziel des Bemühens wäre eine Kompatibilität, die gewährleistet, dass die funktionale Deutung des Glaubens als religiöse Ressource für die Gesundheit nicht das genuine Anliegen des Glaubens selbst verdeckt. Seinem Wesen nach wird ein solcher Glaube nämlich Gott nicht um der funktionalen Vorteile willen suchen bzw. verehren, sondern um seiner selbst willen.[241]

Der oben in Kapitel 5 skizzierte Modellvorschlag hat ethisch-anthropologischen Charakter. Durch seine Unterscheidung von Funktionsfähigkeit und Umgangsfähigkeit eignet er sich dafür, der paradoxen Grundstruktur sowohl des religiösen Glaubens als auch der Gesundheit auf der Spur zu bleiben. Wollte man in der Perspektive der effektorientier-

---

und der Unvermeidbarkeit Gottes, in: F. Stolz (Hg.), Homo naturaliter religiosus. Gehört Religion notwendig zum Menschsein?, Studia Religiosa Helvetica 3, Bern / Berlin u. a. 1997, 193–218.

[241] Vgl. die Differenzierungen bei J. Werbick, Den Glauben verantworten. Eine Fundamentaltheologie, Freiburg/Basel u. a. 2000, 57. 68 f.

ten Funktion nach dem Beitrag des Glaubens bzw. der Religiosität zur Gesundheit fragen, würde es sich nahelegen, die Aufmerksamkeit auf das motivational-emotionale Bedeutungssystem des glaubenden bzw. religiösen Menschen zu richten, welches seinen Umgang steuert bzw. seiner Umgangsfähigkeit zugrunde liegt. Entscheidend ist weniger ein direkter Einfluss von Glaube bzw. Religiosität auf Gesundheit oder Wohlbefinden.

Das liegt schon daran, dass auf dem handlungswirksamen Feld, auf dem jene Umgangsfähigkeit – konkret: der Wille zur Gesundheit – sich betätigt, die Maßnahmen und Umgangsweisen gar keine spezifisch religiösen sein müssen. Entscheidend ist vielmehr das Potenzial des Glaubens bzw. der Religiosität als Lebensorientierung. Es ist das Potenzial einer kreativen Umorientierung, welche Einschränkungen der Gesundheit, Einschränkungen der physisch-psychisch-sozialen Funktionsfähigkeit – gleichsam unter den Augen Gottes – neu zu bewerten vermag.

Als bedeutsame Ressource des Glaubens müsste es dann angesehen werden, mit den Veränderungen, mit den Kontingenzen und Unvollkommenheiten des Lebens menschlich leben zu können. Das diese Lebensorientierung ermöglichende motivational-emotionale Bedeutungssystem lässt sich als Ausdruck einer emotions- und sinnbezogenen Bindung auffassen, welche dem Menschen Selbsttranszendenz ermöglicht und ihm auch angesichts von Defizienz- oder Verlusterfahrungen das Gefühl des Getragenseins gibt. Geht man vom Bindungs- bzw. Beziehungscharakter des Glaubens aus, lässt sich berücksichtigen, dass das motivational-emotionale Bedeutungssystem des Glaubens selbst dynamischen Veränderungen und mitunter multidirektionalen Entwicklungen unterworfen ist. So kann beispielsweise auch bei einer Abnahme kognitiver Verstehbarkeit der Charakter des Glaubens als Vertrauen zunehmen.[242]

6.4 Gesundsein vor und für Gott

Was »Gesundheit vor und für Gott« bedeutet, erschließt sich theologischer Betrachtung von der Maxime der Gottesverehrung her. Sie liegt im ersten Gebot des Dekalogs in wirkungsgeschichtlich bedeutsamer Verdichtung vor. Gott ist als Gott zu achten, zu verehren und zu lieben (Ex 20,2 f.; Dtn 6,4 f.). Die dazugehörenden Abweisungen bzw. Negationen können auf das vorliegende Thema leicht übertragen werden: Abzuweisen ist eine Vergöttlichung des Menschen, eine Vergöttlichung seiner Gesundheit und seiner Langlebigkeit.

Bleibt man zunächst bei der positiven Anweisung zur Gottesverehrung bzw. zum Gottesdienst, lässt sich formulie-

---

[242] Für einen psychologischen Zugang, welcher hohe Kompatibilität mit dem Selbstverständnis jedenfalls des christlichen Glaubens aufweist, sei auf die Operationalisierung der Verbundenheit mit einem göttlichen Gegenüber als »transpersonales Vertrauen« hingewiesen. Diese Operationalisierung des Glaubens legt es nahe, zur Erklärung seiner komplexen Wirkmechanismen auf den integrativen Theoriehorizont der Bindungstheorie (attachment theory) zurückzugreifen. Vgl. C. Albani/T. Gunzelmann u. a., Religiosität und transpersonales Vertrauen als Ressource im Alter, in: P. Bäurle/H. Fröstl u. a. (Hg.), Spiritualität und Kreativität in der Psychotherapie mit älteren Menschen, Bern/Göttingen u. a. 2005, 274–284; grundsätzlich auch: L. A. Kirkpatrick, An attachment-theory approach to the psychology of religion, in: International Journal of the Psychology of Religion 2 (1992), 3–28; ders., Attachment and religious representations and behavior, in: J. Cassidy/Ph. R. Shaver (Hg.), Handbook of Attachment. Theory, research and clinical applications, New York 1999, 803–822; S. H. McFadden/ J. S. Levin, Religion, emotions and health, in: C. Magai/S. H. McFadden (Hg.), Handbook of emotion, adult development, and aging, San Diego 1996, 349–365.

ren: Gott ist über alles zu verehren und zu lieben, nicht um eines anderen Guts willen, sondern um seiner selbst willen. Nach biblischer Überzeugung besteht darin die rechte Wahrung der Unterschiedenheit von Gott und Mensch und die ihr entsprechende Platzanweisung des Menschen samt seiner erstrebenswerter Güter. In der rechten Wahrung der Unterschiedenheit und der ihr entsprechenden göttlichen Bestimmung wiederum gründet das Heil des Menschen, das rechte Zusammensein zwischen Gott und Mensch. In der Verkehrung der für dieses Zusammensein konstitutiven Unterschiedenheit hingegen lauert das Unheil. Die Erzählung vom Turmbau zu Babel ist ein anschauliches Beispiel dafür (Gen 11,1–9). Rechte Unterschiedenheit und rechtes Zusammensein von Gott und Mensch sind zwei Seiten einer Medaille. *Das höchste Gut des Menschen ist Gott, es ist näherhin das Zusammensein mit Gott, in welchem Gott als Gott geehrt wird.* Die Realisierung dieses Zusammenseins – in der christlichen Dogmatik durch die Versöhnungs- und Rechtfertigungslehre expliziert – ist das Heil des Menschen.[243]

Der damit grob umrissene theologische Standpunkt erschließt die spezifische Perspektive christlicher Ethik, will sie dem Wesen des christlichen Ethos entsprechen und dazu antreten, dieses Wesen diskursiv gegenüber anderen Perspekti-

---

[243] »Indem der Mensch [...] seinerseits nach göttlichem Sein giert, verfehlt er, was sein ›höchstes Gut‹ ist: nämlich das Zusammensein mit Gott. Wer selber Gott sein will, wer sich also an Gottes Stelle setzen will, der kann per definitionem nicht mehr mit Gott zusammensein.« (E. Jüngel, Das Evangelium von der Rechtfertigung des Gottlosen als Zentrum des christlichen Glaubens, a. a. O., 118) In der Gotteslehre selbst ließe sich auf der Grundlage des Gottesprädikats der ›Heiligkeit‹ die Doppelheit von Unterschiedenheit und Abgrenzung auf der einen Seite und Einbeziehung und Partizipation auf der anderen Seite genauer explizieren.

ven zu verantworten.[244] Sie bringt eine (Neu-) Qualifizierung der Begriffe »gelingendes Leben« und »Gesundheit« mit sich; sie führt zu einer besonderen Wahrnehmung der beiden Handlungs- und Umgangsweisen des Widerstands gegen Krankheit und der Annahme von Krankheit.

a) Stichwort »gelingendes Leben«

Die Maxime der Gottesverehrung, wie sie im ersten Gebot des biblischen Dekalogs ihren Ausdruck findet, sperrt sich gegen eine Funktionalisierung Gottes zur Bedingung der Möglichkeit gelingenden Lebens. Einspruch erhoben ist also nicht gegen die Zielsetzung gelingenden Lebens an sich, sondern gegen eine Instrumentalisierung Gottes für jenes gelingende Leben und die damit verbundenen Absolutsetzungen von Gelingen, von menschlichem Glück, Gesundheit und Wohlbefinden.[245] Durch Absolutsetzungen werden diese Güter nach christlicher Überzeugung nicht erreicht, sie werden vielmehr verfehlt und verdorben.

Die Grundstruktur gelingenden Lebens lautet vielmehr: *Wo Gott Gott ist, kann der Mensch Mensch bleiben, kann seine Gesundheit Gesundheit bleiben.* Wo Gott Gott ist, kann Glück Glück, kann die Natur Natur bleiben. Soll heißen: Wo Gott als Gott geehrt wird, dort vermag der Mensch zu bleiben, was er ist, er vermag menschlich zu bleiben und als Mensch geachtet zu werden. Wo Gott als Gott geehrt wird, dort vermag die Gesundheit zu bleiben, was sie ist, sie vermag auf menschenangemessene Weise erhalten, verbessert und gefördert zu werden. Schon auf den ersten Blick macht diese Grundstruk-

---

[244] Zur differenzierten Rede vom Wesen des Glaubens vgl. W. Härle, Dogmatik, Berlin/New York 1995, 49–55.71–80.

[245] Vgl. G. Schneider-Flume, Leben ist kostbar, a. a. O., 116.

tur deutlich, dass die Frage nach dem gelingenden Leben aus ihrer individuellen Engführung zu befreien und in soziale und ökologische Zusammenhänge zu stellen ist.

Christliche Ethik hat zu explizieren, in welcher Weise die christliche Gottesverehrung, mithin die Beachtung des ersten Gebots, dem Leben »gut tut« und zu seinem Gelingen beiträgt: Gesundheit und Gesundheitshandeln werden ebenso wie die Menschlichkeit und das Streben nach Humanität keineswegs unwichtig; entlastet von Absolutsetzungen und Vergöttlichungen werden sie zu dem frei gegeben, was sie in ihrer Relationalität und Relativität sind: Der Mensch darf und soll Mensch sein, seine Gesundheit darf und soll Gesundheit sein. Ethisch gesehen enthält die Bindung, wie sie im ersten Gebot zum Ausdruck kommt, die Gewährung einer dem Menschen angemessenen Freiheit und die Freigabe menschlich-welthaften Handelns in seiner ganzen Bedingtheit und Unvollkommenheit. Das »Dürfen« hat normative Priorität vor dem »Sollen«. Die Rede von einer »Gesundheit vor und für Gott« darf dementsprechend nicht als Abwertung psychophysischer Gesundheit aufgefasst werden. Findet der Mensch seine höchste Zielbestimmung und seinen letzten Halt in der Gottesbeziehung, sind die anderen Zielbestimmungen entlastet davon, selbst den letzten Halt oder die höchste Bestimmung geben zu müssen. Das Streben nach Gesundheit und das Streben nach gelingendem Leben erfahren ihre positive Prägung und Begründung von der Gottesbeziehung her; dadurch werden sie »entsoteriologisiert«, weil am Erreichen dieser Güter bzw. am Gelingen des Handelns nicht jener letzte Halt gesucht wird, der menschliches Leben zu tragen vermag.[246]

---

[246] Vgl. den Duktus bei D. Bonhoeffer, Ethik, a. a. O., 81 f. 263. 386; dazu M. Tro-

Noch einmal anders und noch deutlicher mit Bonhoeffers Terminologie von »Letztem« und »Vorletztem« gesagt: Von der letzten Bestimmung in der Gottesbeziehung her wird die Verantwortung für die Gesundheit zu einer wichtigen vorletzten Bestimmung. Insofern aber an ihr nicht die letzte Bestimmung des Menschen hängt, steht gerade die Bestimmung in der Gottesbeziehung – als Bejahung, Annahme und Bestimmung zum Zusammensein mit ihm – dafür, dass es eine unverlierbare Würde auch des Kranken gibt und das Trachten nach Gesundheit und Langlebigkeit »menschlich« bleibt.[247]

»Gesundheit vor und für Gott« gibt dem handelnden Umgang des Menschen, wie er für das von uns vorgeschlagene anthropologisch-ethische Modell grundlegend ist, gleichsam ein Vorzeichen. Der handelnde Umgang ist entlastet und befreit davon, selbst die Realisierung des Handlungsziels Gesundheit in seiner umfassenden Weise verbürgen zu müssen. Die Umgangsfähigkeit schließt die Fähigkeit bzw. die Kraft ein, etwas seinzulassen (um es Gott anheimzustellen). Dazu gehört die Fähigkeit bzw. die Kraft, mit Unvollendetem und Fragmentarischem, mit Heterogenem und mit Scheitern leben zu können. Im biblischen Horizont erscheint sie beispielsweise als Kraft der Klage und als Kraft der Trauer. Eine

---

witzsch, Die Freigabe der Welt. Der Gedanke der Schöpfungsmittlerschaft Jesu Christi bei Dietrich Bonhoeffer, in: ders., Über die Moderne hinaus. Theologie im Übergang, Tübingen 1999, 143–158.

[247] Vgl. U. Eibach, Menschenwürde an den Grenzen des Lebens. Einführung in Fragen der Bioethik aus christlicher Sicht, Neukirchen-Vluyn 2000, 25 f.; U. H. J. Körtner, Unverfügbarkeit des Lebens? Grundfragen der Bioethik und der medizinischen Ethik, Neukirchen-Vluyn 2001, 32 f.; E. Schockenhoff, Krankheit – Gesundheit – Heilung. Wege zum Heil aus biblischer Sicht, Regensburg 2001, 24 f. 38.

einseitige Affirmation des Inkongruenten und Fragmentarischen, eine »Glorifizierung der Gebrochenheit« (vgl. 1.6), ist damit nicht intendiert. Psychologisch gesprochen entspricht dem Wesen des Glaubens durchaus ein integrales und kohärentes Selbstkonzept – ein solches allerdings, das mit Inkongruentem und Fragmentarischem zu leben befähigt ist. Auf diese Weise ließe sich auch das bedeutsame Christuswort im zweiten Korintherbrief des Paulus verstehen: »Lass dir an meiner Gnade genügen, denn meine Kraft ist in der Schwachheit mächtig.« (2Kor 12,9) Die Paradoxie, dass es Gesundheit in Krankheit geben kann, und ebenso der gelassene Umgang mit identitätsgefährdenden Veränderungen und Angriffen finden bei Paulus ihr Fundament darin, dass er sein Selbst im gekreuzigten und auferstandenen Christus wiederfindet. Diese Selbstfindung in Jesus Christus ist nicht nur Grundlage dessen, was wir »Gesundheitstranszendenz« nannten, sie ist ihm letztlich die Zusammenfassung gelingenden Lebens: durch Christus mit Gott zusammen zu sein.

b) Stichwort »Gesundheit«

Der skizzierte Ausgangspunkt gewährleistet es, dass Gesundheit als Gesundheit, nämlich als relative Zielbestimmung von der letzten Zielbestimmung des Menschen her, in den Blick genommen werden kann. Als solche empfängt sie ihre Bestätigung und Würdigung von Gott selbst. Das Streben nach Gesundheit und nach gelingendem Leben im innerweltlichen Sinn kann ebenso wie das Streben nach Selbstverwirklichung und das Streben nach gesundem Altern gewürdigt werden, insofern diese Ziele dem Verantwortungsbereich zugehören, Gott mit den von ihm verliehenen Gaben zu dienen.

»Verherrlicht Gott mit eurem Leib.« (1Kor 6,20) Im Zusammenhang einer christlichen Auffassung von Leiblichkeit sprachen wir an dieser Stelle von »Leihgabe« und vom »Gottesdienst der Leiblichkeit« (vgl. 3.8). Gesundheitsförderung und Prävention erhalten einen hohen Stellenwert, insofern sie sich auf Gesundheit als einer anvertrauten Leihgabe beziehen, mittels derer sich jener »Gottesdienst der Leiblichkeit« vollzieht. Zugleich haben sie sich zu öffnen für die Anerkenntnis des Nicht-Machbaren, die Anerkenntnis dynamischer Veränderungen und Begrenzungen.

Entsprechend dem theologischen Ausgangspunkt ist dabei zu unterscheiden: Nicht-Machbares, Veränderungen und Begrenzungen sind nicht lediglich abstrakte Gegebenheiten, mit denen sich der Mensch abzufinden hat, sie sind Gegebenheiten, die ihn vor Gott führen. Er hat darin nicht mit einer Naturkontingenz, sondern mit Gott zu tun. Theologische Ethik als *Ethik des Gegebenen* (These 5) findet in dieser Überzeugung ihren konkreten Ausgangspunkt. Der abstrakte Sachverhalt, dass menschliches Leben begrenzt ist, wird als Befristung jener von Gott verliehenen Leihgabe aufgefasst. Das bedeutet aber nichts weniger als dies, dass die Befristung des Lebens in die Bestimmung gesunden Menschseins hineingenommen wird. Zur Gesundheit gehört auch ein Leben mit Grenzen und mit Widerfahrnissen.[248]

---

[248] Die Debatte um eine Verbesserung des Menschen, die unter dem Leitbegriff »Enhancement« geführt wird, ist besonderer Betrachtung wert. Im Duktus der gebotenen Ausführungen wäre ein relatives Optimieren ethisch verantwortbar. Kriterium wäre die Frage, inwiefern es der Anerkenntnis begrenzten Menschseins, der Anerkenntnis des Kontingenz- und Widerfahrnischarakters seines Lebens dient oder zuwiderläuft. Im zuletzt genannten Fall würde es auch die zwischenmenschliche Solidarität aushöhlen und zu einem die menschliche Freiheit bedrohenden Handlungsdruck führen. Im Blick auf den skizzierten Modellvorschlag ist es von ethischer Bedeutsamkeit, die Umgangsfähigkeit zuvörderst als Umgangs-

Die Anerkenntnis der Befristung des Lebens und der damit verbundenen Alternsprozesse widersprechen dem Gesundheitshandeln nach christlicher Überzeugung nicht, sie sind vielmehr Teil desselben. Gerade in der Wahrnehmung des Abnehmens von Ressourcen und der Grenze von Lebenskräften geht es für den Menschen darum, »nun wirklich ganz und gar durch Gott und für Gott gesund werden und gesund bleiben zu wollen«.[249] Der Begriff innerweltlicher Gesundheit ist hier zugunsten eines Begriffs, welcher auf das heilvolle Zusammensein mit Gott abhebt, überschritten. Gleichsam als Oberbegriff erhellt er, in welcher Weise es – jenseits logischer Widersprüchlichkeit und jenseits bloß formaler Rede von Paradoxien – in begründeter Weise Gesundheit in Krankheit und sogar Gesundheit im Sterben geben kann.

c) Widerstand und Annahme

Ausgehend vom Oberbegriff einer »Gesundheit vor und für Gott« erhellt sich auch die prinzipielle ethische Gleichwertigkeit der beiden Handlungs- und Umgangsweisen des Widerstands gegen Krankheit und der Annahme von Krankheit. Deutlich gemacht werden kann nun auch, in welcher Weise

---

fähigkeit mit Gegebenem zu begreifen (These 5). Dieses Gegebene ist zwar nicht sakrosankt; es aber lediglich als Potenzialität für Aufgegebenes – gleichsam als auf formendes Handeln harrende Materie – aufzufassen, würde der Anerkenntnis dieses Gegebenen zuwiderlaufen. Zur Lit. vgl. Anm. 19, zur weiteren Debatte: B. Gesang, Perfektionierung des Menschen, Berlin 2007; B. Schöne-Seifert/D. Talbot (Hg.), Enhancement. Die ethische Debatte, Paderborn 2009; Ch. Coenen/S. Gammel/R. Heil/A. Woyke (Hg.), Die Debatte über »Human Enhancement«. Historische, philosophische und ethische Aspekte der technologischen Verbesserung des Menschen, Bielefeld 2010.

[249] K. Barth, Die Kirchliche Dogmatik. Die Lehre von der Schöpfung, Bd. III/4, a. a. O, 426.

die Annahme einer Krankheit die tiefste Form des Widerstands gegen sie sein kann (vgl. 3.8). Im Unterschied zur Resignation, in welcher der Wille zur Gesundheit aufgegeben wird, vermag sich bei einer Annahme von Krankheit der Wille zur Gesundheit und zum Leben gerade im Ertragen einer Krankheit zu äußern. Die »Gesundung« besteht in diesem Fall darin, dass Krankheit oder gar Sterben als Bestandteil des eigenen Lebens bejaht werden. Sie besteht in der zugespitzten Perspektive eines christlichen Ethos darin, dass sie zum integralen Bestandteil eines willentlich sich vollziehenden Gottesdienstes aufgefasst werden, in welchem Gaben Gott ab- und zurückgegeben werden.

Der Oberbegriff »Gesundheit vor und für Gott« hält fest, dass Gott als Gott geehrt werden kann sowohl durch Handlungs- und Umgangsweisen des Widerstands und des Kämpfens als auch durch Handlungs- und Umgangsweisen des Annehmens und Geschehen-Lassens. Dass das christliche Ethos im Laufe seiner Entwicklung immer wieder unterschiedliche Präferenzen ausbildete, ist Ausdruck seiner Nähe und Distanz zu den jeweils bestimmenden Kontexten gelebten (Glaubens-)Lebens. Ethik als kritische Reflexionsdisziplin impliziert die Reflexion solcher Präferenzen. Insofern fällt ihr eine wichtige Aufgabe zu, wenn es darum geht, dass kontextuelle Bestimmtheiten die unterschiedlichen Handlungs- und Umgangsweisen nicht vorschnell bewerten bzw. abwerten.

Dem Wesen des Glaubens an Gott als Gott entspricht beides: ein »Möglichkeitssinn« und ein »Realitätssinn«.[250] Der

---

[250] Vom »Möglichkeitssinn« redet im Anschluss an Robert Musils »Der Mann ohne Eigenschaften« H. Keupp, Subjektsein heute. Zwischen postmoderner Diffusion und Suche nach neuen Fundamenten, in: WzM 51 (1999), 136–152, hier: 151.

Möglichkeitssinn besteht darin, die Welt und das eigene Leben im Horizont der Möglichkeiten eines Gottes wahrnehmen zu können, dem nichts unmöglich ist. Die antifatalistische Stoßspitze des Glaubens, seine Stoßspitze als Hoffnung, beruht auf Gott als Grund aller Wirklichkeiten und Möglichkeiten, auf Gott als »Wirklichkeit des Möglichen«.[251] Sein Auferweckungshandeln ist dafür ein augenfälliges Zeichen: Wo Menschen denken, es sei aus, fängt Gott zu handeln an. Der Möglichkeitssinn des Glaubens äußert sich dementsprechend auch darin, dass selbst bei »unheilbaren Krankheiten« um Heilung gebetet werden darf.

Der Realitätssinn bedeutet demgegenüber nun keine fatalistische Wirklichkeitswahrnehmung, die darauf hinausliefe, sich dem Vorfindlichen als dem Unabänderlichen zu ergeben. Das würde unterschlagen, dass sich der Glaube seinem Wesen nach kritisch auf vorhandene menschliche Wirklichkeitskonstitutionen bezieht und sich auch als kontrafaktische Wirklichkeitswahrnehmung gestalten kann. Realitätssinn des Glaubens heißt, dass die vorfindliche Wirklichkeit als von Gott geschaffene und gehaltene wahrgenommen werden kann. Diese Wahrnehmung schließt für den Glaubenden die Veränderung menschlichen Selbstverständnisses ein. Es handelt sich um eine Wirklichkeitswahrnehmung, die den Wahrnehmenden selbst in diese Wirklichkeit hineinstellt. Er erkennt, selbst ein auf Gott und Mitmenschen angewiesenes Geschöpf zu sein. Häufig erschließt sich diese Wirklichkeit in Erlebnissen, die den Charakter von Widerfahrnissen haben, häufig erst in ausgesprochenen Grenzerlebnissen. Wie immer sie sich aber erschließt, sie erschließt sich als eine das ganze

---

[251] I. U. Dalferth, Die Wirklichkeit des Möglichen. Hermeneutische Religionsphilosophie, Tübingen 2003, 133–154.

Leben immer schon bestimmende und umfassende Realität. Sie bleibt in den Selbstverständlichkeiten der Alltagswelt lediglich verborgen. Es wurde bereits gesagt: Wir leben in allen Phasen unseres Lebens in einem Verhältnis der Angewiesenheit, das wir im Vollzug unserer Freiheit und unserer Selbstbestimmung in Anspruch nehmen und das dieses menschliche Leben überhaupt erst ermöglicht. So gesehen besteht der Realitätssinn des Glaubens darin, eine Schöpfungseigenschaft bejahen zu können; er schließt ein, Grenzen und Beeinträchtigungen des Leben bejahen zu können. Er schließt ein, auch bei ausbleibender Heilung sich von Gottes Gnade getragen zu wissen (2Kor 12,9).

Die im Blick auf die Spannung von Widerstand und Annahme festzuhaltende ethische Gleichwertigkeit beider Umgangsweisen entspricht also einem Wesensmoment des Glaubens. Sie ist zugleich Voraussetzung dafür, handlungs- und bewältigungstheoretisch fassbare Differenzen nicht zu ignorieren, sondern unbefangen wahrnehmen zu können: Der Lebenswille des Menschen äußert sich in der Regel darin, dass er gesund sein will und dementsprechend auch den Beeinträchtigungen durch eine Krankheit widersteht. Die zeitliche Priorität des *assimilativen* Bewältigungsmodus, welcher eine Zielverfolgung auch gegen Widerstände aufrechterhält, vor einem *akkomodativen* Bewältigungsmodus, in welchem es zur Ablösung oder Anpassung von (blockierten) Zielen kommt, wurde bereits angesprochen.[252] Eine akkomodative Bewältigung bedeutet nicht, dass Hoffnung aufgegeben wird.

---

[252] Zum unter Abschnitt 4.6. skizzierten Zwei-Prozess-Modell der Bewältigung von Brandtstädter u. a. sowie dessen Anschlussfähigkeit an Modelle der Hoffnung bzw. der Hoffnungslosigkeit vgl.: S.-H. Filipp / P. Aymanns, Kritische Lebensereignisse und Lebenskrisen, a. a. O., 191–199.

Es handelt sich eher um eine Hoffnungstransformation hin zu einer Hoffnung, welche die Realität auf ihre Weise bejaht und anerkennt. Von grundlegender Bedeutung hierfür sind Ziele, die auch unter veränderten Bedingungen einer schweren Krankheit dem Leben Halt zu geben vermögen.

Theologische Ethik kann diesen Prozess auf ihre Weise verstehend aufnehmen. Es steht in Übereinstimmung mit der göttlichen Lebensbestimmung zu sagen: Der Mensch *soll* gesund sein wollen, er *soll* der Krankheit widerstehen.[253] Weil und insofern es dem Glauben aber möglich ist, auch in den Begrenzungen leiblichen Menschseins das verborgene Zeichen der Schöpfergnade wahrzunehmen, geht es für theologische Ethik auch darum, die Ebene des Sollens und Müssens für die dahinter verborgene Ebene des Dürfens durchsichtig zu machen. Der Mensch *darf* etwas sein lassen, er darf gesund und krank sein, er *darf* alt werden und dabei abnehmen, er *darf* seinen Geist in die Hände des Schöpfers zurücklegen (Ps 31,6).

Theologische Ethik, die dafür eintritt, die letzte Bestimmung des Menschen offenzuhalten, wird in einer Gesundheitsgesellschaft, in welcher das Sollen und Müssen dominiert und die ganze Aufmerksamkeit der Steigerung des Könnens gilt, auch dafür eintreten, dass das Wollen und das Dürfen offengehalten werden.[254]

---

[253] Für I. Kant zählt die Pflege und Kultivierung der leibseelischen Vermögen zu den »Pflichten des Menschen gegen sich selbst« (Metaphysik der Sitten, § 19, AA VI, 444 f.). Empirische Untersuchungen erinnern dabei daran, dass im konkreten Fall der Wille zum Leben vom Gesundheitszustand sowie von anderen subjektiven und objektiven Rahmenbedingungen abhängig ist – dies allerdings immer vermittelt durch ein kognitiv-motivationales Schema von Lebensbedeutung. Vgl. L. P. Lawton / M. Moss u. a., Health, Valuation of Life, and the Wish to Live, in: The Gerontologist 39 (1999), 406–416.

[254] Im Blick auf den interdisziplinären Beitrag theologischer Anthropologie

Anwalt des Wollens zu sein hieße beispielsweise zu fragen, was denn eine 89-jährige Frau zum Anliegen sagt, ihr Altersprozess müsse verzögert oder umgekehrt werden. Anwalt des Dürfens zu sein hieße beispielsweise zu fragen, ob ein Kind mit diagnostiziertem Down-Syndrom geboren werden und anerkannter Mensch sein darf. Gerade die Frage des Dürfens hat für theologische Ethik hohe Bedeutung, ist das Dürfen doch nichts anderes als die Signatur des Evangeliums für den Menschen. Müssen ist Gesetz, Dürfen ist Freispruch.

Als Bestandteil professioneller Kompetenz hat theologische Ethik am Auftrag teil, für ein solchermaßen erweitertes Gesundheitsverständnis konstruktiv einzutreten und die Kraft zum Menschsein zu stärken.[255] Die eng geführte Frage: »Macht der Glaube gesund?« ist überschritten. Als reflexive Begleiterin gesellschaftlicher Entwicklungen wird sie zugleich kritisch sein: Eine Gesellschaft, welche das individuelle Wollen und Dürfen nicht mehr offenhalten kann, wäre – mag sie sich vordergründig auch »Gesundheitsgesellschaft« nennen – auf dem Weg zu einer gesetzlichen und unfreien Gesellschaft.

---

vgl. R. A. Klein, Die Inhumanität des Animal Sociale. Vier Thesen zum interdisziplinären Beitrag der theologischen Anthropologie, in: NZSTh 51 (2009), 427–444, v. a. 440.

[255] Vgl. die EKD-Stellungnahme: Die Kraft zum Menschsein stärken. Leitlinien für die evangelische Krankenhausseelsorge. Eine Orientierungshilfe, Hannover 2004.

Hartmut von Sass (Hrsg.)

Wahrhaft Neues

Zu einer Grundfigur
christlichen Glaubens

*Forum Theologische
Literaturzeitung (ThLZ.F) | 28*

224 Seiten | Paperback
ISBN 978-3-374-03150-4
EUR 19,80 [D]

Zwar soll es nichts mehr Neues unter der Sonne geben,
wie der Prediger Salomo beklagte, doch die Bibel spricht
an prominenten Stellen sehr wohl vom Unverhofften,
Überraschenden, noch nie Dagewesenen. Ein »neues Jerusalem«, gar eine »neue Schöpfung«, ein »neuer Bund«
oder schlicht »das Neue« sind ganz traditionelle Figuren der Schrift – und der Theologie. Doch Neues wird
alt. Daher ist vom »wahrhaft Neuen«, vom Neuen, das
nicht und nie vergeht, gesprochen worden. Wie aber ist
diese Figur zu denken, um nicht selbstwidersprüchlich
zu wirken? Wie verhalten sich dann alt und neu zuein-
ander? Wie steht Neues zur religiösen Praxis, die auf
Reproduktion angelegt ist? Ist die Rede vom »wahrhaft
Neuen« nicht doch eine Illusion?

EVANGELISCHE VERLAGSANSTALT
Leipzig www.eva-leipzig.de

Tel +49 (0) 341/ 7 11 41 -16   vertrieb@eva-leipzig.de

Christian Grethlein
Was gilt in der Kirche?
Perikopenrevision als
Beitrag zur Kirchenreform
*Forum Theologische
Literaturzeitung (ThLZ.F) | 27*

200 Seiten | Paperback
ISBN 978-3-374-03145-0
EUR 18,80 [D]

Der renommierte Münsteraner Theologe Christian Grethlein legt eine praktisch-theologische Theorie der Schriftlesungen vor, die einen zusammenfassenden Rückblick
auf die bisherige Entwicklung und die Analyse gegenwärtiger Veränderungen im Hören biblischer Texte voraussetzt. Die daraus folgenden hermeneutischen Einsichten und bibeldidaktischen Erkenntnisse erweisen
eine zentrale Perikopenrevision als problematisch. Denn
sie verfehlt den situativen Grundcharakter der Kommunikation des Evangeliums. Demgegenüber empfiehlt
Grethlein, die Auswahl der Schriftlesungen als pastorale
Aufgabe zu profilieren. Ihre Gestaltung wird durch den
personalen Charakter des Vorlesens bestimmt.

EVANGELISCHE VERLAGSANSTALT
Leipzig www.eva-leipzig.de

Tel +49 (0) 341/ 7 11 41 -16   vertrieb@eva-leipzig.de

Christoph Markschies

Hellenisierung des Christentums

Sinn und Unsinn
einer historischen
Deutungskategorie

*Forum Theologische
Literaturzeitung (ThLZ.F)* | 25

144 Seiten | Paperback
ISBN 978-3-374-03058-3
EUR 16,80 [D]

Mit »Hellenisierung des Christentums« wird meist eine Transformation des Christentums durch die hellenistisch-römische Kultur im globalisierten Imperium Romanum bezeichnet. Christoph Markschies analysiert die Geschichte des Begriffs und die damit verbundenen, höchst unterschiedlichen Definitionen wie Vorstellungen, informiert über die teilweise vollkommen vergessenen Vorgeschichten (beispielsweise im französischen Renaissancehumanismus) und macht am Ende einen Vorschlag, wie der Begriff heute trotz einer nicht unproblematischen Vorgeschichte noch sinnvoll verwendet werden kann.

EVANGELISCHE VERLAGSANSTALT
Leipzig www.eva-leipzig.de

Tel +49 (0) 341/ 7 11 41 -16   vertrieb@eva-leipzig.de

Ingolf U. Dalferth
Radikale Theologie
Forum Theologische
Literaturzeitung (ThLZ.F) | 23

288 Seiten | Paperback
ISBN 978-3-374-02786-6
EUR 18,80 [D]

In knapper und klarer Weise stellt Ingolf U. Dalferth die theologischen und philosophischen Denkansätze der Hermeneutik des letzten Jahrhunderts vor. Das Ergebnis seiner begrifflich höchst präzisen Denkanstrengung ist eine »Radikale Theologie«, die weder auf antimoderne Verklärung der Vormoderne noch auf mystische Vertiefung des Säkularen abhebt, sondern auf den radikalen Wechsel in eine theologische Perspektive.

Dalferth bietet mit diesem Buch nicht nur eine beeindruckende systematische Zusammenschau, sondern auch ein ausgezeichnetes Hilfsmittel für jede einschlägige Prüfung in Theologie, Philosophie oder Religionsphilosophie.

EVANGELISCHE VERLAGSANSTALT
Leipzig   www.eva-leipzig.de

Tel +49 (0) 341/ 7 11 41 -16   vertrieb@eva-leipzig.de